課程領導

理論與實務

黃旭鈞▷▷著

作者簡介

黃旭鈞

學歷・國立台灣師範大學教育研究所博士
・台北市立師範學院初等教育研究所碩士
・台北市立師範學院初等教育系學士

經歷・91 年教育部公費留學考試博士後研究
・91 年台北市立師範學院學術類傑出校友
・斐陶斐榮譽學會榮譽會員
・台北市立師範學院兼任講師、助理教授
・國立空中大學兼任講師、助理教授
・台北市百齡國小教師

現職・台北市立師範學院初等教育學系助理教授

推薦序一

　　課程與教學的革新是教育改革的核心，同時也是提升學校教育品質的關鍵要素。國內近年來隨著學校本位課程發展理念的受到重視，加上九年一貫新課程的實施，加重學校教育人員在課程發展與改革方面的責任。因而課程領導的議題逐漸受到關注與討論，同時也促使校長重新定位其在行政管理與課程領導方面的職責。在校長培育與進修的方案中，也開始加入課程領導的課程與訓練，加強校長在課程領導方面的專業知能。希望校長能透過課程領導落實教育行政機關所揭示的課程政策與理想，同時領導學校發展課程，以有效回應各個學校所面對的多樣情境，並因應社會的快速變遷。因而與課程領導有關的研究是目前國內教育與課程改革所急切需要的。

　　本書針對課程領導的演進、基本概念、重要課題、學理基礎等加以深入探討與剖析，參酌先進國家在此一主題的實際作法與經驗，建構出本土化的課程領導模式，並提出國內未來推動課程領導的具體作法與建議。其最大特色是平實易懂、體例完整、論述嚴謹、見解精闢、兼顧理論與實務。對於讀者而言，容易入門及吸收，完全不會有閱讀上的困難與壓力。因此，不論對課程領導領域的學術研究，或者是對課程領導的實務推動，都是一本值得參考的好書。

　　本書作者黃旭鈞博士，師範學院出身，具有紮實的教育專業智慧根基，在國立台灣師範大學攻讀博士學位期間，即主修課程及教育行政領導，並將課程與教育行政領導的理論充分融攝，深入鑽研課程領導的理論與實務。同時黃博士也曾服務於國民小學，深切了解課程領導對學校校長領導學校成員做好課程設計與發展的重要性，乃將其研究成果撰寫成專書。值此國內大力推展課程領導的理念之際，對課程領導的理論與實際作法都亟需有系統地加以研究和介紹，本書的出版

將有助於國內課程領導研究的推動與落實。

　　本人有幸忝為黃博士的論文指導教授，恰好也與他同鄉，深知其學研精湛，但不藏私，今能著書發表，相信可嘉惠眾多對課程領導有興趣的教育界同好，並透過本書彼此切磋，交換心得，共同為國內課程領導的理論與實務努力。本人有幸先行拜讀大作，乃贅序推薦，以表欽佩，並期與各方好友共饗之。

吳清基 謹識

台北市政府教育局局長

2003 年 8 月

推薦序二

　　自從政府於九十學年度開始實施九年一貫課程之後，課程改革已經成為當今教育改革的主流，而決定課程改革成功的重要因素之一，乃是學校主管人員是否具備課程發展的知能，以及是否能夠有效領導教師從事課程設計與發展的工作，因此，課程領導成為頗受關注的教育課題。

　　課程領導的基本理念，在於發揮領導的力量，有效地進行課程與教學設計，並落實到實際的班級教學上，以提高學生學習效果為依歸。校長在整個學校課程領導扮演著推動者角色，教師亦居於核心者的地位，所以校長與教師的良性互動，應該是課程領導成敗關鍵所在。

　　國內課程改革相關書籍為數不少，惟課程領導專著並不多見，而能夠從事有系統、客觀和量化的研究，亦屬相當少見。黃老師在博士學位進修期間，一直致力於課程領導的研究，並以「國民小學校長課程領導模式建構之研究」為其論文題目，其論文內容獲得口試委員的高度肯定，一致認為是深具學術水準的著作，因此建議將其論文加以改寫成書，以供學術界和實務界人士之參考。

　　觀諸本書內容，不僅對於課程領導的基本概念和學理基礎有深入分析之外，而且對於美國、英國、澳洲和加拿大的課程領導實施現況亦有詳實介紹；尤其所建構的校長課程領導模式，更有其原創性，展現出高度學術價值。

　　黃老師於大學時代，即對於學術研究持有濃厚興趣，雖然畢業之後，投入基層教育工作，但始終秉持「教學不忘研究，研究不忘教學」精神，一方面從事國小教育工作，其教學工作熱忱，深獲學生們的喜愛；一方面攻讀研究所，其學術研究態度，亦贏得師長們的讚

許，期間並多次參與我所主持的國科會專案研究，奠定紮實深厚的研究基礎，未來學術表現必大有可為。

　　值此黃老師《課程領導：理論與實務》大作出版之際，深佩其好學與研究精神，特撰數語，以為之序。

謹識

台北市立師範學院

國民教育研究所教授

2003 年 8 月

自序

　　課程改革為二十一世紀教育改革的重要議題，在課程改革過程中，課程領導實扮演著火車頭的角色，亦是影響課程改革成效的關鍵所在。任何課程改革理念與課程政策的推動和落實，課程領導都是不可或缺的有效利器與手段。

　　有鑑於課程領導的推動，對於提升學校課程、教學與學習的品質，有其正面的意義與實質的價值。因此，先進國家在大力推動課程改革的同時，亦相當重視課程領導理論與實務的發展，也逐漸累積相當豐碩的成果。我國值此政府大力推展九年一貫課程之際，配合學校本位課程發展的理念，學校由以往被動接受並忠實實施國定的課程，轉變為主動參與並研發創新校本的課程。課程領導的議題因而開始受到重視，尤其是校長的課程領導更是此一新興研究領域中備受關注的焦點。相關的研究、專文、譯著亦如雨後春筍般的不斷出現，使得此一新興的學術研究領域展現空前的盛況。

　　筆者有幸與美國「課程領導中心」（CLI）合作，並與其創辦人Dr. Stuart Ervay 持續討論有關課程領導的理論模式與實務，吸收並交換相關的心得和經驗。進而投入本土化課程領導模式的建構與研究工作，希望能釐清課程領導的意義與理念，探討其主要內涵，建構課程領導模式，發展課程領導實踐策略，並掌握課程領導的趨勢與展望。本書即筆者投入此一領域研究的初步成果。全書共分十一章，針對課程領導的理論與實務進行深入的分析。理論部分主要包括：課程領導的基本概念；重要內涵與課題；哲學、心理學、行政學、政治學、社會學等重要學理基礎；實務部分則包括：美、英、澳、加等先進國家之現況比較與趨勢；我國校長課程領導模式的建構；校長課程領導的趨勢與展望。

　　事實上，國內尚無完整介紹課程領導的書籍，本書的出版期望能透過對課程領導的理論與實務作系統化的介紹，以增進校長與老師對課程領導的認識與了解；同時喚起教育當局對於課程領導的重視與支持；更期盼能激發對課程領導有興趣的同好，投入更多心力來研究改進課程領導的理論與實踐。使課程領導的工作得以有效推動與落實。

　　本書能順利出版，事實上要感謝多位師長與教育先進的指導與協助，尤其要感謝恩師吳清基博士、歐用生博士、吳清山博士的鼓勵、提攜、啟迪與指正，使本書得以更加周延精緻。同時，承蒙心理出版社許發行人麗玉慨允協助出版，以及張毓如副總編輯和陳文玲小姐的細心編校，深表謝意。最後，也要感謝親人給予的支持與關懷，最要感謝內人魏金妮老師無怨無悔，辛苦持家與教養幼子，使我得以無後顧之憂從事學術研究與教學的工作。由於個人才疏學淺，謬誤疏漏之處在所難免，尚祈教育賢達先進，不吝賜正。

黃旭鈞　謹識

2003 年 8 月

目錄

第二篇　實務篇

緒論

　　課程領導是現今課程領域與行政領導領域一項相當重要的議題，也被視為是當今九年一貫新課程實施成敗的關鍵要素之一。因此對於校長在實施課程領導時該扮演哪些角色？如何有效實施課程領導？需要擔負起什麼樣的課程領導任務？有無相關的理論或模式可供參考？又有無相關具體的策略？等等議題，是校長實施課程領導時經常被提及的問題。因此，探討課程領導的理論與實務，將有助於釐清上述的問題，也有助於提升整個學校課程與教育的品質。本緒論第一節將針對校長課程領導的緣起及其重要性作一說明與分析；第二節則就本書的主要內容與範圍作一扼要的說明。

第一節

校長課程領導的緣起與重要性

　　為何校長除了行政管理與領導之外，更必須重視課程領導？除了扮演行政管理與領導的角色之外，更必須兼及課程領導的角色？就校長課程領導的理論模式建構與實務進行探討，對於課程發展與實施品質的提升有何

關聯性？本節將就校長課程領導的發展緣起與重要性分析與說明如下：

壹、課程領導的發展緣起

「課程領導」（curriculum leadership）的發展，可以追溯到一九七〇年代，為了有助於了解課程領導的發展沿革，茲將課程領導的發展分為以下四個時期，加以扼要說明如下：

一、要素確立期

課程領導早期的發展旨在確立課程領導的要素，Pickering（1979）曾就大學和學校之間合作所進行的課程領導訓練方案加以探究，根據其分析此一訓練方案的主要目標在於發展課程發展技能、團隊過程技巧、非正式權力、溝通技巧、採行新觀念及時間管理的過程等。實施課程領導訓練方案，可應用在地方課程問題的解決。

Ross（1981）則就校長影響教師課程選擇的幾項方法進行分析。同時具體指出校長可以採用的課程領導策略，包括：激發教師的內在獎賞、校長扮演教師專業作為的角色楷模、校長本身展現革新的熱誠、增進教師參與決定的過程。進而歸結出課程領導對於具有高度動機來激勵成員的校長而言是可能的。

綜合上述此一時期的課程領導的發展可知，其主要目的在確立構成課程領導的要素及其特徵，由上述的研究可知課程領導在此一時期逐漸確立出其主要的因素包含了課程要素與領導要素，其中課程要素主要在課程發展與管理，領導要素則包括了支持課程發展的團隊合作、激勵、溝通等行政領導要素。

二、概念發展期

此一時期課程領導的發展主要在確立課程領導的功能與任務，並將這些功能與任務加以組織，以發展成為具體的行動方案或指導手冊，作為課

程領導者概念性的指導與指引，因此進入了課程領導的概念發展期。在此
一階段提出課程領導發展任務較具代表性的論者包括：

Bradley（1985）在《課程領導與發展手冊》一書中探討課程領導的重
要性時，明確地指出課程領導者的六項任務包括：㈠強調課程發展；㈡提
供課程發展所需的資源；㈢提供課程發展的哲學方向；㈣促進課程發展的
持續性；㈤連結課程發展理論與實踐；㈥計畫、實施、評鑑課程發展。

Glatthorn（1987）在其所著的《課程領導》一書中也提出了課程領導
者的職責所在，包括決定計畫、設計實行計畫所需的組織結構、確認並分
配領導功能、連結地方和學校間的教育和課程目標、發展課程資料庫、決
定計畫實行的優先順序、組織工作小組實行計畫、評鑑並改進計畫、進行
必要的組織變革以利課程實施、尋求必要資源支持新課程的實施與修訂、
提供必要的成員專業成長活動。

Hatfield（1989）則就教師作為同儕課程領導者（faculty curriculum
leaders）所要達成的主要目的和目標即在於改進與評鑑課程的領導、成員
專業發展、實踐策略的設計等。同時具體概述實施同儕課程領導者組織要
素包括：角色描述、權威和資格；溝通和網絡的建立；設備和資源的提
供；誘因、獎賞和認可的給予；準備度和技巧的發展；活動和運作程序。

Fielding（1990）在其所編著的《課程領導者手冊》，具體指出課程領
導者的主要任務包括：㈠建構課程改進計畫所需的組織和實質的計畫：包
含了組織團隊的資訊、建立改進循環圈、決定課程的目標及其所應涵蓋的
目的之本質、決定教師所決定的課程之比例；㈡執行發展階段的工作重
點：包含課程的準備、教科書的選用、評量的發展、支援課程所需的資訊
管理程序；㈢協助教師發展教室層制的課程計畫與實施程序，同時也包括
了成員的專業發展與同儕支持，以及釐清角色、任務和時間表；㈣進行
「實施導向」與「結果導向」的評鑑，以促進改進的作為。

Bailey（1990）提出有效能課程領導者所必須遵守的十二條守則，主
要包括：㈠以課程模式引導課程領導行動；㈡利用課程管理文件澄清課程

建構與實施過程中所有利害關係人的方向、角色和責任；㈢建立並使用能
與學區緊密結合的課程教材；㈣根據不同工作階段運用領導技能；㈤將課
程發展視為持續性的歷程；㈥促進教師彰權益能；㈦了解課程視導與成員
發展間的交互連接；㈧了解領導者是訓練而來的，非天生的；㈨決定的過
程中必須參考相關研究的結果；㈩不同利害關係人有著不同的課程領導功
能；㈠相信自我改進、成員發展與視導可作為教學改進的工具；㈡扮演激
勵者角色，尋求共識。

三、模式建立期

　　在課程領導的概念逐漸發展並漸趨完整之後，亦同時逐漸建立一些課
程領導模式，除了作為課程領導的理論基礎外，也作為指引課程領導實踐
方向之參考。以下茲舉例說明此一時期所建立的課程領導模式：

㈠「課程領導中心」（CLI）模式

　　美國 Kansas 州的 Emporia 州立大學和幾所公立中小學組成了一支研究
團隊，並成立「課程領導中心」（Curriculum Leadership Institute, CLI），
於一九八二年開始發展一套按部就班（step-by-step）的課程領導模式，供
學區與學校在進行課程領導與決定時之參考。在 CLI 的課程領導模式中，
非常重視不同層級間學業課程的管理與領導，並著重彼此之間的連貫性。
各層級的課程領導組織，如學區的課程協調委員會、學區教育委員會、學
科領域委員會都各自有其任務與課程決定和發展的重點。從模式的選定、
課程政策的制定、課程任務與願景的訂定，到成員的發展，學科領域課程
文件的發展，課程的實施，評鑑與修正都有一個步驟一個步驟的具體作法
（Ervay & Roach, 2000）。

㈡「DIME 模式」

　　自一九八○年代中期以後加拿大薩克其萬省教育廳發展了核心課程方
案，其中新課程發展的四個時期，分別為：1.發展（Development）：主要
在撰寫並試驗課程；2.實施（Implementation）：主要在將課程傳遞給學

生；3.維護（Maintenance）：維持課程不斷更新；4.評鑑（Evaluation）：正確評鑑課程符合目標的程度及其實施的成效。通常校長都參照 DIME 模式的四個時期來實施學校的課程與教學領導（Newlove, 1999; SSTA Research Center, 1999）。

藉由各種課程領導模式的建立提供更周延、明確的課程領導概念與內涵，逐漸整合出更完整的課程領導知識，也使課程領導的理論漸趨成熟。

四、實際應用期

在課程領導模式建立完成之後，如「CLI」和「DIME」都已加以推廣實施且行之有年，透過課程領導模式的實際應用，除了可以發揮課程領導模式指引課程領導實務的進行，同時也可透過課程領導的實踐，持續驗證修訂課程領導模式，縮短課程領導理論與實踐之間的差距。至此，課程領導實已邁入實際應用期。

貳、校長課程領導研究的重要性

一、課程改革的推動，促使校長課程領導議題漸受重視

台灣地區近十年來教育改革的呼聲日漸高漲，從早期教育理念的反省、教育體制的改革，到近來形成以課程為主的教育改革（湯梅英，民88）。因此，課程改革可說是國內目前教育改革工作的重點，然而課程改革的主要目的還是為了實現教育的理想，因應社會的變遷，進而解決社會的問題（黃政傑，民88a），但無論課程怎麼改，課程的改革與發展都應朝向重視人性化、生活化、樂趣化、統整化、彈性化、個別化的趨勢與方向發展（吳清基，民79）。為了達成上述課程改革的目的並因應社會的趨勢和需求，教育部在民國八十七年九月三十日公布「國民教育階段九年一貫課程總綱綱要」，並已於九十學年度開始實施（教育部，民87），此次九年一貫新課程綱要主要的特色在於重視學校本位的課程發展，強調課程統

整，擬定十項基本能力以作為課程設計的依據（陳伯璋，民 88；歐用生，民 88）。

綜觀此一課程綱要，相較於歷次的課程標準，有了根本而重大的變革，除了更加強調課程統整的原則外，也基於「學校本位課程發展」（School-Based Curriculum Development, SBCD）的理念，賦予學校和教師更多的課程自由度與彈性，以發展符合學校特色和需求的課程，所以，學校不再停留在執行課程的被動角色，而是需要主動地進行課程方案的規劃、設計、實施與評鑑（張嘉育，民 88）。因此，為了使學校本位課程發展的理念得以落實，需要學校領導者的適度引導與充分支持，使學校教師有能力也有意願來設計和發展適用於學校或班級的課程。

面對上述客觀環境的改變與社會潮流的變遷，學校領導者的角色與定位事實上已起了根本的變化，校長除了對學校組織結構、組織文化與氣氛、行政運作規範與歷程，需深明其特質與精髓，善加引導指點，同時也應兼顧課程教學行政與事務行政，激發教師改革意願（高強華，民89）。由此可知，以往在中央強力控制課程的政策下，學校校長大多只重視行政事務的管理與領導，而無法有效發揮其在學校課程發展中所應具有的功能以及所應扮演的角色，因而造成學校校長在課程領導方面難有施展的空間。然而，九年一貫課程綱要頒布實施以後，在學校本位課程發展的理念驅策下，校長一方面要面對國定課程和基本能力的壓力，另一方面要應付社區監督和績效責任的控制，如何發揮課程與教學領導，以達成教育和課程改革的使命，無疑是校長領導上的重要課題（黃嘉雄，民88；歐用生，民89a）。中外學者也大多同意校長在學校課程發展中，扮演著關鍵性的角色，同時也認為課程領導應是校長的本務，且是最重要的本務，因而主張校長應成為學校主要的課程領導者（curriculum leader）（吳清山、林天祐，民90；黃政傑，民88a；Bezzina, 1991; Garner & Bardley, 1991; Glatthorn, 1997, 2000; Hall, 1996; Kanpol & Weisz, 1990; Lunenburg & Ornstein, 2000; Murphy, 1990; Pajak & McAfee, 1992; Reavis, 1990; Solow, 1995）。由於課程所涉及的概念相當複雜而廣泛，且牽涉不同層級課程決定與發展的溝通協

調,所以,必須有更多承上啟下的作為,並能有效解決種種的課程問題,而這些都有賴於校長實施有效的領導。由此可知,校長在學校課程領導中的重要性與地位,可說是無庸置疑。只是校長在領導的角色上應有所轉變,必須從傳統只偏重行政領導,轉向以課程領導為主,並輔以行政領導。是故,能夠有效地進行課程領導是未來一位好校長不可或缺的要件之一。因此,如何提升校長的課程領導知能,在未來的教育與課程改革中,是相當重要的課題,有必要加以重視與探究。是故,本書試圖先探討校長課程領導的重要內涵及理論基礎,了解影響校長實施課程領導的因素,並針對課程領導進行學理分析,以了解校長課程領導的重要學理依據,作為校長實施課程領導的重要參考依據。

二、校長課程領導角色的釐清,有助其兼顧課程與 行政領導

有鑑於課程領導的重要性,加上學校的主要任務在於為學生提供妥適的課程,安排有效的教學。所以,課程與教學理應成為學校行政的重心。不過,由於我國課程控制權集中於中央,加上統編本的教科書制度,使得課程等同於教科書的觀念瀰漫,國小教育人員早已自廢其在課程發展與設計方面的武功,且長期以來養成不去碰觸課程設計與課程改革的習慣,反而將焦點置於省略課程層面的教育改革上,造成國內學校校長並沒有投注很多心力於課程與教學領導的事務上(黃政傑,民88a)。其實國外的情況也相當類似,使得學校行政領導者並非把大部分的時間花在課程與教學上,而是用在學生紀律、家長關係、學校設施運作和學校財務管理等行政管理的事務(黃嘉雄,民88;Ervay & Roach, 1996; Pajak & McAfee, 1992)。如此造成一種很弔詭的現象,亦即明知課程與教學在學校教育中的重要性,但實際上卻又反客為主地將行政管理事務的優先性,置於領導學校課程發展與改進之上。學者就指出上述問題與困境的可能原因包括了:㈠校長根本不知身為一位課程領導者的意義何在?其具體的本質為何?且他們經常認為課程領導是學校以外的地方政府之職責,而非學校校長所應扮演

的角色；(二)許多校長認為，即使他們知道自己應擔負起課程領導方面的責任，卻常因時間不夠用，導致他們想要領導課程發展卻是分身乏術；(三)了解課程領導的專家學者所能給予校長的協助很少，相關的文獻還是以教學領導（instructional leadership）為主，造成校長課程或課程領導專業知能的缺乏（Glatthorn, 1997）。最後，由於課程的發展與實施成效需要較長的期間才看得出來，而非如硬體建設或環境設施等事務可以在短期內得到具體成果。上述的這些狀況都易造成校長願將時間投注在易有速效的行政事務，相較之下課程事務就較受忽視了。除此之外，傳統上教育行政的研究是將行政與課程之間的關係視為彼此分離且互不相干的（Clifford et al., 1992），加上許多國家的課程改革，無法建立更有順應力（adaptable）與彈性的領導、管理與組織結構，或者根本就只重視組織結構的再造，而忽略課程的改革（Dimmock & Lee, 2000），造成課程改革的成效不彰。是故，今後需要更整體的（holistic）學校設計，提供方法以策劃合適的課程領導和結構。學校中的「行政管理」與「課程教學」必須同時加以改革，此為一不可避免的趨勢。由此可知，教育改革要落實與成功推展，必須充分整合「行政管理」與「課程與教學」，而為了避免改革只偏重行政或組織結構的再造，相對忽視課程與教學層次的革新，充實學校層級中相關人員的課程與管理的知識，發展有效的課程領導策略，是成功教育與課程改革所不可或缺的要件。可預見的是，校長在課程領導中所扮演的角色將更形重要，將來一位稱職的校長絕不能只重視傳統的學校行政領導管理功能的發揮，更應了解如何加強充實課程領導的知能，發展有效的課程領導策略，領導學校課程發展（黃政傑，民88a，民88b），以兼顧學校領導經營與課程教學品質的提升。

綜合上述可知，校長必須兼顧行政領導經營與課程教學領導，只是校長在課程領導中應扮演何種角色？經常是處於一種不明確，有時又相當混淆甚至衝突的狀況，因此，有必要加以確認與釐清。有愈來愈多的研究係以中小學校長或大學系主任課程領導的角色當作主要的研究主題（Hall, 1996; Newlove, 1999; Noronha, 1985; Owen, 1988; Romberger, 1988; Solow,

1995; Stark, Briggs, & Rowland-Poplawski, 2000）。由此都可看出校長課程領導角色的重要性。因此，本書亦將探討校長的課程領導角色，以釐清校長在課程領導的角色，增進校長在課程領導方面的適切性與有效性。

三、課程領導模式的建構，強化課程領導理論與實踐的交互驗證

　　由於校長的課程領導對於學校教育品質、課程發展與課程改進有其重要性，國內近來隨著九年一貫新課程的實施，使得課程領導的主題逐漸受到重視，但對於校長如何實施課程領導？其理論與學理基礎為何？有無相關的模式可供遵循與參照？有無具體的作法與策略？國內除了一些實證性的研究外，實際上仍非常欠缺校長課程領導模式的建構，以作為校長實施課程領導時理想或實際狀況的指引與參考。有鑑於課程領導的實際有賴課程領導模式的指引與引導，以呈現課程領導的要素、程序及其中的關係，使課程領導的實施能更加精確、理想，課程領導的方向和方法能更加明確，相對地，課程領導模式則需要實際課程領導實施的驗證，才能不斷地修正改進，發揮模式指引與引導的功效。有關課程領導模式的建構以及課程領導的實施和發展，先進國家早已非常重視並累積相當豐富的資料與經驗。例如，美國「課程領導中心」自一九八二年即發展出「CLI 模式」，並在全美一千多個學區推廣實施，不斷加以修正，已獲得良好成效（Ervay & Roach, 1996）；澳洲的昆士蘭科技大學亦投入研究，發展課程領導理論（Elliott et al., 1997; Macpherson et al., 1996）。但適合國內課程領導模式之建構則尚未進行，是一非常必要且值得加以發展與開發的研究領域。因此本書亦試圖了解並分析比較先進國家課程領導的實施現況及其所建構的課程領導模式，以作為我國校長實施課程領導的參考；同時，參酌國外的作法，考量我國的國情與需要，建構適合我國的「校長課程領導模式」，以引導校長實施課程領導，並作為改進校長課程領導的參考。

四、課程領導相關研究的進行，有助於提升校長課程領導效能

　　相較於教學領導的相關研究而言，有關於課程領導的研究顯得較少。在國外主要出現在一九八〇年代以後，尤其在一九九〇年代之後有逐漸增加的趨勢，但焦點則多集中在相關人員（校長、教育行政人員、教師等）對課程領導者的角色、角色知覺與行政責任等之研究（Burton, 1995; Clifford et al., 1992; Hall, 1996; Newlove, 1999; Noronha, 1985; Romberger, 1988; Schnuit, 1992; Solow, 1995）。反觀國內，校長的課程領導隨著九年一貫課程的實施逐漸受到重視，除一些學者陸續發表過相關的文章（林明地，民89；徐超聖，民88；高新建，民90；單文經，民90；黃旭鈞，民90；黃政傑，民88a；黃嘉雄，民88），也陸續有相關的研究出現（王月美，民90；王霄燕，民90；潘慧貞，民90）。不過，整體而言，有關校長的課程領導事實上仍在起步階段，要加以落實仍有一段漫長的路要走，顯示這方面的研究仍有其必要性與重要性。因此，本書試圖進行校長課程領導理論與實務的探討與研究，冀望能依據研究的結果提供相關單位或人員建議與參考。

第二節

本書的內容與範圍

　　綜合上述校長課程領導的緣起與重要性可知，校長的課程領導是提升學校課程與教育品質不可或缺的要件。為了兼顧校長課程領導的理論與實務，本書內容主要分為理論與實務兩篇，其中理論篇主要係針對校長課程領導的基本概念、重要課題、學理基礎進行分析與探究；實務篇則係針對美、英、澳、加等先進國家課程領導的實施現況加以說明分析，並進行比較分析，歸納先進國家課程領導發展的現況與趨勢。接著，說明我國「校

長課程領導模式」的建構與內涵。最後，提出校長課程領導的策略、趨勢與展望。以下茲分別說明本書主要之內容與範圍如下：

壹、理論篇

　　理論篇的部分主要在探討並說明校長課程領導的基本概念、重要課題與學理基礎，全篇共分為四章，其主要內容包括：

一、課程領導的基本概念

　　本章旨在探討課程領導的意義及性質、課程領導的要素與內涵等相關課程領導的基本概念，以釐清課程領導的意義，同時分別從課程的理論基礎、領導的理論基礎來詮釋分析課程領導的要素，進而歸結出在課程理論與領導理論科際整合之後所衍生的課程領導的主要內涵。

二、校長課程領導的重要課題

　　本章旨在探討校長課程領導的重要課題，主要包括：必須能了解並掌握影響校長課程領導的脈絡因素，同時能釐清並知覺適切的課程領導角色，再者必須能明瞭並執行合宜的課程領導任務與課題，最後必須能評鑑並分析課程領導的結果與效能。因此，透過分析課程領導脈絡因素的掌握、角色的釐清、任務的執行、結果的評鑑等幾個向度的重要課題，更能掌握校長實施課程領導時所必須關切的事項與作為。

三、校長課程領導之哲學、心理學的學理基礎

　　本章旨在針對校長課程領導的哲學與心理學的學理基礎進行學理分析。首先，透過哲學相關學理基礎的分析，論述哲學對課程領導發展方向的引導與影響，進而分析哲學與課程領導概念之整合，並探究哲學理念如何應用在課程領導。其次，透過心理學相關學理基礎的分析，了解心理學如何提升課程領導的效能，進而分析心理學與課程領導概念之整合，同時

探討心理學如何應用於課程領導。

四、校長課程領導之行政學、政治學、社會學的學理基礎

本章旨在針對校長課程領導的行政學、政治學與社會學的學理基礎進行學理分析。首先，透過行政學相關學理基礎的分析，論述有效的行政管理如何達成課程領導目標與成員需求之滿足，進而分析行政學與課程領導概念之整合，並探究行政學理念如何應用在課程領導。其次，透過政治學相關學理基礎的分析，了解政治學如何有助於課程政策的制定與課程實踐的省思，進而分析政治學與課程領導概念之整合，同時探討政治學如何應用於課程領導。最後，針對社會學的相關學理基礎進行分析與探究，以了解社會開放如何促使學校課程必須符應更多元的價值與需求，進而論述如何有效整合社會學與課程領導的概念，並將社會學的理念應用於課程領導。

貳、實務篇

實務篇的部分主要在了解並分析先進國家課程領導的實施現況，並說明我國校長課程領導模式的建構與主要內涵，進而提出校長課程領導的策略、趨勢與展望，全篇共分七章，其主要內容包括：

一、美國課程領導的實施現況

本章旨在針對美國教育制度的特色、課程政策的現況及課程權力的分配等課程領導背景作一剖析，並分別從主要的課程領導者、校長在課程領導中的角色與任務、課程領導模式等面向來了解美國課程領導的實施現況。

二、英國課程領導的實施現況

本章旨在針對英國教育制度的特色、課程政策的現況及課程權力的分

配等課程領導背景作一剖析，並分別從主要的課程領導者、校長在課程領導中的角色與任務、課程領導模式等面向來了解英國課程領導的實施現況。

三、澳洲課程領導的實施現況

本章旨在針對澳洲教育制度的特色、課程政策的現況及課程權力的分配等課程領導背景作一剖析，並分別從主要的課程領導者、校長在課程領導中的角色與任務、課程領導模式等面向來了解澳洲課程領導的實施現況。

四、加拿大課程領導的實施現況

本章旨在針對加拿大教育制度的特色、課程政策的現況及課程權力的分配等課程領導背景作一剖析，並分別從主要的課程領導者、校長在課程領導中的角色與任務、課程領導模式等面向來了解加拿大課程領導的實施現況。

五、主要國家課程領導的比較與趨勢

本章旨在針對前四章中對美、英、澳、加等國之課程領導的實施現況所進行的分析和探討，進行綜合的比較分析，並根據分析的結果進而歸結出主要國家在課程領導方面的發展趨勢。

六、校長課程領導模式之建構

本章旨在針對我國校長課程領導模式的建構作一綜合的說明，分別從建構校長課程領導模式所採用的研究方法、校長課程領導模式的主要內涵及建構歷程作整體的說明，並進而論述此一模式的主要特點及其實際的應用。

七、校長課程領導的趨勢與策略

　　本章旨在根據課程領導的立論依據、理論內涵與學理分析，比較歐美先進國家之課程領導實施現況，參酌我國所建構出的第一套「校長課程領導模式」，歸結出校長課程領導的發展趨勢，進而提出校長實施課程領導的策略及建議。

小　　結

　　本緒論旨在針對課程領導的發展緣起及重要性作一探討。並簡介本書所包含的主要內容與範圍。

　　首先，就課程領導的發展緣起進行探究，並歸納出課程領導的發展沿革主要可區分為要素確立期、概念發展期、模式建立期、實際應用期等四個時期。

　　其次，就課程改革的推動，促使校長課程領導議題漸受重視；校長課程領導角色的釐清，有助其兼顧課程與行政事務的領導；課程領導模式的建構，強化課程領導理論與實踐的交互驗證；課程領導相關研究的進行，有助於提升校長課程領導效能等幾個面向來分析校長課程領導研究的重要性。

　　最後，就撰寫本書的目的及全書主要的內容與範圍作一架構性的說明。

第一篇

理論篇

第一章
課程領導的基本概念

　　學校的主要任務在於為學生提供妥適的課程，安排有效的教學，因此，課程與教學通常被視為是學校教育過程的核心（黃嘉雄，民 88；Dimmock & Lee, 2000; Lunenburg & Ornstein, 2000; Slattery, 1995）。所以，課程領導理應成為學校行政的核心要務。只是多數行政人員仍熱中於預算、交通、營養午餐、設備、人事等諸如此類的組織管理，但對課程與教學方面的領導，其熱中的程度卻大不如組織管理的事務（Ervay & Roach, 1996）。學校校長也因為太過強調行政管理的責任，因而妨礙了他（她）們在課程與教學方面的職責（高新建，民 90；黃嘉雄，民 88；Drake & Roe, 1999; Garner & Bradley, 1991; Glatthorn, 1987）。誠如 Pajak & McAfee（1992）所指出的，校長作為「學校領導者」與作為「課程領導者」兩種職責是不可分的，兩種功能都是成為教育領導者的重要項目。因此，一位稱職的校長絕對不可只重視行政事務的管理而忽視其在課程領導方面的職責。

　　是故，課程領導應是校長領導的重要面向之一，對於校長如何實施課程領導，在國外逐漸受到重視，累積了一些研究成果，甚至發展出課程領導模式，進而加以推廣實施（Ervay & Roach, 1996）。國內在課程領導方

面的研究與概念仍在起步階段，有必要針對課程領導的意義與性質、要素與內涵等課程領導的基本概念加以說明分析，以釐清課程領導的意涵。本章共分為兩節，第一節為課程領導的意義與性質；第二節為課程領導的要素與內涵。

第一節
課程領導的意義與性質

　　有關課程領導的意義與性質，事實上仍然相當紛歧，有人會問課程領導與教育行政領導有何不同？又與教學領導有何不同？會不會又只是一流行的名詞？實際上課程領導、教育行政領導、教學領導或許會有重疊相通之處，即都在有效促進組織效能，達成組織目標，而其共同的組織目標，就是在提升教師的教學效能與學生學習的品質。只是教育領導、教學領導相較於課程領導較少將焦點聚集在課程上。因此，這些領導行為對於整體學校發展而言都很重要，只是其著重點有所不同而已，本節將就課程領導之意義及其性質加以論述之。

壹、課程領導的意義

　　為了解課程領導的意義，茲將學者及相關課程領導研究對課程領導所作的定義分述如下：

一、高新建（民 90）將課程領導定義為：「課程領導是教育人員對學校的課程相關事務所表現的領導行為。舉凡教育人員所從事之使學校的課程、教師的教學、及學生的學習，能更為理想有效的各項作為，都可以視為是課程領導的行為（頁 10）。」

二、徐超聖（民 88）將校長的課程領導界定為：「校長基於課程專業知識，經由各種領導行為，協助教師改進課程的品質，提升學生學習效果完成

　　教育目標之歷程（頁38）。」

三、Doll（1996）在探討課程領導的本質時，將課程領導界定為：「課程領導是一般的教育領導領域中的一項特殊的功能。有效的課程領導特點包括：領導者具有採行明確可行的課程原則之能力；領導者樂於訂定可以影響課程的長期承諾；能夠獨自擔負起責任，不受政治勢力所左右（p. 492）。」

四、Ervay & Roach（1996）將課程領導者定義為：「尋求系統而整體的方法以改造公立學校課程相關人員。所以，課程領導者必須致力於尋求學校長期的穩定性；連結地方、州及國家的優先順序；結合課程與教學；著重學生的改進；強調成員的發展（p.ix）。」

五、Glatthorn（2000）將課程領導定義為：「發揮學校制度與學校本身的所有功能，以達成確保學生學習品質的目標（p.23）。」

　　此一定義強調二個重點：首先，該定義強調的是功能而非角色。如果重點放在校長的角色，則其他角色的現職者也必須共同擔負起這些責任。教育局長、副教育局長、教育局督學、校長、副校長、處室主任、學年主任、班級老師，都有扮演其各自的角色。

　　其次，該定義強調領導是促使制度及個人達成其目標的過程。這些功能都是目標導向的，而不只是一些不需用心思考的例行性行動而已。且其終極目的在於藉由提供高品質的學習內容促使學生達到最佳的學習結果。因此，對「課程」與「教學」做了簡單地區分，即課程是學習的內容（what is learned），教學則是這些內容如何被教導（how the content is taught），並強調課程是學生所學到的所有經驗。

六、Gross（1998）則將課程領導界定為：「課程領導是一複雜的過程，包含一些重要的要素。從最廣泛的觀點來看主要包括了：建立並基於紮實的學理基礎以組織課程領導，選擇可供遵循的方向與方針，持續不斷地發展，並克服無可避免的混亂（p.135）。」

七、Hall（1996）將課程領導者界定為：「引導課程的設計、發展、改進、實施與評鑑的人（p.7）。」

綜合上述這些課程領導的定義可知，課程領導主要是針對學校課程事務所進行的各種領導作為，其目的在改進學校課程品質，提升教學成效，進而改善學生學習成果。在課程領導的作為中可以侷限在直接對課程的設計、發展、改進、實施和評鑑的引導，也可廣泛地涵蓋了達到上述目的的所有領導作為。

貳、課程領導的性質

為了更具體釐清課程領導的性質，以下將從課程的定義、課程領導者、課程領導的範圍等三個面向來加以論述課程領導的作為。

一、就課程的定義而言

由於課程通常被視為是學校教育過程的核心，因此學校非常需要規劃有效而高品質的課程。不過，困難之處即在對課程發展及實施有各種不同的定義，並非每個人對於「課程為何？」或「課程發展與實施該包含哪些內容？」皆能產生共識（Lunenburg & Ornstein, 2000）。

基本上，課程是一相當複雜的概念，它可以是學生學習的科目，也可以是學生學習的活動或經驗，也可以是一種學習計畫，也可以是一系列目標的組合（黃政傑，民88a），也可以是一套有待教師考驗的研究假設（黃光雄、蔡清田，民88）；由於對課程定義與看法的不同，確實會影響整個課程領導的作為。因而會因對課程的定義不同而對課程領導有不同的定義與重點（Brubaker, 1994）。

有的學者是從課程領導作為一種技術、計畫與達成目標的方法來論述課程領導，例如 Bradley（1985）就曾提出課程領導者的六大功能，包括：「強調課程的發展」、「為課程發展提供必要的資源」、「提供課程發展的哲學方向」、「允許課程發展的持續性」、「成為課程發展理論與實踐間的橋樑」、「計畫、實施、評鑑課程發展」。此外，Bailey（1990）、Glatthorn（1997）則從校長作為課程領導者所應扮演的角色及其所應發揮

的功能來論述課程領導，強調校長或行政人員是居於學校與州政府、學區間的溝通協調角色，並能與學校教師一起合作發展學校課程，因而著重學校優質課程願景與目標的發展、學習方案的設計、課程間的連貫、年度計畫的安排、課程實施過程的監控、學習單元的發展、課程的評鑑等工作。這些學者的課程論點，都是比較偏向技術、目標與計畫導向的，亦即其較偏課程即科目、目標和計畫的觀點，而因為這樣的課程定義，也造成其在課程發展與領導方面的著重點有所不同。

　　另一方面，亦有學者強調課程是師生共同建構的經驗或促進教與學的各種活動，因而較強調課程領導應採用道德的領導，有明確的道德目標，關注精緻的教學，並重視關懷、福祉、自由和社會正義，亦即強調倫理、道德、關懷、反省批判、探究、慎思等面向的課程領導（歐用生，民89b；Henderson & Hawthorne, 2000）。上述這種取向較偏向將課程視為學生的一切學習經驗或活動，其所強調的課程領導重點與作為也會有別於將課程視為是科目、目標或計畫的課程領導。

　　最後，亦有學者強調課程是教師激發學生學習所採取的各種創制行動（黃光雄、蔡清田，民88；Macpherson & Brooker, 2000），此又較偏重課程是一套有待教師考驗的研究假設，有待教師與學生在實際的教室情境中得到充分的考驗與印證，因此，在課程領導中所強調教師專業成長與教育專業自主性，並能與學生進行磋商與協調，透過反省批判，不斷地加以實驗研究，進而改善課程內容。所以，依此定義的課程領導會較其他的定義給予教師更多的專業自主性，也比較強調教室層級的課程發展。

　　綜觀上述可知，對課程定義的不同，所採取的課程領導行為的著重點會有所差異。無可否認的，這幾種課程的定義或多或少仍有重疊之處，但相對地也可說是彼此間具有互補的作用。了解課程的定義除了有助於了解課程領導的範圍之外，亦有助於根據不同的課程定義提供適切的課程領導，避免太過偏頗某一定義而忽略其他的課程面向。綜合上述的課程定義，校長在實際的課程領導過程中，應了解各種不同的課程定義，兼顧正式課程、非正式課程和潛在課程的領導，同時也必須考量國家、地方、學

校、教室等不同層級課程連結的領導。

二、就課程的領導者而言

在學校層級課程領導者該由誰來擔任？不同的學者有不同的觀點。首先，有的學者主張由校長來擔任主要的課程領導者，並強調校長的課程領導（徐超聖，民 88；黃旭鈞，民 90；黃政傑，民 88a；黃政傑，民 88b；Bailey, 1990; Bradley, 1985; Doll, 1996; Glatthorn, 1987, 1997; Hawthorne & McConnell, 1995; Lunenburg & Ornstein, 2000; Ornstein, 1993）。

其次，有些學者主張，課程領導應由家長、教師、行政人員、社區人士和課程相關人員共同參與（Henderson & Hawthorne, 2000），所以，課程領導者絕大多數都是校內成員，但也可以是校外人士（Oliva, 1997）。

再者，有學者雖然認為課程領導是學校中每一份子的責任，但一方面基於校長工作繁重，一方面基於副校長可以擔負校長與學校成員間的溝通與聯繫工作、可激勵成員、可促進課程發展等理由，故主張由副校長來擔任課程領導者（Morrison, 1995）。

最後，有些學者指出，教師的教導與學生的學習才是學校的中心事務，因此主張課程領導應回歸班級中的教師，並由教師來擔任主要的課程領導者，例如 Aspland et al.（1998）主張教師作為課程領導者，為學生而改進其教與學的安排。Elliott et al.（1997）也視教師為課程領導者，並將課程領導視為是一中介行動（mediated action）以作為改進教與學的方法。Macpherson & Brooker（2000）則指出，課程領導包含在教學場所的多面向（multifaceted）脈絡下，教師所採取的任何創舉（initiative），以激發更有效的學習與教學，McNeil（1999）也將教師視為是課程領導者，他們必須與校長或副校長商議以決定課程。

綜合上述可知，課程領導者可以是校長、副校長、教師，以及與學校教育有關的利害關係人（stakeholders），這些人都應負起課程領導的責任。不過就學校中的課程領導者而言，若以職務性質來分，主要可區分為以行政人員為主與以教師為主的課程領導；若以參與的程度來分，則可分

為以校內人員為主和結合校內外人員共同參與並作課程領導者。

校長是否應成為主要的課程領導者？雖然仍受到一些質疑，但由 Fullan（2002）對「學校潛力」（school capacity）的分析可知，學校潛力是由「個別教師的知識、技能和素質」、「教師間的專業學習社群」、「課程的連貫性」、「技術資源」、「校長領導」等五個要素所構成，而校長的領導與角色是前四項要素的成因。由此可知，校長是學校的主要領導者，居於領導的地位（Fullan, 1992; Macmillan, 2000）。因而即使校長工作繁重，但並非每所學校皆有負責課程與教學的副校長之編制，所以，校長應責無旁貸成為學校中主要的課程領導者。此外，即使校長並非各個學習領域的專家、並非實際的教學者，但也應引導不同學習領域的專業成員或實際從事教學的教師，有效規劃課程計畫、實施和評鑑，提供必要的支持與資源，所以校長理應成為主要的課程領導者。只是學校中雖然大家期望校長應提供課程領導，不過仍然會因學校情境因素的不同而有所差異，例如在較大型的中學，課程的責任是授予負責課程與教學的副校長；在大型的小學則是由各學年主任或在某些領域學有專長的教師來協助校長進行課程領導（Glatthorn, 1987）。所以，以校長為主要課程領導者，再作適當的分工與授權應是可以接受的方向。

三、就課程領導的範圍而言

欲了解課程領導的範圍有必要先了解課程領導與教學領導的關係，基本上，課程領導與教學領導可說是息息相關，兩者同等重要，爭論兩者之間何者重要，並無實質意義。不過事實上若從範圍而論，兩者之間仍然有所區別；而這兩者的區別，可由課程與教學範圍與關係以及兩者間的工作項目與範圍加以區分。茲分別說明如下：

㈠就課程與教學的關係與範圍而言

「課程」與「教學」之間該如何區別？兩者之間有何關聯？Lunenburg & Ornstein（2000）及 Ornstein（1995）歸納歷來課程學者對此一問題的不

同觀點與看法主要包括以下幾項論點，茲將之分述如下：

1. R. W. Tyler 的觀點：將教學視為是教導課程的計畫，並將學習經驗組織成為教學單元、科目和方案的程序。基本上，課程與教學同等重要，兩者是一持續循環的過程，包含持續不斷的再計畫與再評價。

2. H. Taba 的觀點：認為課程的脈絡範圍較教導（teaching）寬廣，而教導的脈絡範圍則又較教學（instruction）寬廣。課程所代表的是學習的一切實質與內容；教導則是教師將學科內容傳授給學習者的行為與方法；教學則被視為是不同的課程階段所引進的具體活動。所以，教學與課程是分離的，且不如課程來得重要。

3. J. Macdonald 的觀點：將課程定義為行動計畫，而將教學定義為付諸行動的計畫，教導則被定義為教師廣泛的行為，學習（learning）則被定義為學習者的改變。其著重點分別為，課程為先於教學的各種計畫努力，教學則在處理師生互動，教導則是呈現刺激或暗示的行動，學習則包含學生的反應。因此，課程被視為是計畫，教學被視為是實施，教導則包含行為、教法和教學，學習則含有合理的反應或學生的行動。

4. H. Broudy 的觀點：視課程為一整體系統，教學和教導只是子系統，因而其重要性不如課程。

5. D. Tanner 和 L. Tanner 的觀點：認為將課程與教學描述成個別的要素是一種誤解，甚至於會造成課程在學校或教室層級實施時的失敗。所以，需要綜合課程與教學成為一個問題，而非視為彼此分離的問題。

6. R. Zais 的觀點：視課程為一廣泛的概念，而教學則是一個特殊的現象，其重要性不如課程，只是在整個課程連續體中的某一點被引進。

綜觀這些學者對於課程與教學關係的觀點，主要可歸納出三種不同的課程與教學關係的途徑：第一種是綜合式（synthesis）的科際整合觀；第

二種是課程與教學分離的（separation）觀點；第三種則是融合式（fusion）的動態交錯觀點。每一種都各有優缺點，例如，採取綜合的方式並無法告訴我們如何讓兩者結合，因而造成課程與教學過程更加模糊不清；採取兩者分離的觀點，則易造成不完整且易彼此犧牲彼此，最常發生的就是課程專家過度強調課程而犧牲教學，相對地，教學理論家則易過度強調教學而犧牲課程。所以，從理論的觀點而言，融合的途徑似乎較為可行，特別在教室層級，課程與教學是在不同脈絡下，以不同的方式交錯。

此外，Oliva（1997）也就課程與教學的關係，提出了二元論模式（dualistic model）、連結模式（interlocking model）、同心圓模式（concentric models）、循環模式（cyclical model）等四種模式，此四種模式與上述的觀點類似，只是現在學者對於課程與教學的關係已產生一些共同信念，包括：(1)課程與教學彼此相關但卻不同；(2)課程與教學交互連結且相互依賴；(3)課程與教學可以當作個別實體加以研究與分析，卻不能相互孤立而運作。

綜合上述的分析可知，課程與教學之間可說是一體的兩面，彼此交互連結，相互依賴，因此，課程領導與教學領導亦是維繫這樣的概念。但若從課程學者的觀點來看，似乎課程領導的範圍大於教學領導，依此觀點，課程領導所涉及的是一切整體的課程決定過程，教師在此一過程中主動參與決定，而教學領導則較偏重領導教師實施行政人員所決定的課程，或許可以說課程領導延續至教學領導。

(二)就課程領導工作項目與範圍而言

除了從課程與教學的關係來界定課程領導的範圍外，有許多學者主張由兩者所從事的工作項目來作判斷，進而主張課程領導主要包含校長或行政人員設定課程目標與計畫、促進課程設計與發展、監控課程的實施、評鑑課程的成效、增進成員進修發展，進而促進學生的學習成果，並領導學校成員達成目標（吳清山、林天祐，民 90；徐超聖，民 88；黃政傑，民88b；Bradley, 1985; Glatthorn, 1997; Hawthorne & McConnell, 1995; Henderson

& Hawthorne, 2000; Ornstein, 1993）。此外，英國則更加著重各學科教師的課程領導，所以將範圍縮小到學科，而提出「學科領導」（subject leadership）的概念，並主張「學科領導者」的核心目的在於為某一學科或學習領域提供專業的領導與管理，以尋求高品質的教學、有效的資源利用，並改進所有學生的學習標準與成就（Bell & Ritchie, 1999; Field, Holden, & Lawlor, 2000）。教學領導則將焦點範圍置於提供方向、資源、支持，以利改進教師教學與學生學習（Keefe & Jenkins, 1984）。由此可知，在工作項目的範圍上仍是課程與學科領導大於教學領導。正如 Glatthorn（2000）所指出，如果以最佳的教學方法去教導貧乏的課程內容，結果只會導致更多的錯誤學習。因此課程領導應是教學領導的根本要素（essence）（Bailey, 1990）。所以，好的課程領導是好的教學領導之基本前提，教學領導應是課程領導中的一個重要面向。

　　綜觀上述從課程的定義、課程領導者的指定、課程領導範圍等不同角度來看課程領導的意義與性質，可以看出課程領導的「課程」可以涵蓋科目、計畫、目標、所有的學習經驗及研究假設，必須能了解各種課程定義，彼此互補；課程領導者可以是校長、行政人員、教師或相關教育人員，但仍以校長為主要的領導者；領導的範圍則可包含所有學校的課程（正式、非正式、潛在課程）、各學科與教學的領導，尤其是在課程與教材內容並非完全來自外來規定時，課程領導的範圍應涵蓋了學科領導與教學領導。但無論對課程的定義、課程領導者的指定、課程領導的範圍有何不同，其共同的目的都在於促進教學的品質與學習的成果、重視多元聲音與意見、強調共同合作參與和溝通協調。校長作為學校中的主要領導者，若能作適當的課程領導，將焦點集中在學校的核心任務——課程與教學，而非只重視行政管理的領導，如此必能帶動教師與其他相關人員一同參與學校課程的改進，進而提升學生的學習成果。是故，本書所著重的部分主要在於校長作為課程領導者的部分，因而以下進一步定義校長課程領導為：

　　基於學校課程的願景，釐清課程的意義與範圍，認清自己的角色，訂定具體的課程目標，領導成員針對課程目標與計畫、課程設計與發展、課程實施、課程評鑑等面向進行周詳的規劃，發展適合的學習方案，且在教師的課程進修、研討、研究、諮詢、評鑑，給予充分的支援與引導，以發展教師專業知能，塑造合作的學校文化，協調整合各種勢力與有利的資源，支持教師的教學，進而提升學生學習的成果與品質。

　　由以上的定義可知，校長的課程領導應以課程發展與設計為主要的核心，並在領導方面提供充分而必要的支援與服務，提升教師的專業知能，塑造合作的學校文化，藉由提供高品質的學習內容，以促成學生最佳化的學習成果。易言之，課程領導應以發展理想適切的課程為核心，以卓越的領導為半徑，畫出優質學習與高品質教育的同心圓。

第二節
課程領導的要素與內涵

　　根據 Fullan（2002）所指出的，「學校潛力」（school capacity）非常重要，其中校長的領導更是學校能否開發潛力的關鍵，可說是關鍵中的關鍵。由此可知，校長領導對學校教師能力素質、專業社群的建立、課程的品質、技術資源的取得之重要性。由上述這些學校潛力的要項可知，校長的課程領導應是開展學校潛力的重要手段。

　　課程領導實際上包含兩個主要的部分，一為課程事務領導，一為行政領導；只有課程發展而缺乏有效的行政支援與管理，不可能進行有效的課程發展，相對地，只重視行政事務的經營與管理，而缺乏專業的課程計畫、設計、決定、實施和評鑑，則不可能提升學校教育的品質（Ervay & Roach, 1996）。因此，課程領導實際上應包含行政事務的領導與作為，以

及課程計畫、設計發展、決定、實施和評鑑等課程事務的領導。此外，因為不同的課程理論或領導理論派典會影響課程領導的作為（黃嘉雄，民90a）。因而在探討課程領導的要素時，應充分把握此一原則，亦即除了需涵蓋課程的理論基礎和課程發展作為，同時必須包含行政管理和領導的作為。因此，本節將先分別就課程領導中的課程與領導兩項要素作一分析與探究，進而歸結出課程領導的重要內涵。

壹、課程理論基礎

歷來課程學者對於課程理論有著各種不同的分類方式，例如 Eisner 和 Vallance 將課程取向分為強調促進知能的認知過程發展取向、強調教學組織及效能的科技取向、強調個人成長的學習者自我實現取向、強調改革的社會重建取向、強調教學內容的學術理性主義等五種不同的取向就是經常被引用的課程理論取向的劃分方式（李子建、黃顯華，民85；黃政傑，民80）。課程理論取向應採批判統整的方式進行，避免課程理論使用者受到蒙蔽，且能有批判力的加以利用（黃政傑，民88a），由於課程理論各有偏執，所以了解不同課程理論的缺失，知所變通加以補救，對於課程領導者而言是非常重要的。以下僅就學者在課程計畫、課程發展等面向上的不同分類方式，以論述課程領導中的課程理論基礎，分別說明如下：

一、就課程計畫來分

就課程計畫的分類而言，Brubaker（1994, pp.13-18）根據 J. Habermas 所區分的控制、理解和解放等人類三種旨趣之觀點，進而提出三種課程計畫的概念，分別為：

(一)科學－技術取向的（scientific-technical）課程觀：以 R. Tyler 的科學取向課程設計為代表。依著重效率的教育系統觀來實施課程領導，並強調從可測量的（measurable）觀點來衡量進步，此近似於「控制」的旨趣。顯然 Tyler 法則所強調的是一種線性的、連續的觀點，並提供流

暢、安全及可掌控的感覺。課程計畫者了解該做些什麼,也明瞭該遵循什麼樣的次序,任何課程問題都可依適當的組織工具加以解決,一切皆依效率的觀點來加以監控。

㈡詮釋學取向的課程觀(hermeneutics):以 J. B. Macdonald 及 M. Greene 等人的課程論點為代表。視課程設計者和學習者為課程經驗的創造者,近似於「理解」的旨趣。強調減少對課程和課程計畫的限制,並改採彼此對談的方式。採取這種方式的主因在於:「我們可以跳脫控制而學習更多事物,只有當事情可以稍微脫離控制,學習才可能真正發生。」所以,此派學者強調學生是課程的創造者而非只是消費者,如 M. Greene 所指出的:「課程計畫者所建立的關係網絡,視個人為擁有朝各種不同方向發展的權力,而這些方向並非可以事先決定的。」

㈢批判理論取向的課程觀(critical theory):強調人類反省實踐行動,讓人類從不當的社會束縛中解放出來,進而獲得自由,此近似於「解放」旨趣。基本上,持此一觀點的課程領導者較著重課程中因為經濟及職業利益結構、社會階級、權力結構,及語言的使用導致工作和權力安排的扭曲等,所形成之社會關係、獎賞、學習期望。批判論者承認,在課程計畫中控制、理解有其必要的地位,但他們強調透過實踐而達到自我反省。所以,課程計畫者必須了解人們受到宰制的方式,明瞭解放的可能性,並引導漸進式的社會發展。

此三種課程計畫取向各有其著重點,也各自引發一些批評。但依據此三種取向主要可衍生出「外部課程」與「內部課程」,其中採取控制取向的課程領導者較強調「外部課程」,假定課程權力是居於師生外部的教科書、課程指引和學習科目,知識的傳遞與模仿成為主要目的;採取詮釋學及批判理論取向的課程領導者則較強調「內部課程」,假定在學習環境中教導給個人的一切經驗,皆為合作性的創造,強調轉型及學習者的質變。所以,在學習過程中所遭遇的一切對立、矛盾、兩難,對採內部課程的人而言都可透過探究從中獲益。此外,採取「內部課程」取向的教育人員都

了解目標設定、活動選擇、評鑑是同時發生的過程，而非線性及連續的公式。由此可知，三種課程取向各有著不同的重點，其主張會引導並影響課程領導者的方向與作為。

二、就課程發展來分

就課程發展的分類而言，Lunenburg & Ornstein（2000, pp.440-448）歸納整理出五種具有代表性的課程發展模式，分別說明如下：

㈠目標與行為模式

主要以 Tyler 為代表，其所提出計畫課程的各種步驟包括：

1. **學校目標決定**：目標的選擇必須根據當代生活的重要面向、學科內容、學習者的需求和興趣，並藉由對學校、地方、國家等層級分析變遷的社會，以決定什麼目標最重要。

2. **學習經驗的選擇**：向學科專家諮詢，決定各種不同學科該教的概念、技能與課題；同時，確認學生的需求和興趣，以決定內容、方法、教材的起始點。接著，學校成員盡可能組成課程委員會，根據學校的哲學和有關學習心理學的信念來過濾這些建議的目標。

3. **進行學習經驗的組織**：學習經驗可考量學習者的發展階段，如年齡、能力、學習者背景、外在環境、學習者在學習時所應有的作為，接著以系統的方法來組織學習經驗以產生最大最正向的效果。

4. **進行評鑑**：藉由評鑑了解目標是否達成，或者學習經驗是否產生預期的結果。同時，也有必要決定課程的有效與否，或是否應有所改變。

㈡管理模式

主要以 Saylor、Alexander 和 Lewis 為代表，將課程視為一般性的計畫，用以作為個別學習方案、學科、課表、單元計畫、政策聲明、手冊、學習套件等不同的具體計畫，課程應被結合成為整體計畫或課程計畫。因此，在課程的設計、實施及評鑑等不同階段都必須加以管理，以有效實行計畫。

就課程設計而言，目的和目標大致受以下二種因素的影響：1.外部勢力：如合法要件、現行研究、專業知識、利益團體、政府當局等；2.課程的基礎：如社會、學習者和知識的基礎。因而必須建立目的和目標的共識，作為課程設計的基礎，並且檢視五種不同取向的設計活動，分別為：1.學科／科目：強調知識的角色和問題解決的活動；2.能力資格：強調表現目標、任務分析、可測量的結果；3.人類特質和過程：強調學習者的感情、情緒、價值、情意等學習面向；4.社會功能和活動：較強調社會需求多於學生需求；5.個別需求和活動：重視個別需求和興趣，提供能充分開展學習者潛能的學習經驗。

就課程實施而言，主要是有關促進或能將設計活動付諸實施的教學活動。主要包含教法、教材、資源，將之表列在學科、單元計畫、每一課的計畫中，並在教室中觀察。課程實施同時也包含教學視導、教師－視導人員計畫與會議、成員發展計畫等。

就課程評鑑而言，包含評鑑學生學習結果和課程計畫的程序，評鑑的資料可作為行政人員決定和計畫的基礎。

㈢系統模式

以 Macdonald 為代表，將課程定義為行動計畫，而將教學定義為付諸行動的計畫，教導被定義為教師廣泛的行為，學習則被定義為學習者的改變。所以，課程為先於教學的各種計畫努力，教學則在處理師生互動，教導則是呈現刺激或暗示的行動，學習則是學生行動與合理的反應。當教學與教導適當的話，合理的反應就會隨之而來，反之亦然。

事實上，上述 Macdonald 對課程、教學、教導與學習的看法，獲得絕大多數課程領導者的認同，其系統模式所主張的是課程、教學、教導、學習四大系統構成整個教育系統，四個系統彼此交互關聯，但他仍主張課程應居於整個教育事業的核心。

㈣人文主義模式

此一模式以 Weinstein 和 Fantini 為代表，其所採取的課程發展步驟主要

包括：

1. **確認學習者的年齡、年級、共同文化與種族特質**：所關注的是團體而非個人。因此，共同特質和共同興趣的知識就成為區分與診斷個別問題所不可或缺的要件。

2. **學校了解學習者的「關注」（concerns）並評估其原因**：學生的關注主要包含其需求與興趣、自我概念、自我圖像。因為關注通常集中在持續發生的議題，因而可以提供課程在不同時間點的一致性。教師可透過診斷發展教學策略以符合學習者的關注。重點在於讓學生感到輕鬆自在地掌控其生活。

3. **組織觀念**：教師應選擇與學生關注有關的主題或議題而非只是遵循學科內容的要求。因此應教導能幫助學生處理其關注的概念和技能為主。同時，內容的組織應遵循三個要項：「學生的生活經驗」、「學生的感情和態度」、「學生生活的社會脈絡」。上述三類的內容會影響教室中所教導的概念、技能和價值，並形成情意課程的基礎。

4. **情意的結果**：包括學習技能、教導程序、課程結果都強調學習者的需求、興趣和自我概念。

㈤非技術性模式

相對於強調高度的客觀性、次序性和邏輯性的技術理性主義，近來有些論者如 G. McGutcheon、P. Mclaren、E. Eisner，則主張教育的目的和宗旨無法被事先預知、精確陳述、以線性或一步一步的方式來加以強調。所以，他們強調世界包含主觀的、個人的、美學的、詮釋學的、互易的、直覺的思考形式和行為，因而課程無法被精確地計畫。此一非技術模式的倡導者有時被稱為自然主義者、對話論者、批判教育學者、後實證論者，主要的信念在於應將焦點集中在學生而非內容或學科內容。他們認為只有在學生能從學習內容中找到其自身的意義，學科內容才有其重要性。學科內容應提供個人反思和成長的機會。同時，相對於絕大多數的教師和行政人

員將課程視為是計畫、藍圖或符合一系列理性步驟或結果的產物，非技術陣營的人士通常將課程視為戲劇或對話。因而重點只在創造演進的機會，將以往受到技術途徑所忽視的意識型態、價值、信念、權力等概念視為是焦點所在。溝通、互助合作、達成共識就成為必須考量的過程或社會活動。因此，必須透過對話、論辯和慎思來建立課程，並釐清觀念和意識型態。

　　非技術性的學者認為，我們不能依據預設的規準、通則化的原則、理性的判斷來建立課程行動，舊的規準並無法用來批判新的課程。此即後現代論者挑戰大多數行政人員所賴以發展課程的各種假定。非技術取向的教育人員認為課程編製實際上是一不確定的系統與程序。強調課程演進的過程所採取的是開放的、非預期的、自由流動的方式，允許混沌情況的發生。同樣地，藝術鑑賞也被視為是求知和建構實體的一種特別方式。

　　上述這五種不同的課程發展模式，大致仍可區分為技術性模式與非技術性模式，其中技術性模式包含行為模式、管理模式、系統模式、人文主義模式，較強調課程的系統化、理性、技術取向；而相對於技術性模式，非技術性模式則較重視課程的非線性、非理性、不可預測的部分。兩者著重點不同，但卻都是課程領導者所必須關注的。根據這些具有代表性的課程發展模式，學校課程領導者在應用不同的發展模式，還是必須兼顧技術性與非技術性的層面，因為課程發展若要順利運作，還是需要一些技術性層面的課程發展作為基礎，並顧及一些非技術性層面，豐富學校課程的面向與內容。

　　綜合上述對課程理論基礎的分析可知，其實大致上分類仍然以實徵、詮釋、批判等三大類別為主。對課程領導者而言，重點在於了解每一課程理論的利弊得失，以作為實踐課程領導時紮實的理論基礎，構成課程領導時所需要的課程專業知能。因為不同的課程理論取向，會影響課程領導者對課程的界定，進而影響其作為。重點不在尋求最佳的課程理論，而應是透過實踐來批判反省理論，透過理論來引導課程領導實踐。並且能了解各種不同課程計畫、課程發展的取向，對課程的計畫、發展、實施與評鑑能

有更整全的了解，才可能也才足以領導學校成員進行最妥適的課程計畫、發展、實施與評鑑。此一課程理論、計畫、發展等方面的課程專業知識是一位稱職的課程領導者所不可或缺的。

貳、領導理論基礎

校長想要發揮領導的功能，有兩項建議必須謹記在心：一、以自然而然的行為來強調課程，並以一般例行的行動來解釋課程；二、了解課程領導只是有效組織行為的要素之一，所以，校長的課程領導行為具有全校性的影響力，而非只是狹隘地侷限在對課程的重視（Glatthorn, 2000）。是故，校長的課程領導除了要有課程理論的基礎之外，領導理論基礎亦是相當重要的一個面向，尤其校長想要充分發揮領導的功能，不可能只將重心置於課程之上，而忽視其他對全校會有廣大影響效果的行政領導作為，所以，校長作為「學校領導者」與作為「課程領導者」兩種職責是不可分的，兩種功能都是成為教育領導者的廣泛職責之一（Pajak & McAfee, 1992）。此外，Sergiovanni（1995a）引用「全美小學校長學會」所列出的理想校長所應具備的七十四項能力，進而將之劃分為十大範疇，分別為：領導行為、溝通技巧、團體歷程、課程、教學、學生表現、評鑑、組織、財政、政治，其中除了課程與教學是校長必須具備的重要範疇外，其他的八項範疇則與校長領導功能的發揮有著密切的關係，可見一般領導作為與課程教學領導的作為對一位優秀的校長而言是必須兼顧的。因此，以下將就影響課程領導的重要領導理論作一探究，以作為課程領導之領導理論基礎。

一、實證論教育領導觀

Doll（1996）在其《課程改進：決定和過程》一書中針對課程領導所做的分析即指出，課程領導的理論基礎包含一些相關的領導理論，主要包括特質論、團體理論、情境論，茲分別加以說明如下：

㈠**特質論**：強調的重點在於，並非所有的教育領導者皆有相同的特質，但確實有某些特質是造成領導者在表現成就上有所差異的原因，因此領導者應具備一些如熱心、樂觀進取、開朗、情緒控制、高度智慧等良好特質。

㈡**團體理論**：強調任何民主團體或機構中領導是廣泛分布的，因此每一種領導行為的出現皆有其地位與立場，重點在於建立共識，彼此合作。

㈢**情境論**：強調環境本質、任務類型、權力分配、目標優先順序等情境是造成領導差異的主因。

上述三種領導理論雖各有其著重之處，但卻都關注同一個焦點：「促使領導者有效能的原因為何？」三個理論各自提供了解答此一問題的背景，但卻無法提供直接的解答。三種理論中以「情境論」最常被進一步研究以了解教育領導者的效能，研究發現教育領導者最能發揮影響力的情境主要是能提供信任、關懷、相互尊重、凝聚力、高度士氣、努力改進、成員投入、持續的學術和社會收益等條件。在情境論中最引人注目用以研究領導效能的理論為 F. Fiedler 所發展的權變理論（Contingency Theory），強調影響領導者所面對的領導情境主要的三項因素：領導者與成員的關係、組織任務結構化的程度、領導者所擁有的正式權力。因為沒有單一的領導行為可以適用於所有情境，因此，根據不同的情境，領導者決定採取任務取向（task-oriented）或關係取向（relation-oriented）等兩種領導方式。同時配合形塑良好的學校文化，並採用適當的策略以達成學校教育的目標。

因此，學校領導者在進行課程領導時，必須把握這些領導的理論基礎，具備並發揮良好的特質，增進領導的效能；發揮並運用團隊領導的功能，以民主化的原則，合作的方式，建立共識，並尊重不同成員的領導功能；認清學校環境、成員的素質與需求、組織的氣氛與任務的結構等情境因素，酌情權變，採取最適合組織發展並滿足成員需求的領導方式和作為，營造最適合發展學校課程的文化，採用適當的策略與方法。將是校長在進行課程領導時所必須發揮的領導功能。

二、領導影響力之觀點

Sergiovanni（1995a, 1995b）指出，在卓越的學校教育中校長必須展現五種領導的影響力（leadership forces），包括：

㈠技術影響力（the technical force）

校長可運用的領導權力源自於利用完善的管理技術，此為有關領導的技術層面，校長被視為是「管理工程師」（management engineer），強調計畫和時間管理、權變領導理論、組織結構等概念，且能提供計畫、組織、協調及學校行事曆，並善於操作策略以確保最大效能。為能確保有效地管理學校，技術領導有其重要性。

㈡人際影響力（the human force）

校長可運用的第二項領導權力源自於管理學校的社會和人際的人力資源。此為有關領導的人力管理層面，校長被視為「人際工程師」（human engineer），強調人際關係、人際能力、工具性動機技巧，並能提供教師及其他成員支持、鼓勵與成長的機會。

㈢教育影響力（the educational force）

校長可運用的第三項領導權力源自於有關教育與學校教育事務的專家知識。此為有關領導的教育層面，校長被視為是「教學領導者」，強調學校的教育如同大學訓練方案。一九五〇年代晚期及一九六〇年代，教育行政與視導的理論都強調技術和人際的領導，而較忽視教育的領導。因而以學校的管理與教學分離的立場來看待校長的功能。在此期間，校長作為「首席教師」的原意已喪失。然而學校仍必須重視周延而優質教育方案的提供。校長展現其教育影響力時，即被視為是「臨床實務工作者」（clinical practitioner），擁有專門的專業知識，並能擔負起教學、教育方案發展和視導的職責，並熟悉診斷教育問題、輔導教師、提供視導和評鑑、成員發展和發展課程。

四象徵性影響力（the symbolic force）

校長可運用的第四項領導影響力源自於他們將注意力集中在對學校具有重要意義的事務上。此即有關領導的象徵性層面，校長被視為是「主管」（chief），強調選擇性的注意或演示重要的目的和行為，向成員發出對學校重要而有價值的訊息，巡視校園、參訪班級、尋找並花時間與學生共處、降低管理的關注而較關注教育活動，管理各種儀式、慶典，及其他重要場合，並透過適當的用字和行動提供學校共同的願景。

五文化影響力（the cultural force）

校長可運用的第五項領導影響力源自於形塑獨特的學校文化。此為有關領導的文化層面，校長被視為是「高級祭司」（high priest），尋求界定、強化、描述那些永恒的價值、信念、文化因素，給予學校獨特的認同。作為高級祭司，校長必須投入文化遺產的建立、創造、培養、教導組織的英雄事蹟。有關文化領導的相關活動包括：描述學校目的和任務；讓新進成員融入學校之中；說故事並維持或增強神話、傳統和信念；解釋學校運作的方式；展現象徵系統。

有關 Sergiovanni 所提出之五大領導影響力之關係整理如表 1-1 與圖 1-1 所示。

表 1-1　卓越學校教育的五種領導影響力

影響力	領導角色	理論構念
1.技術的	管理工程師	計畫和時間管理技術、權變領導理論、組織結構
2.人際的	人際工程師	人際關係視導、動機理論、人際能力衝突管理、團體凝聚力
3.教育的	臨床實務工作者	專業知識與態度、教學效能、教育方案設計、臨床視導
4.象徵的	主管	選擇性的注意、意圖、楷模
5.文化的	高級祭司	氣氛、家族、文化 緊密結構價值－鬆散結構系統結盟動機理論

註：引自 "Leadership and excellence in schooling (p.342).", by T. J. Sergiovanni, 1995b, In A. C. Ornstein & L. S. Behar, (eds.), *Contemporary issues in curriculum* (pp.335-346). Boston: Allyn and Bacon.

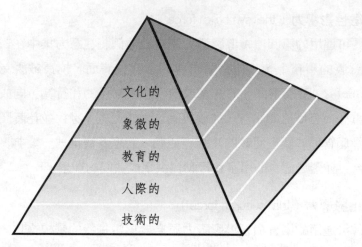

圖 1-1　領導影響力層次

註：引自"Leadership and excellence in schooling (p.339).", by T. J. Sergiovanni, 1995b, In A. C. Ornstein & L. S. Behar, (eds.), *Contemporary issues in curriculum* (pp.335-346). Boston: Allyn and Bacon.

　　由表 1-1 與圖 1-1 可知，這五種領導影響力彼此間的關係可以進一步說明如下：

　　在發揮不同領導影響力時，領導者所扮演的角色及其所持的理論構念也有所不同。且這五種領導影響力是以技術的、人際的影響力為基礎，這兩種影響力是一般性的，雖然也很重要但卻無法展現學校獨特之處；教育的、象徵的、文化的領導影響力則是情境的、脈絡的，源自於學校教育及教育事務的獨特性，這些特質使得教育領導、視導，和行政得以和一般的管理和領導能有所區別。此外，技術的、人際的、教育的領導影響力對學校教育亦很重要，因為缺乏這些影響力則會導致學校效能不彰；文化的、象徵的領導影響力則對學校教育的卓越與否具有關鍵性的影響；如果愈能展現高層的領導影響力，則代表其下的影響力之重要性相對的降低。

　　綜合上述這五種領導影響力的階層關係可知，學校領導者在領導學校時必須以技術性與人際的影響力為基礎，建立基本學校運作的管理與領導機制，營造良好的組織工作環境，以此為基礎進而發揮較高層次的教育的、象徵的、文化的領導影響力，除了追求學校效能之外，更應以促進卓

越的學校教育為目標。易言之，校長可以一般性的行政事務管理為基礎，並以追求卓越的學校教育為其終極目標。校長作為課程領導者有必要認清這些領導的影響力，先以一般技術性、人際的領導為基礎，提供成員必要的基本支持與資源，進而充實課程專業知能，發展優質學校教育方案，逐漸朝向較高層次的象徵、文化的層次之影響力發展，促進成員間的交流觀摩，促使學校形成合作與不斷進修的文化，最後發展學校成為課程的社群，達成卓越教育的目標。

三、雙焦點領導觀

在領導理論方面，另一與 Sergiovanni 觀點相似而值得關注的重點為 K. D. Peterson 所提出的「雙焦點領導」（bifocal leadership）（林明地譯，民 87；Peterson, 1999）。依據 Peterson（1999）的看法，美國的學校正處於一連串的新改革之中，在致力於進行這些改革時，學校所面臨的似乎是兩種不同的領導圖像：

㈠技術模式

假定學校像工廠。從此一觀點來看，領導者被看作是讓規則、程序、標準、目的、績效責任系統可適得其所並正常運作的人。此一模式假定領導者可以讓學校像工廠，則教師將教得更好，學生將學得更多。此一領導圖像有部分為真，因為的確需要某些結構、過程和評量來幫助學校集中注意力並有效組織。

㈡象徵模式

假定學校較像社群和文化。從此一觀點來看，領導者的角色在於保證有「意義和目的」、「儀式和傳統」、「信任和社群」、「價值和願景」等混合物。此一模式假定如果領導者可以讓學校更像專業的社群，則教師能教得更有效，學生也可學得更多。但此一領導圖像，亦是只有部分為真，學校是文化和家族（clans），有深層價值和傳統的需求，以使學生和成員能在歷史中緊緊在一起，而且有一強制性的願景引導學校前進的方

向，但只有象徵的觀點仍是不夠的。

綜合上述 Peterson 對於學校領導的觀點可知，Peterson 所謂的技術模式相當於 Sergiovanni 的技術的、人際的影響力，而象徵模式則相當於教育的、象徵的和文化的影響力。只是 Sergiovanni 的區分方式更加細密且各影響力之間具有階層性。不過，兩者對於學校領導者應取得技術、象徵文化間的平衡應是有共識的。因此，一位只重技術觀點的領導者，會使學校成為只重規則、程序、政策、實踐的緊密系統，而使學校成為沒有感情、沒有靈魂的地方，因而造成深層的教育憧憬喪失在例行公事與程序中。同樣地，如果領導者太過強調象徵的途徑，雖然可以發展學校的活力與精神、衝勁與精力，但卻也會使得學校的一些基本例行公事，如行事曆、預算、協調等變得無法預測，因而失去應有的秩序。因此，學校改革如果要成功，融合與平衡技術和象徵層面的領導是必要的（Peterson, 1999）。

四、建構論的教育領導觀

傳統的領導與管理理論強調穩定而可預測的環境、緊密的管理連結、鬆散的文化連結、分離的目標、結構化的任務、單一的解決之道、易於測量的結果、確定的運作程序、確定的行動結果、明確的權力系統等線性的狀況。近來，一些新的管理理論所強調的則是動態的環境、鬆散的管理連結、緊密的文化連結、多元而不同的目標、非結構性任務、不同的解決之道、難以測量的結果、不確定的運作程序、不確定的行動結果、不明確而不同的權力系統等非線性的狀況（Sergiovanni, 1995a）。建構論的領導觀（constructive leadership）即是代表一種非線性的領導狀況，建構主義的領導強調一種交互的歷程，在此歷程中教育團體的參與者能夠建構意義，並因而導向學校教育的目的。所以，建構論的領導講求合作，權力屬於所有的參與者。並期望將人與人之間的關係營造成彼此關聯的模式，而非孤立隔離的狀態。教師、行政人員、學生、家長在整個學校組織結構中皆有其重要性，彼此相關，共同參與意義的建構，在意義建構的過程中，個人得以成長，組織成員得以共同發展，且在意義建構的過程中促使參與者反

省，使其將新經驗與舊價值和信念加以整合。每位成員皆可參與領導行動，藉由領導者促進成員間的交談（conversation），讓成員得以朝向教學與學習的目的來建構意義。綜合言之，建構論的領導觀有以下的特點：

㈠領導的表現遍及整個團體，使得領導工作的機會與角色、個人和傳統的權威分開。

㈡孩童與成人加入一個共同的學習團體，以作為成長和發展的環境。

㈢建構論成為團體概念的重心，是建立意義的驅力，對於孩童、成人、組織而言都是主要的學習基礎。

㈣領導者的任務在於促使意義的訂定導向共同目的的交談。

㈤培養能夠了解並面對建構論挑戰的教育領導者，以負責監控、引導改變，促使學校向共同目標邁進（葉淑儀譯，民 88）。

　　儘管建構論的主張並不易實現，採取建構論的領導者必須熟知多樣化的處理技巧，需要家長和團體的耐心與參與，師生良好關係的建立。不過，建構論的領導回應了重新創造的需求，的確為學校教育注入一股新的生命力。透過領導者與參與的成員，對那些可以為學校生活帶來解釋和意義的經驗、信念、價值，不斷地加以反省，以達到創新的目的。

五、批判的教育領導觀

　　黃嘉雄（民 90a，頁 19-22）歸納 John Smyth 所主編的《批判的教育領導觀》一書之幾項要點：

㈠批判理論批判實證論的教育領導理論與研究取向

　　教育領導的實證論對於人類複雜社會現象之理解與解釋，採用了科技理性的不適當、人為的變項或構念分離法，將事實與價值、手段與目的、行政與教學等加以分離，且將領導理論視為是價值中立與達成組織既定目標的手段，無法充分反應領導中教育性的、政治性的、倫理性的議題。並以科技理性的行政解決手段來處理有關正義、公平、機會均等和社會資源分配等複雜的社會問題，所造成的種種危機。

㈡強調學校脈絡的政治性、價值性和社會性

教育領導的實證論忽略了學校與整體社會的階級利益、政治權力和社會控制現象間的關係，進而主張學校領導研究應揭露學校中的意識型態、知識形式、權力關係和社會控制作用等，其與社會的政治、經濟和社會結構間之關係。

㈢指出應然的、理想的學校領導性質

包括具有批判的意識，以引導解放的實踐行動；轉化的社會條件，促進社會變革；教育的作為，以啟發成員批判反省的能力；倫理的實踐，以促進個人成為具有主體性的夥伴，並提升社區人員的道德意識。

㈣採用的概念和語言破除科技理性之不當

如揭露與思辯；辯證；反省、對話與實踐；自由解放等，以破除科技理性之不當。

㈤擬定教育領導之行動策略

所採取的領導觀為：視領導為合作性的建構過程，必須彼此慎思交換意見，揭露那些束縛與支配學校生活的矛盾與難題，進而克服各種壓抑性的條件，導向真正的社會變革。所以，學校應重視致力於回復學校的教育性和批判性，使學校的教學與政治相連結，激勵反省性行動，發展更適於個別學校脈絡的教學，強調對話關係在教育過程中的重要性。

綜合上述這些批判理論觀點的教育領導觀可知，批判理論較為著重教育領導中一些不合理的意識型態、社會階級、權力關係的反省與批判，所以，其所強調的是更加公平合理的社會理想之實現。也因此提供了有別於傳統實證論所無法顧及的領導面向，這些面向對於課程領導而言，事實上亦是相當重要的層面，不可加以忽視。因此，課程領導中如何避免因為資源分配不均、社會階級的差異、權力的不均等所造成種種學習上的不平等，在民主、合作、不斷學習的社會中愈來愈受重視，也愈來愈重要。

參、課程領導的內涵

　　由上述對課程領導的理論要素之探究可知，課程領導的理論基礎中實應包含課程理論的基礎與領導理論的基礎。一方面具有課程理論的基礎，才能對課程的定義、計畫、發展、實施與評鑑等歷程有整體而全面的了解與作為，考量不同課程理論取向的特點與不足之處，相互補足，以設計發展更加優質的課程；另一方面具有領導理論的基礎，才能採取更有效的領導作為，兼採各種不同領導取向的長處，同時顧及基礎的技術領導與深層的象徵或文化領導，以領導管理組織與人員投入並支援課程的發展、實施與評鑑，努力不斷地改進課程，作為課程發展的後盾與支援。是故，課程領導的理論基礎與要素，可以從課程理論的觀點加以探究，也可從領導理論的觀點來加以分析，兩者對於課程領導而言都很重要，因此若能有效將兩者結合，可能才是課程領導最完整的理論造型。以下茲舉相關課程領導模式及學者對課程領導內涵的看法，加以說明課程領導的內涵。

一、美國課程領導中心（CLI）模式的立論基礎

　　美國 Kansas 州 Emporia 州立大學中的「課程領導中心」自一九八二年開始就發展出 CLI 的模式。CLI 模式所根據的主要有三大理論基礎，分別為（Ervay & Roach, 1996, pp.17-31）：

㈠組織管理理論

　　主要根據 W. E. Deming 的組織管理哲學，作為改進學校的觸媒，並改變學校的運作方式以確保學生的高品質學習。因此 Deming 認為學校中最重大的課程問題在於缺乏一種良好的方式來管理學業方案（academic program）。所以，他主張必須重新思考課程發展與管理的過程，進而指出學校在發展與管理課程時可以採用的管理原則，包括持續長遠目標的建立、致力於品質的提升、去除恐懼、減少不良的溝通、良好的成員持續教育、

根據功績及表現來評鑑、減少管理的流動性、長程的計畫、發展解決之道而非跟隨範例。

㈡課程理論

主要根據 R. Tyler 課程原理原則。Tyler 的原理原則主要關注的重點在於：確定目標、選擇方法以達成目標、組織這些方法、評鑑結果。基於此一課程的原理原則， Tyler 主張課程發展是一改進專業實踐、績效責任和品質管制的過程。只是教育專業並沒有提供足夠的機會讓教師與行政人員共同參與專業的過程和程序。所以，課程發展必須提供機會給專業教育人員一起討論學校教育和教學中「該教些什麼內容」、「為什麼教這些內容」及「如何教這些內容」。缺乏這種專業參與決定結果及所提供的服務，教育人員稱不上真正的專業。同時，Tyler 相信決定課程的內容意謂著了解學習者的需求，學校中最了解學生需求的是教師，因此教師應一起建立具體的哲學以決定課程的內容。

傳統上，行政控制與專業自主常造成學校內教育人員間的緊張關係。而為了達成具體的結果與專業自主間的平衡，則必須先對教與學的具體結果有共識，並接受達成這些共識的責任。且只有在結果是具體明確時，才能增強教師的創造力和決定。總之，應用 Tyler 的原理原則，對於確立目標，選擇達成目標的方法，有效地組織這些方法，進而加以評鑑，提供了明確的方向。

㈢教學理論

主要是根據 B. Bloom 對教學目標的分類，進而希望訂定更精確的教學計畫。Bloom 主張課程發展過程必須與優質的教學和學習相連結。因此，根據對人類行為與成長的分類，主要可區分為認知、情意、技能等不同目標。教師必須在日常教學中就使用這些分類方式，才能更有效設計、教導和測量他們的教學目標。

綜合言之，CLI 模式認為課程是學校教學與學習的基礎，課程設計中同時包含了管理計畫與教育計畫，其中管理計畫主要隸屬於行政團隊，主

要工作事項為：政策、預算、行事曆、監控、視導、一般評鑑；教育計畫主要隸屬於課程委員會，主要工作事項為：課程哲學、課程目的及任務、課程內容、課程管理、教學管理、課程評鑑。由此可知，在 CLI 的模式中課程領導的理論基礎，主要有組織管理的領導理論基礎及課程與教學的理論基礎，同時兼顧行政的管理計畫與課程專業的教育計畫。

二、R. C. Doll 的課程領導理論基礎

R. C. Doll（1996, pp.496-497）指出，現今正努力形成兩種課程領導理論，分別為互易領導（transactional leadership）及轉型領導（transformational leadership）。

㈠互易領導

領導者的要件在決定任務、判斷表現、分配獎賞、判斷生產品質。因而領導者所接受的是學校教育的工廠模式（factory model），學校如工廠一般，成員必須接受領導者的命令，領導者必須一方面著眼於生產力，一方面又著眼於部屬在所指派工作上的表現。這樣的領導者接受來自上級對於規定的課程、緊密監控、國定的測驗之主張，著重上層主管利用獎賞對部屬所進行的控制。

㈡轉型領導

領導者著重於激勵部屬並一起努力達成目標。所以，轉型領導強調社群的觀念，重視共同所持有的價值、情感與信念。轉型的課程領導者會投入時間與成員重新界定教育目標，並將有才能的班級教師視為有創造力的藝術家，且努力追求凝聚力和協調，維持學生、教師、家長及相關人員的需求與利益，且可以接納學校再造的思想。

綜合上述 Doll 所提出的課程領導之兩種理論可知，互易領導所著重的是領導者透過工作提供、安全感、職位保障、評等以換取部屬的支持、合作與順從；而轉型領導者則較重視滿足部屬的高層次需求，進而促使部屬全心投入，領導者與部屬間是相互刺激與評鑑（Owens, 1998）。兩種課程

領導理論的基礎，都較偏領導理論基礎，只是互易領導較偏重領導理論的技術層面，而轉型領導較偏重象徵文化層面。兩者在實施課程領導上皆有其重要性，因為學校若需要要求教師忠實地實施國家所規定的課程，則較一開始適合採用互易領導；相對地若需要教師相互調適，甚至創制課程的話，則較適合採用轉型領導。

三、Henderson 和 Hawthorne 的轉型課程領導理念內涵

近來「轉型課程領導」（transformative curriculum leadership）的理念愈來愈受到重視，強調課程領導必須有新作為與新思考，以有別於傳統的課程領導。所謂的「轉型」係指根本的改變，是一種對抗根深蒂固的信念與社會結構的改革方式，此可視為是一種「典範的轉移」（paradigm shift）。有關轉型課程領導的理論基礎，Henderson & Hawthorne（2000, pp. 15-18）指出，「轉型課程領導者」必須引導他人作更高層次的判斷與自我管理，而非只是從控制的觀點來看待事務與成員。亦即，「轉型課程領導者」必須激勵他人投入持續成長的生活方式中。支持轉型課程領導活動有兩項主要的理念：

(一)哲學的觀點

主要係以 M. Greene 在《自由的辯論》一書中所主張的，在民主理想的多元社會中，為自由所進行的教育。其中又採取 J. Dewey 讓民主作為一種生活方式的信念，強調必須透過持續的探究才能讓民主實踐成為生活的道德方式。而這必須以自由為基礎，因而主張人類的自由沒有終點。雖然自由必須考慮在社會、經濟、文化、心理等條件上加以理解，以尋求更全面的實踐智慧。然而民主多元的自由也必須付出代價，亦即大部分自由行動的結果是無法預測的。

此外，必須平衡「消極的自由」（negative freedom）與「積極的自由」（positive freedom）。前者係指有意拒絕壓迫、剝削、差別待遇、歧視，並知覺到因為這些不當作為所產生的心理與社會限制；後者則是指表

達一種負責任、真正的自我導向的自由，主張自由必須展現在人與人之間
相處是沒有偽裝、沒有虛假的情況。

㈡行政的觀點

　　傳統的行政管理典範使得美國學校教育的事務是基於著重標準化、例
行性、效率的工廠模式，學校的教育只是在遵從上級所推行的規章、法令
與政策，以期能有最佳的表現。然而，這卻只能產生平庸的學術能力與專
業表現，進而導致狹隘的思考、教師依賴各種權威指示，以及行政的焦點
集中在程序而非目的。由此可知，傳統的管理是為了穩定的、線性的、可
預測的結構化環境而設計的，在這樣的環境中，程序是明顯的（deci-
sive），權威系統（lines of authority）是明確的。

　　但學校中許多的狀況是非線性與動態的，任務是非結構性的，有著多
元的目標與解決方案相互抗衡，運作的程序也不明確，各種事件是無法預
測的，權威系統也很不清楚。因此，上述傳統管理對學校的情境並無太大
的意義。但傳統管理的典範仍普及於學校的行政與領導。有些學校的領導
者曾試圖超越這種傳統管理典範的疆界，但諸多原因造成大多數學校並無
法有效地創造並維持有意義的改革，以至於多年來的教育改革導致原本具
有熱情改革意向的教師感到耗竭，並分割成為許多對立的小圈圈（bal-
kanization），造成改革方案的片段堆積。但教育領導者必須找出解決傳統
典範種種問題的解決之道，並重新創造可以鼓勵與支持新文化的、新社群
意識的結構。所以，必須讓我們民主的信念復甦，重新賦予自己發現探索
的活力，並能接受並鑑賞各種求知（knowing）與存有（being）的不同方
式。因此必須建立一種強而有力的專業文化，使教師可以從他們改革的努
力中彼此支持與學習，為他們自己的專業前途負責，領導學校社群邁向啟
蒙、激勵（inspiration）、創造力與關懷。

　　因此，行政人員必須以不屈不撓的精神尋求各種不同的方式以轉變學
校文化，使學校由原本是受到法令、規章與政策所控制的組織，轉型成為
有責任、有義務感、有創造性的學習社群。學校領導者必須將焦點集中在

發展校園內關懷的關係上，並挑戰阻礙民主社群發展的班級、學校、學程、學區、社區與社會結構。學校領導必須更有創意地面對各種可能性，在願景與現實之間建立有益的緊張關係。同時必須鼓勵教師作為一個學習者，參與集體的問題解決、同儕的專業發展，並共同決定學生的福祉。基於上述的哲學與行政的觀點，轉型課程領導在學校課程領導方面有五項主要的內涵（歐用生，民 89b；Henderson & Hawthorne, 1995）；包括：澄清學校課程哲學、設計學校課程方案、實施轉型教學、學校組織與文化再造、社區關係與發展。

綜合上述對轉型課程領導的理論基礎之探究可知，轉型課程領導的理論基礎，也同樣兼顧了課程設計理論與領導理論。只是其課程理論較偏重意義的建構與批判等詮釋、批判取向的課程理論基礎；在領導理論方面則較重視建構論與批判理論的論點。但在整個轉型課程領導中，主要仍著重理念的轉變，且必須營造相關的有利環境與條件，以促進不斷合作、創新、關懷、批判反省、慎思。

四、Henderson 的民主化課程領導的內涵

Henderson（1999, pp.1-22）指出，堅強的民主倫理原則構成民主的課程領導之基礎，並提供民主化的課程領導（democratic curriculum leadership）一個具體的規範性架構，這些倫理原則包括：

㈠包含持續的、終身的對話性探究，可以加深個人對所有生命間互賴性的理解。透過差異性間的交互對話，並能將心比心做互為主體性的理解。

㈡尋求課程實踐的多層次理解。人類實體是個人與社會建構的結果，多層次的現象是當今課程學者所奉行的圭臬。這正如 Pinar 等人所指出的課程研究的概念重建主義期間，導致周延而交互文本的學習理解，要了解教育經驗需要對政治、種族、美學、精神、性別、全球性、現象學的世界來加以理解。

㈢投入縝密而整體的慎思性教育實踐。

㈣對民主解放的複雜對話有持續的批判意識。

進一步將上述原則應用至課程領導的實踐中，就會浮現出具體而具有挑戰性的轉型計畫（transformative agenda），包含了四項交互關聯的面向：

㈠尋求並引進各種支持真實探究學習的教學方式

學習的目標並非在提升學生標準化測驗的分數，而是在促進個人合作而尋求有意義的生活。教育應在幫助學生實現真實探究的生活。民主化的課程領導者需要投入橫跨管理和民主化生活展望兩個領域。

㈡尋求並引進各種支持教師主導的專業發展，並塑造專業文化

真實的探究學習是一種非常周延的教學形式。唯有透過持續不斷的探究才能實現。教師必須同時扮演「實務工作者－學者－專業人士」的角色，在同儕合作的脈絡下持續不斷地研究。因此，學校必須形塑專業的文化，必須開放檢視個人的專業信念，藉由持續不斷地合作性探究以改進學校教育，並建立成員彼此的信任感。民主化的課程領導者若想要，必須建立具有長遠意義的教育方案。並協助建立能變通標準化目的和評量的教學脈絡，以支持教師對真實探究學習的研究。

㈢尋求再造組織結構的方式，適當地支持成員的專業成長

教師必須能感受到組織支持他們進行合作式的探究，能使教師成為同儕學習社群的主動參與者。且從實際的觀點來看，很少有教師樂於對抗「從上而下」的結構或「權力至上」（power-over）的管理系統。因而教育方案必須重新設計，組織結構也必須改變，支持成員專業成長。

㈣尋求在轉型作為中建立有意義的「學校－社區」對話方式

民主化的課程領導，鼓勵教師將焦點集中在學生的真實探究學習中，而非在學生標準化的測驗分數。教師要成為主動負責的專業社群參與者，而非州及地方教學管理決定的忠實順從者或追隨者。此外，所有課程的利害關係人之間，必須有慎重而高雅的對話，才能達成轉型改革的目的。上

述的課程利害關係人主要包括：教育行政人員、教師、教師助理、學生、家長、學校心理學家、社區、社會工作者、企業界和宗教界領導人等。必須建立有這些人員的有意義對話。

綜合上述對民主式的課程領導的分析可知，轉型課程領導的理念與民主的課程領導理念相若，且與強調促進課程慎思的課程領導，基本上立場較為一致，皆強調對實踐培養深度理解（Gough, 1999）。所以，為了避免因為過度重視由行政的立場來衡量課程領導的效能，因此，這種較偏從課程慎思、反省批判、探究、創新的轉型課程領導觀，逐漸受到重視（Hannay & Seller, 1991），也成為影響課程領導理論發展的重要潮流之一。

五、黃嘉雄的課程領導研究領域內涵

黃嘉雄（民 90a，頁 24-26）在歸納了相關課程領導與教育領導的專書之後，提出了本土的課程領導理論架構圖，如圖 1-2 所示。由圖 1-2 可知，課程領導理論研究主要來自兩方面：一是來自教育、課程和行政學門的更基礎性母學門，即哲學和社會科學的理論、智慧和研究成果；一是來自較直接的課程理論和領導理論的智慧與研究成果。不同的課程理論與領導理論典範會影響課程領導的實際，所以，課程領導理論的研究必須特別注意各種課程理論、領導理論，以及兩者所衍生的各種課程領導理論典範對課程工學、課程政治學、領導方法與行為，以及領導者育成過程影響之研究。

綜合言之，課程領導的要素之中實則包含了課程與領導兩項理論基礎，因而在探討課程領導的要素時必須同時顧及這兩項要素的各種理論。只是不論是課程或領導之理論基礎，除了傳統的技術層面以外，強調合作意識、反省探究、批判慎思、全員參與、民主開放、對話討論、關懷信任、成員發展、人力資源本位、轉型的途徑等課程發展與領導方式愈來愈受到重視，因此，基於平等及反省成長的原則，而非階級及順從的概念，就成了近年來備受關注的焦點。是故，探討課程與領導的理論時，除了顧及技術的部分，也必須考量象徵文化的部分；著重效率、控制、預測的同

時，也應重視過程的反省與批判、自主與思考、判斷與創造、公正與平
等；重視明確的程序及權威系統，也應重視多元開放與彈性的作為，只有
在更公平正義，民主開放的情況下，才可能凸顯課程領導與教學的專業。

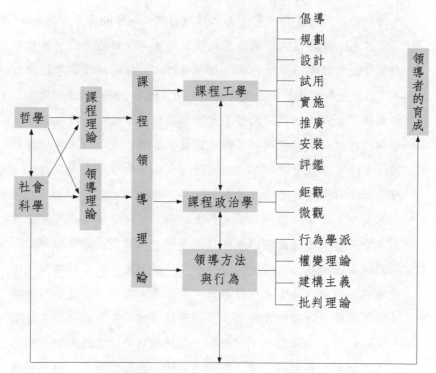

圖 1-2　課程領導研究領域內涵

註：引自「課程領導研究領域內涵示意」。黃嘉雄，民 90a，*課程領導研究領域內容芻*
議，頁 21。2001 年海峽兩岸小學教育學術研討會，嘉義。

本章小結

　　本章旨在探討課程領導的基本概念，全章共分兩節，第一節為課程領導的意義與性質，第二節探討課程領導的要素與內涵。

　　首先，就課程領導的意義與性質而言，課程領導的意義在於針對學校課程事務所進行的各種領導作為，目的在改進學校課程品質，提升教學成效，進而改善學生學習成果。而從課程的定義、課程領導者及課程領導的範圍等三個面向，可以看出課程領導從不同的課程定義、不同的課程領導者、不同的教學與工作項目範圍，在性質上也會有所不同。考量課程領導的不同意義與性質，可對課程領導做更周延的定義。

　　其次，就課程領導的要素與內涵而言，課程領導在要素上實則包含了課程理論基礎與領導理論基礎，根據不同的課程理論取向與領導理論取向，經由科際整合可以融合成多樣化的課程領導理論內涵與理論造型，探討課程領導的要素與內涵時必須同時顧及這兩項要素的各種理論。除了顧及技術的部分，也必須考量象徵文化的部分；著重效率、控制、預測的同時，也應重視過程的反省與批判、自主與思考、判斷與創造、公正與平等；重視明確的程序及權威系統，也應重視多元開放與彈性的作為。只有在更公平正義，民主開放的情況下，才可能凸顯課程領導與教學的專業。

第二章
校長課程領導的重要課題

　　校長課程領導實則包含了課程事務的領導與行政領導，因此，未來要落實校長課程領導則必須兼顧「課程」與「領導」此兩項要素，以及兩者充分融攝之後所形成的課程領導獨特內涵。校長若要有效發揮課程領導的功能，提升課程領導的效能，有必要了解以下重要課題：首先必須掌握並認清課程領導的脈絡因素，進而釐清課程領導的角色，同時實行自身在課程領導方面所應考量的任務與課題，最後能了解其在課程領導方面的成果並評鑑其課程領導的效能。因此，本章將就影響校長課程領導的脈絡因素、校長課程領導的角色、校長課程領導的重要任務與課題、校長課程領導結果與評鑑作一分析探究。全章共分四節，第一節為影響校長課程領導的脈絡因素；第二節為校長課程領導的角色；第三節為校長課程領導的重要任務；第四節為校長課程領導的結果與評鑑。

影響校長課程領導的脈絡因素

本節旨在探討影響校長課程領導的脈絡因素，首先將針對課程設計與發展的脈絡因素作一析述；其次，探究領導的脈絡因素；第三，分析學校內外部環境趨勢的變遷，最後歸結出影響校長課程領導的脈絡因素。

壹、課程設計模式的脈絡因素

就課程設計的模式而言，非常重視脈絡的分析。以下分別就課程設計的目標模式與情境分析模式說明其在課程設計時所考量的脈絡因素。

一、目標模式

R. W. Tyler 的目標模式強調課程目標的擬定主要根據三個來源、兩道過濾網，其中目標的獲得必須針對學生、社會與學科的需求評估，決定暫時性目標，並經由教育哲學及學習心理學兩道過濾網，篩選可能的目標。就目標獲得的三項來源，進一步說明如下（黃光雄、蔡清田，民 88；黃政傑，民 80）：

㈠學習者需求：首先，必須兼顧學生當前與未來的興趣、特殊與共同的興趣；其次，必須評估學生的個人需求。

㈡社會需求：從研究當代校外社會生活當中尋找教育目標，進行社區生活需求的工作分析，以了解社區人力資源的發展。社區的生活需求主要包括職業需求、社會公民需求、家庭需求、文化與休閒需求。但社會的需求仍必須經由轉化才能成為合乎學習者能力的目標。

㈢學科需求：從學科專家的建議中尋找教育目標，課程設計時必須有效辨識哪些科目的知識是最新的研究成果，利用新的學科知識內容取代

舊的學科知識。

二、情境分析模式

M. Skilbeck 所提出的「情境分析模式」（situational analysis model）主張將課程設計與發展置於社會文化架構中，學校教師藉由提供學生了解社會文化價值、詮釋架構和符號系統的機會，改良及轉變其經驗。該模式的主要構成要素包含，分析情境、擬定目標、設計教與學的課程方案、詮釋及實施課程方案、評估及評鑑。其中，就分析情境而言是課程設計的主要任務，情境分析的工作主要可探討外在與內在因素（引自黃光雄、蔡清田，民 88，頁 102-103）：

㈠外在因素

1. 社會的變遷及其趨勢：諸如工業的發展、政府的政策與指示命令、文化的運動及社會意識型態的轉變等。
2. 家長、雇主和工會的期望和要求：諸如家長對於識字、外語學習、家庭作業等的看法；雇主對於識字、手藝、商科等課程標準的要求等。
3. 社區假定事項和價值標準：包括成人與兒童關係的型態。
4. 學科或教材性質的改變。
5. 教師支援制度的服務：諸如教師專業中心、師資培育機構及研究單位。
6. 教育制度的要素和挑戰：諸如政策的聲明、考試、地方教育機構的期望或要求或壓力、課程方案及教育研究。
7. 流入學校的社會資源。

㈡內在因素

1. 學生因素：其性向、能力、動機、價值觀念及需要等。
2. 教師因素：其價值觀念、態度、技能、知識、經驗、長短處及角色等。

3.學校屬性和政治結構：共同假定事項和期望，包括權力的分配、權
　威關係、培育順從規範和處理偏差行為的方法等。

4.物質資源和財源：房舍、設備、學習資料及經費的分配等。

5.現行的課程問題和缺點。

綜合上述對課程設計模式中的 Tyler 模式與情境分析模式的分析可知，
兩者都著重對情境脈絡的分析，以作為擬定課程目標的依據，進而能有效
決定、選擇、設計課程方案，並加以評鑑成效。兩種模式皆能具體指出影
響課程目標與設計發展的各種脈絡因素，事實上，這些脈絡因素也是進行
課程領導時值得加以考量的。

貳、領導脈絡因素

就領導的脈絡因素而言，以下分別從組織結構對領導者行為的形塑與
領導脈絡因素的主要領域兩方面加以論述。

一、組織結構形塑領導者行為

就領導與組織情境脈絡的關係可知，不同情境脈絡會影響領導者的效
能，因此從組織脈絡形塑領導者的觀點觀之，有三種主要的理論論點有助
於加以理解與解釋（Smith & Andrews, 1989, pp.5-6）：

㈠角色理論

強調校長領導行為的形成來自於教育局長、教師、學生、家長等重要
他人對領導者的角色期望。因此，校長的角色知覺要件，首先來自教育局
長對他們的工作規範、日常要求，以及工作優先順序與方向；其次，也來
自教師與學生對校長的期望；再者，校長的角色知覺也取決於學校的使命
與任務。一位敏銳的校長能快速知曉並對這些期望予以回應。不過，有時
因不同人員所產生的不同角色期望，常造成校長的角色衝突，對校長的角
色期望很少是具體而全面的，所以校長必須能隨不同時間而形塑其自身的

角色。

(二)期望理論

　　主張校長的行為可由其對行為結果的期望而加以預測。因此，校長會選擇一種最可能產生預期結果的行動。

(三)順應－回應理論

　　主張校長的行為是各種不同變項的產物，例如學校結構、中央集權式或學校本位的決定、學校所處的社區環境、學校大小；手頭上的任務和教師的態度和特質；學校的類型（高中、中學或小學）；學校層級高低、是否穩定或是變革的社群等，都能有效預測校長的行為。「順應－回應理論」（adaptive-reactive theory）假定校長對學校的組織結構、大小、外在環境變項、教師的態度和特質都必須加以回應或順應。

二、領導脈絡因素的主要領域

　　P. Hughes 指出就領導的脈絡因素而言，有三個主要領域必須加以考量（引自 Australian College of Education, ACE, 2001）：

(一)學校改革的國際化發展趨勢

　　因應學校改革的國際化發展，有關學校領導所必須考量的重要脈絡因素，包括：

1. 課程的改革，採用各種途徑的學習研究，並使公共政策的決定能符合學校的現實狀況。
2. 資訊科技的運用將學習重點轉換到個別學生身上，雖然有其優點，但也錯失一些重要的學習要素，並挑戰學校的本質及現況。
3. 學會共同生活，包括了人際關係、團隊合作、建立和諧社會、培育良善公民。
4. 必須學會賦予意義：學校提供各種方法，賦予來自媒體及日常生活的大量資訊意義。因此，必須學會如何評估資訊的有效性及可用

性。

5.學校能建立學習社群，使其發揮最大的效能。

6.學校必須兼顧普遍性與獨特性：教育改革是全球改革型態的一部分，但每位學生和每所學校卻是獨特的，學校必須了解全球化與個別化要求的意義。

㈡學校領導的一致性趨勢

學校領導所必須具備的特質包括：

1.專業的實踐，包括以下的承諾：⑴教與學，必須讓學習成為一終身的過程；⑵基於一致的價值建立社群；⑶演示民主的價值和過程。

2.專業知識必須包含以下的知覺：⑴影響教育的全球化改革；⑵地方社區和個別的需求；⑶從學校、社區、國家和全球可取得的資源；⑷在學習與教學方面的研究和經驗；⑸價值型態與道德教育；⑹行政與管理過程。

㈢制度的要求

主要包括：

1.領導的原則在於提供合格與持續的教育。

2.專業認證必須符合國家合格的認證。

3.專業的面向包括：精熟專門的知識與持續的專業發展；優先對服務對象提供服務；有共同責任來尋求明確的工作倫理準則；大眾所能接受的標準。

綜合言之，就領導理論而言，領導者必須顧及領導組織的脈絡因素，才可能扮演適當的領導者角色，採取合理預期的領導行為，進而順應情境需求做適當的回應。同時必須了解學校與教育改革的國際發展，掌握時代脈動與趨勢，採取符合現況的專業領導作為，進而能符合專業的制度要求。因此，必須能掌控這些學校領導的脈絡因素與趨勢，才能採取更適切合宜的領導作為。

參、學校內外部環境脈絡因素的變遷

就學校教育環境的變遷而言，Hargreaves & Fullan（1998）在其
《What's worth fighting for out there?》一書中指出，為了對環境能獲致更大
的控制，必須改變我們面對環境的立場，現今外在環境的改變，使得學校
不能關起門來辦學，將外界阻隔在圍牆之外，面對文化多樣的學生族群，
要求需要更大的彈性。網路科技打破學校教育的圍牆，造成學校教育的內
容在網路世界就可取得，科學與科技、理性計畫、現代化逐漸損害傳統，
並去除了一些原本社群成長的空間。

教師雖然可以得到更多來自社區的協助與支持，但相對的家長與社區
也能得到教師的協助，彼此之間應更緊密結合；市場化競爭、家長教育選
擇、自我管理學校都重新界定學校與其外在環境的關聯，分權化掃除官僚
體制，但卻也喪失了地方的專業支持。學校不能再漠視與學生長大成人後
的生活與工作有關的事項，以及外在經濟的改變，造成學生內在想法的轉
變。教師的工作複雜度增加，現有的知識不足以應付複雜的環境，文化、
語言、宗教的多樣性，尤有甚者，不只這些外在的壓力對教師的要求增
加，且他們經常處於對立，造成教師難以應對；現今的各種結構已經耗
竭，造成教師面對這種多樣性、複雜性、不確定性的脈絡環境，現有的學
校結構並無法讓他們做有效回應。面對這樣的環境變遷，學校必須與外在
世界做更有效的連結，結合校外力量共同改進學校教育品質。Hargreaves
& Fullan 進一步歸納出影響學校教育的五項主要的外部勢力：

一、家長與社區：學校與家長之間的互動與相互支援愈來愈頻繁，因此，家
　　長和社區之間的應維持一種強而有力的學習關係。

二、政府政策：政府的政策常將焦點集中在管理、財政、形式要件等結構和
　　程序的改革，而較忽視學校內部教師能力的發展。這兩者事實上並不互
　　斥。有效的教育改革需要同時融合壓力與支持，但絕大部分政府卻主張
　　較多的壓力（符合短期政治時間架構），而卻沒有提供足夠的長期能力

建立與支持。

三科技：必須根據對科技的正反兩面之評價，以確認科技的變革是否能使學生的學習真正獲益。

四企業界：企業界與學校間的關係已經擴充，如企業界在教育中新科技的投資、支持新的職業法案、合作式教育、企業界贊助課程材料的發展等。但教師必須具有道德目的、批判的判斷，及團隊合作的技巧能夠從外部企業界的資源中獲益。

五變革中的教育專業：教學作為一種專業的時代尚未來臨。所以，需要就教師的聘用、選用、地位與獎勵等方面進行改革，重新設計師範教育，誘導進入專業、持續專業發展、改進教師每日的工作條件。

學校除了對上述外部勢力的影響，同時也必須在內部結構與運作上有所轉變，因此 Hargreaves（1997, pp.107-123）在論述有關「從改革到再生：新時代的新作為」時就主張學校內部可採取以下的作法包括：一、學校必須制定可調整的任務（moving missions）；二、重振教師的熱誠（passion）；三、促進政策的實現；四、文化再生、組織再造與組織學習等。

綜合言之，上述這些校內外的影響勢力，都是課程領導時所必須考量的脈絡因素，尤其是校內外教育環境脈絡的變遷更是校長領導時所必須考量的。這些教育環境脈絡的變遷主要在於學校、社區企業作更緊密的支援與連結，相對地社區對學校的要求與期望也提高；政府加大對績效責任的要求；科技與知識的進步與使用；對教育與教師專業水準要求的提升等，都是學校教育所面對的外部環境脈絡的變遷，在課程領導時必須加以考量。

肆、課程領導的脈絡因素

就課程領導的影響因素而言，Doll（1996, pp.500-506）提出了影響課程領導工作的七項因素：

一、課程領導的多樣知覺

由於對課程領導的理解存有許多的落差，其中最需要加以澄清的是小學與中學校長在教學事務上的確切角色。並且需要確認課程領導者需要哪些信心與能力來領導成員；需要採用何種思考方式與何種教育經驗；最後，必須了解民主領導的意義、職責與作為。依此，來澄清課程領導的多樣化知覺。

二、對課程領導者角色的定義與期望

對於課程領導者的角色有各種不同的觀點。因為不同的角色定義與期望，會影響課程領導者的任務與職責，因此，對於課程領導者的角色有必要加以澄清。因為不同對象對於角色的知覺也有所不同，例如，校長常被成員視為過度強調公共關係與行政功能，而犧牲了課程的功能。加上課程領導者因為角色的不同，而有不同的強調重點與期望。因此，對於課程領導者的角色定義與期望必須加以確認。

三、領導者的類型

領導者的領導型態亦會影響課程領導，例如，採取「任務導向」與「人際關係導向」的領導者，在課程領導方面的作為也有所不同。只是課程領導者的類型應由組織中領導者以外的他人來決定。

四、領導者的行為與行為取向

不同的領導行為取向亦會有不同的著重點，強調人際關係取向者，強調相互尊重、良善意志、對他人的信賴與信任；強調生產取向者，則強調觀點明確、協助嘗試新點子、批評不良的工作、維持表現標準、發展成員角色指派、強調工作底限的意義等。

五、領導者所遭遇的困難

　　許多領導者所面臨的困境主要是他周遭人員的本質。有些困境則是領導者個人本身的問題，例如，領導者對工作喜愛的程度、害怕失敗或成功的程度等。

六、權責相稱的程度

　　課程設計必須權責相稱才能有最佳的結果。只有責任沒有權力則不會產生好的結果。只有在權責相稱的安排之下，才能培養合作有效的課程發展工作。

七、課程領導者本身的態度與能力

　　課程領導者的態度取決於其對人性的假定，主要有性善觀、性無善惡觀、性惡觀，根據不同的人性觀，領導者也會有不同的態度。不過有效的領導行為似乎都具有下列特質：革新、想像力、意氣相投、彼此尊重、努力工作等。

　　除了上述 Doll 所提出之影響課程領導工作的七項因素外，Fidler（1997）也就學校層級與實施方式的面向具體指出，課程領導會因學校層級與實施方式的不同而有不同的情況。首先，就學校的層級而言，有關課程領導的研究與概念主要都集中在小學而較少集中在中學，主要原因在於小學的學校規模、課程的複雜度與成員的結構與中學的狀況都有著很大的不同。所以，在不同層級的學校中，課程領導的面向也有所不同。其次，就實施方式而言，雖然校長與處室主任共同擁有整體的方向和象徵性的活動，但主要的日常活動還是由處室主任和教師所提出。因此，即使校長在某種程度上能直接影響學生與教師，但課程領導的實施主要還是透過與處室主任合作、影響學校文化等較間接的過程來達成。在這樣的情況之下，校長的政治技巧就顯得很重要，各處室常基於權力的大小來衡量各種行動的利弊得失。

　　Elliott et al.（1997）則將課程領導視為「中介行動」（mediated action），意謂著課程領導係指由致力改進教學與學習安排的教師所採取的一切行動，這些行動是一連串的中介手段，必須結合學校脈絡與身處該脈絡之下的個人。所以，「課程領導」是一與脈絡有密切關聯的現象，在此脈絡之下教師在課程事務上所創造的行動。此外，課程領導必須透過教師的集體立場來加以理解與傳達，因此不只包括脈絡的集體歷史，尚包含政策文件、基本設施、有關教育目的之假定與思潮、個人對整個學校的經驗等。就影響課程領導的脈絡因素，以及這些脈絡因素如何成為課程領導行動的中介要素，分別申述如下：

一、影響課程領導的脈絡因素

　　形塑教師課程領導行動的相關學校脈絡因素主要包括三項：

㈠學校的課程圖像

　　明確的學校願景聲明、教師是專業中的學習者、教師視課程為一整體、了解學生的文化與社會背景、鼓勵教師思考未來的課程。

㈡組織結構

　　行政支持課程創新、外顯的課程決定過程、課程探索與論辯的機會、協助移除種種不當限制、採取創新的機會、支持課程創新的機會。

㈢社會動力學

　　課程領導的正向角色模式、學校中的團結合作、聚焦在學校中的積極面、對他人創新的認可、非恐懼的氣氛。

　　上述的這些項目，對教師投入課程領導活動而言是很重要的，主要包括學校知覺課程的方式、學校組織的方式、教師間互動的方式。這些要素被視為會影響領導本質的中介手段。主要是由教師的集體行動所構成，同時也包含了歷史與基本設施等要素。

二、學校脈絡因素如何成為課程領導行動的中介

　　主要針對個人因素，亦即個人人格如何影響個別教師參與課程領導的行動，主要包括：對課程領導新觀念的開放性、承諾持續的課程發展、相信個人對學校的貢獻是很重要的、信任其他教師採取課程領導創新、有自信參與課程領導。所以，在課程事務上的人格特質必須充滿自信、有增能的感覺、能鼓舞鼓勵、能信任他人等。當學校的組織結構、社會動力學、課程的圖像能促使教師增能（empowering），加上教師本身認為有信心、受重視、受到信任，則教師最有可能投入課程領導行動。因此，課程領導行動的成效與脈絡因素和個人秉性有密切關聯。

　　綜合上述的研究結果可知，要活化教師課程領導行動必須同時顧及學校脈絡要素與教師個人心理特質，只有在學校的組織結構、成員間的人際互動、課程的圖像與觀念是朝向合作性及促進教師增能的情況，加上教師本身的自信、互信與願意冒險等特質，最能活化教師的課程領導行動。不過，由於絕大多數教師並不認為自身是廣泛投入課程領導行動，而行政人員在這方面卻又覺得自身投入的程度很高，所以，行政人員應營造上述各種適合活化教師投入課程領導行動的學校脈絡，並引發培養教師的自信與互信，以增進課程領導的活力與效能。

　　Gross（1998, pp.xv-xvii）以參訪十所美國和加拿大的學校為基礎，再加上與一些全美的組織，如 Essential 學校聯盟（The Coalition of Essential School）、喬治亞大學專業學校聯盟（The University of Georgia's League of Professional Schools）。同時也選擇了一些政府機構進行諮詢，如威斯康辛州的「公共教學部」。其他還有一些民間行動團體。進而歸結出課程領導者所必須面對的四個基本問題：

一、學校如何將課程領導置於首要任務，其起始歷程為何？

　㈠學校或學區在開始進行課程領導之前需要哪些先決條件？

㈡學校領導者需要哪些特質？

㈢在開始之前，必須先了解課程、教學和評量間的關係為何？

㈣學校領導者開始成為課程領導者時，可採用哪些不同的途徑？

二、這些學校或學區所使用的有效課程計畫為何？

㈠這些學校或學區管理課程工作的主要方式為何？

㈡這些課程計畫強調什麼，又如何與學區和州的法規產生什麼樣的關聯？

㈢這些學校或學區如何在科際整合與單一學科的學習間取得平衡？

㈣引導這些課程計畫的基本哲學為何？兩者間如何結合在一起？

三、這些學校如何不斷維持發展？

㈠他們如何讓課程改革的構想與實施同時發生？

㈡行政人員應採取哪些主要的活動以維持一正向的氣氛，建立重要的支持性結構，並協助無可避免的過渡時期（如更換校長，新校長如何接續原校長的政策）？

㈢他們該維持什麼樣的專業標準？

㈣教師團隊如何運作？

㈤教師如何參與共同管轄以管理他們的學校？

㈥如何有效組織社區人士以支持課程領導？

㈦教師如何能成為改革的帶動者？又如何能成為策略性的問題解決者？何時才能投入實際的教學？

四、這些學校或學區如何在不穩定中生存？如何日漸茁壯？

㈠會有哪些不穩定的程度？

㈡教育人員如何得知何種混亂是發生在哪些特定的時間？

㈢對各種混亂情形的最佳回應方式為何？

　　此四項基本的問題及每項基本問題之下的相關子題都可明顯看出涉及許多課程領導所必須面臨的情境脈絡因素，包含領導者所須要的學校先決條件、領導者的特質、學校課程管理的方式、學科統整、課程的計畫哲學基礎與設計途徑、組織氣氛和組織結構、團隊運作、社區參與、衝突與問題解決方式等，事實上都是從事課程領導時必須加以考量的各種情境脈絡。

　　綜合上述由領導理論、課程設計模式、教育改革、課程領導等面向都可看出學校組織脈絡因素對於領導效能、課程設計與決定、改革重點、課程領導角色與作為都有重大的影響。因此，本研究針對上述這些面向進一步歸納出影響校長課程領導的脈絡因素，主要包含以下四項：

一、環境趨勢

　　環境趨勢主要係指校長在課程領導時所必須面對的校內外的教育與社會環境趨勢，主要可分為：

㈠學科知識的轉變：主要係指隨時代潮流的變遷，學科新知識的發現與產生或現有學科知識的修正與改變。

㈡教學信念的轉變：主要係指教師因應時代、社會、家長、學校、學生在教學觀念的改變，以及新教學方法的產生，其在教學信念與價值觀方面所做的調整與修正。

㈢學生需求與要求的轉變：學生因為校內外環境，以及本身的素質和能力的轉變，其在學習方面的需求與要求的改變，可包括學生在學習內容、學習方法、學習設備與工具方面的轉變，例如因應資訊時代的來臨，使得學生學習電腦與資訊科技的需求性與要求增加。

㈣家長與社會要求的轉變：主要係指家長因為社會環境的變遷，對學校教育的要求與期望的轉變，以及社會或企業界因應新時代環境的需要，對學生的能力、知識、技能、品格等方面的轉變。

㈤利益團體的轉變：主要係指校外對於相關的利益團體，對於學校教育

及相關教材的選用和決定上，因為不同的時空背景，造成這些利益團
體的轉變。

㈥資源的轉變：主要係指因為不同的環境與時空背景，學校所能獲得相
關物力、人力、設備、經費等社會資源，以協助學校教育的推動。

㈦其他。

二、制度結構

制度結構主要係指校長課程領導時所必須面對的校內外的法規命令與
政策、相關的願景目標、時間安排、經費來源等制度性因素，以及課程發
展、協調或評鑑的各種組織的組成結構等結構性因素，主要包括：

㈠國家、地方的課程政策：主要係指校長在發展、設計與選用課程時，
所必須面對與遵循的國家與地方政府的各種課程政策。

㈡學校的任務與願景：主要係指學校本身所共同建立教育與課程的任務
聲明、願景與目標。

㈢學校規模大小：主要係指學校規模的大小，大致大可區分為大型學校
（25 班以上）、中型學校（13-24 班）與小型學校（12 班以下）。

㈣學校領導控制的程度：主要係指學校校長領導的控制程度與領導型
態，大致上可分為民主式、權威式、放任式等型態，領導時是採關懷
取向，抑或是倡導取向，還是兼及兩者。

㈤時間分配：主要係指學校中用於教學、行政及研究等方面的時間分
配，三者之間能否平衡，三者間能否兼顧。

㈥課程協調與評鑑結構：主要係指學校對於課程決定、設備的分配等方
面的協調情況與機制，以及學校進行課程評鑑時其所採用的評鑑方
式、架構與指標等結構性的因素。

㈦課程的自主性與彈性：主要係指學校中成員可以設計、發展、選用課
程、教材的自主性與彈性空間之大小。

㈧諮詢服務管道：主要係指學校中能夠提供成員在課程設計、發展、實
施與評鑑等方面的諮詢服務是否充裕，管道是否多元。

(九)經費的來源：主要係指學校能否獲得充裕的經費、資源與設備，有效發展、實施課程並改進課程。

(十)課程委員會的運作：主要係指學校中課程發展委員會等校內課程組織的組成、運作是否順暢、功能是否能有效發揮。

(土)溝通管道：主要係指學校中溝通管道是否多樣，管道是否暢通，能否讓意見充分傳達與交流。

(圭)其他。

三、學科性質

學科性質主要係指校長課程領導時所必須考量的不同學科與課程的取向、定義等所造成的課程領導角色與作為的差異，主要包括：

(一)課程的取向：主要係指校長課程領導時，所必須考量的不同學科課程取向，例如屬於數理或藝術人文社會科學、純科學或應用科學、硬性或軟性學科即代表三種不同學科課程取向。

(二)課程定義：主要係指校長在課程領導時所考量自身與成員對課程的定義為何？其定義屬於科目、目標、計畫、經驗、研究假設等幾項課程定義中的哪一種。

(三)課程哲學：主要係指校長課程領導時所持的課程哲學與信念，以及依據這些課程哲學所研訂的課程願景與目標。

(四)教材設備：主要係指各學科所獲取的教材設備是否夠用，能否依照學科性質的不同獲得適切教材設備的支援。

(五)學科的發展與設計：主要係指不同學科性質，其在學科的發展與設計上所採取的獨特方式。

(六)教學方法：主要係指不同學科，在教學方面所採用的適切教學方法。

(七)新科技與技術：主要係指各學科能否針對各種新科技與技術，適時將之納入或統整至學科中，並且為了因應新科技與技術的產生，改進現有的學科教學方法。

(八)學科委員會的運作：主要係指學科委員會能否針對各學科的課程決

定、教學、學習及評量等方面的事務進行協調，作成相關決定與擬定相關計畫，並提供資訊與專門技術，指導學科發展，提升學科水準，同時使學科委員會的運作得以更加順暢，並發揮學科委員會的功能。

(九)課程統整與科際整合：主要係指學科的性質是否易於就不同主題進行課程統整，或者就不同學科領域間進行科際整合，以利學生學習的統整性與周延性。

(十)師資素質與能力：主要係指各學科教師在該科的專門知識的素養、實施該學科課程的能力、專業發展的能力、研究創新的能力等。

(±)成員自主性：主要係指各學科教師在學科中所擁有的課程設計、發展、選擇、決定、研究創新等方面的自主性高低。

(±)其他。

四、學校文化

學校文化主要係指校長課程領導時對學校成員間的互動方式、風氣、成員屬性、社區參與的方式與風氣等面向的了解，以充分掌握學校的組織文化，學校文化主要包括：

(一)成員互助合作：主要係指成員間能否互助合作，運用團隊合作的方式，共同努力達成學校的願景與目標。

(二)成員對話與討論：主要係指成員之間平時彼此對話與討論的時間與空間是否充足，能否針對教育與課程事務進行建設性的對話與討論，以釐清概念，形成改進的風氣。

(三)成員反省批判能力：主要係指成員是否具有反省批判的能力，針對學校教育、課程、教學、學習的成果加以反省，並能針對課程中各種權力與機會不均等的情況，加以批判。

(四)成員熱誠與榮譽感：主要係指成員是否具有專業服務的熱誠，以及高度的榮譽感。願意奉獻心力投入課程的設計與發展，並對學校的教育有高度的承諾。同時成員是否具有高度的專業自信心與榮譽感，亦必須加以考量。

㈤成員彼此信任感：主要係指成員之間能否彼此信賴，相互支援，建立
專業的社群，在彼此充分信任的基礎上，產生良好的互動，分享彼此
的經驗與心得。

㈥成員的專業成長：主要係指成員能否主動積極參加研習及專業進修活
動，增進自身專業知能，不斷獲得專業成長。

㈦成員的思考與創新：主要係指成員能否打破傳統順從、遵守、服從等
思考方式，而以創新、團隊合作、協同、分享的方式來進行思考，不
斷改進。

㈧成員的自發性：主要係指成員能否自動自發，主動參與課程發展與改
進的事務，能否主動積極投入研究與創新，帶動學校改革的風氣，而
非被動接受，消極實施外來的規定與命令。

㈨社區參與：主要係指社區或家長參與學校教育與課程事務的風氣與作
法。社區人士或家長能否參與學校課程事務的決定，能否提供資源、
設備提供學校改進課程與教學之用，能否提供課程目標、設備使用、
預算等建議給學校，進行課程改進。

㈩其他。

第二節

校長課程領導的角色

有關校長角色轉變的研究指出，校長角色的轉變歷來由「首席教師」
轉變為「一般管理者」，再轉變為「專業與科學化的管理者」，進而轉變
為「行政人員及教學領導者」，最後演變至最近的「課程領導者」
（Owen, 1988, pp.29-31）。

由校長角色的歷史演進趨勢可知，校長扮演課程領導者的角色是現在
和未來的趨勢，所以，校長應成為重要的課程領導者。只是校長作為一位
課程領導者，在課程領導中應扮演何種角色，才能有助於課程領導功能的

發揮?這項議題雖然受到重視,在相關文獻中亦指出了校長在課程領導中
所應扮演的各種角色,只是所提出的課程領導角色相當多樣,或有一致或
有紛歧,且各種角色之間的定義有時並不一致,且角色與角色間難免互有
重疊性。因此,就課程領導的角色而言,實難加以統一,因為校長作為一
位課程領導者必須隨著情境脈絡的不同而扮演各種不同的課程領導角色,
不可能扮演所有的角色,而應針對不同情脈需要,選擇扮演適當的角色。
因此重點在於各種角色背後所意涵的各種功能能否隨著角色的知覺而能充
分發揮,而非在爭論何種角色重要或該有幾種課程領導角色。以下茲列舉
國內外相關探討領導者及校長課程領導角色的文獻,一則說明校長在課程
領導角色方面的多樣性,一則歸結出本研究所指的校長課程領導角色。

　　國內高新建(民 90,頁 16-19)分析課程領導者的任務之後,進一步
論述校長作為課程領導者的八項重要角色:

一、**理念的追尋實踐者**:在課程發展之初,課程領導者和參與者會一起追尋
　　學校共同教育理念,並設法將理念付諸實現和實踐。

二、**系統的永續工程師**:為了讓學校課程發展可以永續經營,課程領導者必
　　須建立並適當調整學校組織結構與制度,發揮各種組織的功能;此外,
　　亦須提供必要的協助、資源及進修機會,塑造學校的組織文化,永續學
　　校的課程發展。

三、**知能的建構散布者**:領導者必須具備多樣知能,也必須隨領導課程發展
　　之需要,適時進修必要的知能。同時也必須為自己與其他參與人員提供
　　研習進修機會,培養所需要的專業能力,促進專業成長。

四、**成員的領航合作者**:引導將共同教育理念落實在學校課程的發展方向及
　　內涵,並在發展學校的課程願景、課程架構與目標時,領導者可根據中
　　央及地方課程的相關規範,透過協商討論,統整不同意見,配合學校整
　　體規劃,提供課程發展的方向,確立發展的優先順序。此外,也能適時
　　參與教師的課程方案設計。

五、**創意的推動支持者**:具有對教育改革的敏銳度,也能發揮創意,將外加
　　的教育改革政策轉化為適合學校實施的形式。此外,也需扮演承上啟下

的角色，兼顧學校中的人、事、物、制度與校外社區資源及社會趨勢等方面的條件與需求，適度調適。並能鼓勵帶動教師嘗試各項課程與教學的新作法。

六資源的提供經營者：必須能整合校內各項資源，適當分配給成員必要而充分的資源，以便進行各項相關的課程發展活動。除了運用現有資源外，課程領導者也需要創造新的資源，多方尋求資源，並建立學校與社區、家長的合作夥伴關系，以利資源共享。

七人際的溝通協調者：面對課程發展、實施、評鑑、修改等過程，必須和同事一起合作，因而需要領導、示範、建議、折衝等溝通；面對家長與社區人士、主管教育行政機關及研究單位、校外的課程決策單位等都需要各種不同的溝通協調的工作，以利學校的課程發展、實施、評鑑與改進。

八成效的回饋監督者：必須對學校課程發展情形、實施成效、學生的學習效果進行評鑑，了解課程發展與實施過程中的需求，適時給予教師回饋及必要的協助。

Bradley（1985, pp.92-95）依據各種不同的領導型態，指出課程領導者可以扮演以下五種角色：

一教導者（instructor）：領導者具有成員所缺乏的解決問題所需的知識或經驗，所以，成員知覺到課程領導者有能力教導他們。

二問題解決者（troubleshooter）：課程發展或實施過程中會出現失望、時間不夠來尋求解決之道或亟需立即解決的衝突。成員知覺到問題的嚴重性且需要加以解決，並認為課程領導者有能力為他們解決問題。

三倡導者（advocate）：課程領導者擁有自己的教育哲學、行政與課程組織、發展的理論，並能在考量各種變通方案之後形成自己的立場，並將之視為最有利於課程的立場而加以倡導。成員必須非常信任課程領導者的專業知能，並堅信其立場可以達成。

四服務者（servitor）：在課程發展的過程階段發生並透過服務來領導。在

課程發展過程中有許多沒有對錯的決定，有許多正確的選擇。因此，課程領導者讓團體成員自己作決定。

五、激勵者（facilitator）：課程領導者試圖讓所有成員都具有所有的課程發展概念。成員擁有課程領導的潛力，且致力於專業成長和組織健全。

Doll（1996, pp.502-503）引用 G. Hall 等人的觀點指出，課程領導者的角色主要包括：

一、回應者（responder）：如果領導者想成功地施行理念，則應成為要求協助的回應者。

二、管理者（manager）：如果領導者想要激發教師間的士氣，則必須藉由監控教師的工作、與教師保持密切接觸、支持教師並減少他們的問題，來管理他們。

三、帶動者（initiator）：如果領導者想要證明他是居於領導地位，則領導者可作為一位帶動者，藉由期望需求、蒐集可用資訊、監督理念的實施情況，大略知道學習者所發生的一切。

Henderson & Hawthorne（2000, pp.187-189）也指出轉型的課程領導者，必須兼顧以下五種角色：

一、傳達大圖像的教育理想家：轉型課程領導者有敏銳的大圖像感（the big picture），將轉型課程領導視為是居於教與學之間關係的中心，並作為可以徹底改變傳統教育的改革。可以預想一種教育制度，解放小孩與大人成為關懷、想像、負責、終身學習者，他們是民主社會中學識廣博、投入參與的成員。

二、實踐折衷問題解決的系統化改革者：了解成功改革的系統化本質，知道即使改革運動是肇始於獨立的個人，但若無法將此改革深入遍及部門與組織的每一部分，則無法將改革擴展或發揮正面的功效，轉型課程領導者會透過折衷的問題解決方式來回應，藉由專業的熱忱、發現自身與學生工作中的意義、目的和樂趣來加以激勵，他們將問題解決的努力圍繞

在教與學。在合作互助的環境中，他們會質問方案的設計、成人與學生個人的評鑑、組織的結構、並從轉型教與學一貫的觀點來看學校和社群間的關係，並以誠實及正直的方式來運作。

三培養合作努力的協同合作者：致力於負責的專業主義，相信一起努力以建立專業社群，並發展具有關懷、創造、批判、縝密成長等探究的專業文化之必要性。這些領導者與所有與有興趣的、願花費時間精力、願投入的他人一起合作，他們不只接受而且歡迎異見，在一個尊重、包容、細膩、關懷的環境中，談論、傾聽、探索、爭辯、思索、分享多元的觀點。

四陳述道德立場的公共倡導者：轉型課程領導者相信決定民主社會中最佳的學生學習利益是他們的職責所在。他們公開鼓勵挑戰、質問、批判地檢視，希望能建立一些對學校中的師生更好的事物。他們也能拒絕來自行政與教師會所給予遵守順從傳統教育的壓力。他們會主動傳達他們的價值與信念，承認自身的工作就是倫理的意涵，也是政治的目的。透過新政策的發展、方案的重新設計、更民主的程序建立，他們在整個學校組織的結構中，追求並努力從事改革的工作。

五主動意義創造的建構求知者：基於真理、知識、專門知識來修正個人的立場，進而成為一個主動的求知者，不斷地追求真理，不斷地學習。

　　Romberger（1988, pp.20-30）的研究指出，國小校長應作為課程發展過程中的領導者，並扮演以下的角色：

一課程發展的領導者：學校是課程發展的基本單位，因此國小校長必須領導學校發展課程。

二設定並實施目標者：為了符合學生和成員的需求，校長必須利用他的知識來領導設計目標。

三把關者（gatekeeper）：校長必須能取得有助於學校的革新方案資訊，並與成員分享這些資訊。

四催化者（catalyst）：能激勵教師參與課程發展，能支持並領導他人共同

參與課程發展的各種活動。

五任務願景的設定者：能設定學校的任務與願景，以決定課程發展的優先
　　順序。

　　Ornstein & Hunkins（1998, p.224）亦分析指出，校長長久以來被視為
是學校的課程領導者，不過，因為許多校長仍是教育局和家長、學校同仁
之間的中間人（go-between），以至於至今校長作為課程領導者仍是理想
勝於實際的事實。現今，校長和教師在與課程活動有關的各種角色是在改
變的。且隨著學校本位管理的趨勢，如果學校成為有關於課程決定的行動
場所，則校長必須成為一位前瞻的領導者，擁有明確的學校任務觀，並對
他們的專業價值有堅強的信念。校長必須能夠將此任務感傳達給教師及其
他受課程影響的人，且能讓教師和他人投入學校任務的實質精細之處。校
長必須能付出關心以成為學校中的課程和教學領導者，而非只是負責學校
管理功能。不過，校長的課程領導角色在不同規模的學校中也有所不同，
在大型的學校中，校長應作為一位課程的激勵者（facilitator），必須提供
時間給課程活動、安排在職訓練、設立課程諮詢委員會以作為資源動能，並
能改良學校任務；在小型學校中，則期盼的是校長更主動地成為**課程發展帶
動者**（initiator）、**發展者**（developer）、**實施者**（implementer）。

　　Stark et al.（2000, pp.13-37）經由訪談總共得到二十七種主要的領導角
色，再進一步歸併為七種主要的角色。但課程領導的角色並非固定的，而
是在隨著課程發展過程之不同時段及不同情境，而有不同的角色。這些主
要的角色包括：

一、激勵者（facilitator）

㈠主要任務在於讓適當的人（the right people）一起對談。建立支持性且
　　歡迎觀念自由流通的風氣，但最終還是必須協助討論並達成結論
　　（closure）。

㈡激勵者不會自提計畫供成員考量，而是希望成員自己發展計畫。

㈢除了指導整個過程外，激勵者也會為了個人的理念或部門的決定，從上級行政爭取資源及支持。

二、帶動者（initiator）

㈠帶動者本身會提出計畫或草案供成員在會議中考慮，也由於帶動者較了解新的行政命令、專業中工作市場的改變、其他機構的課程趨勢，所以他們會引介變革的計畫、理念或草案。

㈡有時為了能使過程持續進行，會利用成員一起討論，以反映成員觀點的計畫。

㈢若覺得必須克服成員動能不足的困境或必須打破僵局，則會引介各種改革計畫。

三、計畫設定者（agenda setter）

㈠此一角色介於激勵者與帶動者之間。帶動者為成員發展具體觀念或計畫。

㈡計畫設定者是將議題或問題浮上檯面，而非提出解決之道。

㈢相較於帶動者，屬較中立的方式，希望成員發展出自身的建議或解決之道。

㈣相較於激勵者，則計畫設定者採較強的過程控制。

四、協調者（coordinator）

㈠提供一結構性的任務導向，並支援課程計畫委員會的成員文書工作。

㈡強調在課程變革之後所引發的問題之偵測及補救。

㈢當知覺到問題的存在時，他們也會採取片面的行動以達到協調的目的。

五、感知者（sensor）

㈠能有效意識（sensing）到課程的問題及難處，以做適度的調整。

㈡能察覺外部制度環境的發展，並協助成員因應新制度的法令、預算危機、州法案等諸如此類的問題。

㈢能導入新興的議題及趨勢。

㈣基於上述的三種感知，而發展共同的願景，以作為未來發展的依據。

六、倡導者（advocate）

㈠關注能獲取資源以支持個別成員或整體學校課程決定的作為。

㈡尋求各種資源，倡導並設定各種優先順序，並能做有效的溝通。

七、標準設定者（standard setter）

㈠能進行課程品質的演示（model）或監控。

㈡能遵守法令的規定，例如整個機構評量、課程之評核或評價的標準。

㈢能爭取時間讓成員全心全意投入，而心無旁騖。

　　此外，Stark（2002, pp.61-62）再利用 R. Quinn 所提出的「不同價值模式下的八種管理角色」來考驗課程領導的模式，進而了解課程領導者在領導過程中所應扮演的有效角色。此一模式如圖 2-1 所示。由圖 2-1 可知，管理中可分為「彈性」（flexibility）、「控制」（control）與「內部焦點」（internal focus）、「外部焦點」（external focus）四個分項，依這四個分項可產生「彈性－內部焦點」、「控制－內部焦點」、「控制－外部焦點」、「彈性－外部焦點」四個象限，四個象限分別代表四種課程領導模式，分別為：「人際關係模式」、「內部歷程模式」、「理性目標模式」、「開放系統模式」，而在四個課程領導模式之下課程領導者必須依不同的領導模式扮演適當的管理角色。茲將此四種課程領導模式及其象限內所扮演的管理者角色，分述如下：

一、人際關係模式

　　屬於「彈性－內部焦點」的象限，在此模式中，課程領導者必須扮演兩種角色：

㈠教導者（the mentor）：以關懷和同理心參與人員發展。

㈡激勵者：培養集體努力以建立凝聚力和團隊合作。

二、內部歷程模式

屬「控制－內部焦點」的象限，在此模式中，課程領導者必須扮演兩種角色：

㈠監控者（the monitor）：保證順從，追蹤進步並分析結果。

㈡協調者：維持秩序、結構和系統流程。

三、理性目標模式

屬「控制－外部焦點」的象限，在此模式中，課程領導者必須扮演兩種角色：

㈠生產者（the producer）：激勵成員採取行動並維持高度生產力。

㈡指導者（the director）：闡明期望及優先順序並溝通願景。

四、開放系統模式

屬於「彈性－外部焦點」的象限，在此模式中，課程領導者必須扮演兩種角色：

㈠革新者：促進改革與改造。

㈡中介者（the broker）：維持外部的合法性並取得必要的資源。

根據 Stark 依據上述的模式對課程領導者所進行的研究結果發現，著重彈性內部領導的「人際關係模式」，強調非指導性、激勵、集體團隊合作的方式對一般成員而言覺得這種模式最適用於學術界，但卻不是最有效的一種方式；而著重控制內部領導的「內部歷程模式」具有協調和評鑑的特質，雖然是課程領導者經常採用的一種模式，在實徵上也證明屬於課程領導的重要面向之一，但少有課程領導認為此一模式是最有效的方式；著重外部角色並強調領導者影響和控制他人的觀念和行為之「理性目標模式」，由於視課程領導者為建議未來願景，闡明任務和期望，並作為設定

高度期望的激勵者，扮演角色楷模及獎賞的角色，是所有課程領導者認為最有效的一種模式；著重外部角色而採彈性的作為，較不強調控制行為的「開放系統」模式，雖然缺乏「理性目標模式」所強調的角色楷模及願景設定，但仍是課程領導者所認為僅次於「理性目標模式」第二有效的課程領導模式。

綜合上述Stark的研究可知，採取不同的課程領導模式，則課程領導者必須扮演不同的角色，也必須採取不同的課程領導作為。雖然其研究對象主要是針對大學系主任的課程領導者，因而在採取的模式上或許與中小學校長有所差異，但此一研究對於課程領導者該採取什麼樣的模式與扮演什麼樣的角色，提供了理論的架構與實證研究結果的分析，仍具有一定的參考價值。

圖 2-1　課程領導模式

註：引自"Testing a model of program curriculum leadership (p.61)" by J. S. Stark, 2002, *Research in Higher Education, 43*(1), 59-82.

綜合上述對校長和領導者在課程領導方面的角色分析可知，有關於校長的課程領導角色的確相當多樣，但在多樣之中仍有共識的部分。不過，如前所述，校長課程領導的角色，可能會因不同階段與不同情境而有不

同，但仍有一些重要的課程領導角色是校長必須重視，並覺知自己要去擔
負的。因此，本研究初步歸納校長所應扮演的課程領導角色包含：

一、趨勢與新興議題的感知者（sensor）：能掌握學校所處的環境脈絡因
　　素，有效意識到課程發展的趨勢及新興議題的出現，以幫助學校課程做
　　適度的調整。並能有效察覺學校內外部制度與環境的變遷，協助成員因
　　應新制度的法令規範。

二、課程任務與目標的制定者（mission setter）：針對國家、地方政府的課
　　程標準與要求，配合學校的需求與條件、外在的社會環境與社區資源，
　　制定適合學校的課程任務與目標，發展學校的特色。

三、課程事務的協調者（coordinator）：針對課程的定義、範圍、內容、順
　　序進行溝通協調，並能對課程問題進行偵測及補救（如時數、師資、設
　　備、教材等），讓課程的實施與運作可以順暢，以達成課程目標。

四、課程發展的管理者（developer）：針對學校課程發展工作進行引導與經
　　營，包含對課程轉化方案的擬定、課程教材的研發、行動研究的進行、
　　課程內容的改進等工作，校長都必須有效加以管理。

五、成員進修的帶動者（initiator）：能提出學校課程改革的計畫、理念或草
　　案，供成員討論及參考，以提升成員進修的動能，增進成員的專業知
　　能，並能適度打破僵局。

六、課程評鑑的實施者（evaluator）：對課程品質進行演示（model）與監
　　控，並能遵守相關法令規定，訂定學生評量與課程評析或評價的規準，
　　領導教師評鑑學生的表現，評估學生的進步情形，並能隨時針對課程與
　　教學進行評鑑。

七、課程改革的激勵者（facilitator）：能以身作則，帶頭示範，進行課程改
　　革，適度調整學校組織結構，建立自由開放的對話環境，導引具有建設
　　性的討論，進而讓成員發展出課程改革計畫，且能爭取必要的資源，支
　　持持續性的課程改革。

八、課程專業文化的倡導者（advocate）：能有效獲得資源，以支持學校個
　　別成員或整體學校課程決定的一切改進作為，促進成員間的團隊合作，

營造積極正向的組織氣氛與文化，引發成員不持續地反省批判，激發成
員投入課程發展的熱誠，進而促使學校課程專業文化的提升。

九各種勢力的整合者（integrator）：能有效整合校內與校外的各項勢力，
促進社區參與協助學校發展課程，爭取各種必要的資源，暢通各種溝通
管道，建立必要的公共關係，以利學校課程的發展。

第三節

校長課程領導的重要任務

　　校長作為課程領導者，在特定的學校情境脈絡之下，必須扮演適合的
課程領導角色，執行合宜的課程領導的任務。因此，有關校長課程領導的
重要任務，實有必要加以探討，以下就相關文獻之內容進行探討並進一步
歸納出十二項校長課程領導的重要任務。

一、學校環境脈絡的掌握與了解

　　校長所領導的學校，因為所處的組織與情境的不同，領導者行為亦會
有所差異（Wiles & Bondi, 1993）。所以，校長在課程領導之前必須先掌握
並了解學校所處的情境脈絡。影響學校的情境脈絡因素主要包括：環境趨
勢的改變；學校的組織、制度結構、規模大小；學校的課程結構或學科的
性質；教師本身的特質及教師間的互動和學校文化等（林明地，民 89；高
新建，民 90；黃政傑，民 88a；蔡清田，民 89；Brooker et al., 1999; Dim-
mock & Lee, 2000; Elliott et al., 1997; Fidler, 1997; Macpherson et al., 1996; Mac-
pherson et al., 1999; Marsh, 1992; Stark et al., 2000）。根據不同學校所處的脈
絡，領導者必須依據環境趨勢的變遷，學校課程的結構與學科性質之差
異，教師個別的特質與人際間的互動，以及學校的文化等等脈絡，做適當
的評估與掌握，以決定如何實施課程領導。這也就是 Gross（1998）所指
出的，有效能的課程領導者之重要特質之一在於他們通常對其環境背景有

深入了解，且深受社區人士的信賴與了解。Fidler（1997）更進一步指出，校長必須將課程領導要素連結至班級的教學過程中，這些連結主要包括三種：

㈠科層與結構性的連結：用以連結校長行為與班級教學之結構性機制；包括，政策、法規、程序、計畫、資訊系統、視導與評鑑。這些機制有效地澄清已經完成了哪些事項，如何進行規劃，並設計資訊系統以監控所作所為，最後也評鑑結果與過程。

㈡直接的人際連結：和個別班級教師一起合作實施課程與教學，並加以影響，這必須結合教室觀察或更一般性的面對面互動。

㈢文化連結：包括共同的意義和假定，是強而有力影響行動的方法，通常這樣的連結是內隱的，且在意識層面上很少被質疑，主要的文化機制包括：故事、圖像（icons）和儀式。

㈣政治連結：此涉及權力的運用，領導者並非以直接的方式來影響成員，而是透過中階幹部或學校組織文化等間接影響的方式來達到目標。

總之，校長必須針對這些情境脈絡因素做適度的評估，並充分加以掌握與了解，以利加強各種不同情境脈絡因素間的連結，能採取最適當的課程領導作為。有關這些環境脈絡因素於前已有深入探討，在此不再贅述。然而，在此所要特別指出與凸顯的是，環境脈絡的掌握與了解是校長課程領導時的重要課題與任務之一，也是校長展現課程領導效能所不可或缺的要項，是值得校長課程領導時加以重視的。

二、校長課程領導角色的界定與覺知

課程與校長在課程中被界定的角色是一所有效能學校的重要因素。但課程與校長角色間的關係卻缺乏完善的定義。為了更加確認校長在課程領導中的角色，就必須針對校長在課程設計、課程實施、課程改進評鑑等三個階段中的角色分別做一檢視，校長也必須對自己的課程領導角色更加有所覺知（Garner & Bradley, 1991）。

Brubaker & Simon 從文獻歷史的角度論證校長角色的轉變，是由早期的「首席教師」（the principal teacher）（1647-1850），逐漸演變成為一般管理者（the principal as general manager）（1850-1920），再轉變為專業與科學化的管理者（the principal as professional and scientific manager）（1920-1970），俟後又轉變成為行政人員及教學領導者（the principal as administrator and instructional leader）（1970-1986），一九八六年之後就演變成為課程領導者（the principal as curriculum leader）（引自 Owen, 1988, pp.29-31）。由此可知，校長的角色根據校長角色的歷史演進看來，已是演變成課程領導方面的角色。

然而，對於校長為何應作為課程領導者而言，Glatthorn（2000）指出了幾項假定：

㈠即使有許多證據顯示，校長在整體學校效能具有決定性的角色。教師可和校長共同合作擔負起重要的領導功能。但即使在最佳的教師領導模式中，仍然非常需要校長提供持續性的領導。

㈡領導力強的校長在決定課程領導程度大小有著舉足輕重的角色。他們同時也發現校長採取積極倡導的方式最能確保有效實施課程。此一類型的領導有以下幾點特徵：1.有明確的長期政策和目的；2.對學生有高度的期望，且能傳達並監控這些期望；3.尋求改變學區的方案和政策；4.懇求成員的投入，但行動卻很果斷。

由此可知，事實上校長在課程領導方面所應扮演的角色是非常重要的，校長必須在課程與教學方面展現領導，檢核並修訂現有的學科、影響特定的教學方法、介紹新學科與新單元（Marsh, 1992），學校校長通常被視為是居於課程領導的中樞與第一線地位（Doll, 1996）。所以，校長必須能知覺自己作為一位課程領導者的角色，提供相關的領導作為，並且願意投入時間參與學校的課程事務（Ornstein & Hunkins, 1998）。儘管校長常因不了解課程領導的明確本質或是時間不夠用，造成許多校長與行政人員對於作為課程領導者這樣的角色並不熱中，甚至急欲逃脫此一角色（Glatthorn, 1997）。不過，校長在領導整個學校時，一定要重視課程領導工

作，否則任何課程改革都只會是空中樓閣，不可能實現，也不可能將學校
的教育辦好（黃政傑，民 88a）。

　　有鑑於校長對課程領導角色覺知的重要性，因此，如果校長能覺知其
在課程領導方面所應扮演的角色，進一步就必須充實校長在課程領導方面
的知識或技能，培養校長作為一位課程領導所應具有的特質就是角色覺知
所必須配合的相關重要課題。所以，學者建議課程領導者必須具備以下的
知識：㈠擁有良好的通識教育；㈡同時擁有一般及個別課程的完備知識；
㈢充分了解各種課程發展的資源；㈣熟悉研究並能充分而恰當地定位各種
研究；㈤了解學生、社區及社會的各種需求；㈥具有哲學家、社會學家和
心理學家的特質；㈦了解並賞識同仁的個人特質。同時，也必須具備以下
的團體過程的技能：㈠改革的過程：領導者必須充分了解影響改革的過
程，並能與團體成員將知識轉化為實際以及展現有效的決定技能並領導成
員；㈡人際關係：領導者必須充分了解團體動力學，並能展現高度的人際
關係技能，以及發展團體成員的人際關係技能，也能建立和諧的工作氣
氛；㈢領導技能：領導必須展現領導技能，包含組織技能和管理過程的能
力，同時也能發展團體成員的領導技能以便在需要時成員可以擔負起領導
的角色；㈣溝通技能：領導者必須有效地溝通並能領導團體成員有效地溝
通，所以領導者也必須是一位幹練的討論領導者（Oliva, 1997）。

　　此外，有關校長在執行領導時所必須扮演的角色、能力和知識，「澳
洲教育學院」所提出的構想，亦值得參考，詳如表 2-1 所示（ACE,
2001）。由表 2-1 可知，校長在教與學方面所需知道的知識技能同時需涵
蓋課程、教學、成員發展、行政領導、組織結構等面向，這些面向的知識
與技能同時都是一位課程領導者所必須具備的。

表 2-1　校長在教與學方面要扮演的角色與具備的知識基礎

角色	知識基礎
1.領導與管理改革	1.課程理論。
	2.年輕一代生活在知識社會中所要求的教育成果。
2.激勵與管理人員	1.兒童發展與學習過程，包括當今的學習與動機理論。
	2.學校中的教與學。
	3.教育改革、學校效能與改進。
3.設計並連結系統	1.重新設計教育的過程。
中的過程和資源	2.教育標準和目標的設定。
	3.監控並評估學生的進步。
	4.班級的教學策略。
	5.促進專業的組織學習和策略。
	6.學校和班級組織。
	7.安全網絡、仲裁、特別協助。
	8.家庭角色、促進學校和社區的合夥關係。

註：引自*"Excellence in school leadership-Background paper.",* by Australian College of Education, 2001, Retrieved October, 10, 2001, from http://www.austcolled.com.au/leadership/background.html

　　再者，Pajak & McAfee（1992）指出，根據研究調查指出，傑出的校長都同意課程相關的特定知識、態度和技能，與其在課程方面的有效工作表現有密切的關聯。因此，一位成功的校長應了解課程是如何組織的，以及學習活動、教材、教學成果如何與課程組織相搭配。作為一位「課程通」，成功的校長必須提出各種策略，並協調各種活動以改進課程方案，監控方案以確保預期成果的達成。並具備課程領導方面角色所需的重要知識、態度和技能。分別說明如下：

　(一)重要相關知識：兒童和成人的發展；課程發展的過程；課程理論；課程模式；課程研究；學習心理學；學科領域內容；哲學、社會學、歷史的基礎。

　(二)重要相關態度：強調課程問題的意願；致力於改進學校的課程；堅信課程的重要性；致力於讓教師參與課程發展；堅信課程發展是一持續不斷的過程；致力於各種內容領域間的平衡；激勵教師對多樣課程的

知覺；對潛在課程的敏感度；致力於改進學區的課程。

㈢重要相關技能：鼓勵教師課程的所有權；設定目的和目標；讓成員專
業發展的作為；課程目的與優先順序的連接；與課程需求產生關聯；
監控課程實施；確保不同年級的連續性；應用兒童發展的原則；建立
課程實施的合理時間架構；協助教師了解課程教材；建立課程計畫團
隊；進行實際且實質的課程改革；統整課程內容；注意課程的範圍與
順序；協調教科書的選用；改編和修訂課程；發展課程教材；設計課
程。

上述這些知識、態度與技能，值得校長參考，並積極加以充實與培
養。因此，在未來針對校長的職前培育課程與在職校長的在職進修方案，
都應列入這些相關知識、技能與態度的培養。

綜合上述的分析可知，現今校長在課程領導時，對其自身的角色界定
與角色知覺都必須重新定位，認清自己在學校課程發展方面的職責，扮演
適當的課程領導角色，充實其課程領導方面的知識與技能，並培養課程領
導者所應具備的特質，如此才能有效提升學校課程與教學的品質。所以，
校長的角色界定與知覺將是校長課程領導的重要課題之一。

三、學校任務與願景的建立與設定

Hawthorne & McConnell（1995）在《校長與課程領導》一文中具體指
出，校長應建構與他們自身有關的課程概念性架構或思考方式，以形成自
己的課程典範。校長的課程典範在於他們如何談論與詮釋教學與學習事
件、如何詢問教師及其他同事的課程問題、如何架構課程問題、提供什麼
樣的選擇，以及他們用以正當化課程決定的指標。所以，校長在概念上與
道德上如何思考課程，會直接影響他們如何提供課程領導。

是故，校長作為一位課程領導者必須先澄清自己的立場，如辦學理念
與課程哲學，以建立學校共同任務聲明（mission statement）或願景，並據
以建立學校教育和課程的目標（林明地，民89；高新建，民90；黃旭鈞，
民90；黃政傑，民88b；歐用生，民89a，民89b；蔡清田，民89，民90；

Bradley, 1985; Dimmock & Lee, 2000; Doll, 1996; Elliott et al., 1997; Ervay & Roach, 1996; Fullan, 1992; Glatthorn, 2000; Gross, 1998; Hargreaves, 1997; Henderson & Hawthorne, 2000; Lashway, 1995; Macpherson et al., 1996; Newlove, 1999; Wiles & Bondi, 1993）。

　　共同的任務聲明或願景必須透過持續不斷地諮詢，進而從學校教育目的、預算分配、課程內容和設計、成員發展、學生活動方案及短期長期的計畫等觀點，以確認學校的願景。任務聲明促使教育人員擁有共同的焦點，在任務聲明中應包括：原則、目的、信念，甚至是預期的行動，使教育人員能使自己更負責任。基於原則、目的、信念所建立的共識，成為學校的任務聲明。近來，對於任務聲明的建立，強調合作決定的過程。因此，至少主要的利害關係人，如教師、家長、社區人士和學生都應受邀參與任務的制定。校長有時也必須對那些脫離共同願景的人作適度的介入，由此可知形成願景是一持續的對話而非一時的事件。一旦建立此一共識，將有助於師生去除恐懼，對成員間的合作與信任而言亦非常重要，除了可以去除溝通的障礙，並能提供成員努力的方向，有助於做更正確的決定。任務聲明絕對不只是簡單的標語，而是必須明確地界定教與學過程的預期結果，強調長程的計畫，並能將焦點集中在組織與成員的發展（Ervay & Roach, 1996; Lashway, 1995）。並在願景與現實之間建立有益的緊張關係，以此任務與願景作為帶領與指引學校課程發展與努力的方向，並用以激勵教師的教學與學生的學習。

　　因此，Doll（1996）就進一步指出，作為課程領導者，一位有效能的校長應有以下的作為：㈠對於學校的未來擁有願景；㈡可以將這些願景轉化為目標和期望；㈢建立主動幫忙的（helpful）學校氣氛；㈣監控教育的進展；㈤必要的話，他們會介入以支持並做適度的矯正。

　　綜合上述可知，校長必須先基於自身的哲學觀與其對課程的觀念、定義與了解，形成其課程的立場、方向與目標，並進而能邀集相關人員共同建立學校的課程任務與願景，以作為學校課程發展與努力的指引與方向，依據學校的課程任務與願景建構出學校整體的課程架構與目標，以作為進

一步發展課程方案的依據。所以，校長對其自身所持的課程觀與意義有所了解，以作為課程領導時之參考依據，明白各種課程意義與典範的長處與限制，並據以建立符合學校特色與需求的課程任務與願景，也是校長課程領導時的重要課題之一。

四、學校、地方、國家課程的連結

學校校長在課程領導中角色是承上啟下的，必須讓課程的實施可以忠於原先的設計，同時又能作適度的調適，符合學校自身的特色和需求，使課程能在學校中落實（黃政傑，民88a）。加上有意義的改革基本上還是發生在學校層級，所以，課程工作必須統整不同層級的課程功能，包括州、學區、學校、班級。因此，校長在進行課程領導時必須重視各個不同層級間課程的連結（alignment），以使學校的課程發展可以兼顧國家和地方課程標準或方案的要求，又可顧及學校本身的需求與特色。校長在這方面必須展現其影響力，根據學校的課程願景與目標，在國家課程標準、地方課程方案的要求之下，又能尋求彈性空間，發展個別學校課程計畫，以有效連結學校、地方和國家的課程（林明地，民89；Ervay & Roach, 1996; Glatthorn, 2000）。

Schubert（1986）歸納相關的文獻與研究後發現，在有效能的學校中，校長的確會直接或間接地施行課程領導，並且可以發現校長作為課程領導者的好處，只是校長作為課程領導者或許會經歷無數的阻礙，首先，他們被視為是在學校層級中執行教育局政策的公權力，所以必須服從於形成教育局課程政策的相關社區、州政府和國家的政策。除此之外，校長也是在地方層級中與教師、學生和家長關係最密切的行政人員，他們必須成為調適政策的藝術家，可以不違背官方的法規命令，卻又能顧及情境的需求和利益。為了平衡各種不同利益團體的需求與利益，校長必須有許多的作為來形成足以讓學校正常運作的風氣，此一風氣對於學校課程會產生廣大的直接和間接的影響，上述的狀況即涉及了學校、地方、國家間的課程連結的議題。而在此三個主要層級之間的課程連結，常常會牽涉課程決定

的議題。因此，在進行課程連結時，課程領導者必須能了解各種不同課程決定的議題。

誠如黃嘉雄（民90a）所指出的，就國家、地方、學校間的課程連結而言，總會涉及課程決定的議題。就鉅觀而言，會涉及中央、地方和學校之間的課程決定分工與彼此的權責關係，其間影響課程決定的社會階級結構、深層價值體系或意識型態之研究都是進行課程領導所必須考量的；就微觀而論，校內決定體系、成員角色互動、權力運作模式和價值規範內涵等亦必須加以重視。

事實上，無論在中央集權或地方分權的課程決定體制中，都沒有人可以做成所有的課程決定，所以，在課程決定權力的運作中，一定要均衡各種課程決定層級與團體的權力，讓各個層級的課程決定人員都能參與課程的決定與改革，並做適度的分工與相互配合，且允許課程決定的分工可以做適度的調整，如此才可能釐清國家、地方和學校間的課程權責，促成國家、地方和學校間課程的有效連結。有鑑於此，黃政傑（民88b）即針對國內課程決定的幾個層級，包括教育部、地方教育局、教材研發及審定機構、教材出版機構、學校、教學團體、個別教師及學習者等，加以整併之後，具體提出了我國在國家、地方、學校等三個主要的課程決定層級及其主要任務，並指出國家、地方和學校三大層級課程決定與改革的任務有別，各司其職，且應相互聯繫，相互支援。因此，校長在課程領導時必須兼顧學校、地方和國家間課程的連結，扮演承上啟下的角色亦是校長課程領導時所必須正視的重要課題之一。

五、學校課程的管理與發展

Glatthorn（2000）指出，優質的課程對於達成教育卓越而言很重要，此一假定獲得許多研究的支持。所以，採用最佳的教學方法來傳遞貧乏的課程內容，最終只會導致更多的錯誤學習。所以，校長在課程領導時對於學校中的課程管理與發展必須特別關注，投入更多的心力來設計課程方案，以利改進教學和學習品質。

　　由上述可知，學校課程管理與發展有其重要性與必要性。雖然不必寄望課程領導者必須具備所有課程內容的專門知識，但有鑑於課程發展過程是課程領導的核心，所以，課程領導者仍必須具備課程發展過程中課程設計、實施與評鑑等方面的專門知識（Bradley, 1985）。因此，學校課程的管理與發展是校長課程領導時所必須關注的重點之一。是故，校長作為課程領導者，應能有效發展並管理學校的課程，在學校的課程方案設計方面，首先，必須能具備紮實的課程專業知識與理論基礎，因此，校長必須精通以下的三種知識：㈠內容知識：至少具有一或兩個課程領域的正規教育；㈡一般課程知識：了解課程作為一種知識領域；㈢課程和學校知識：了解課程、學校組織、社會之間的連結（Solow, 1995）。同時校長必須明確地了解課程的定義、範圍與觀念（Clifford et al., 1992; Fielding, 1990; Morrison, 1995; Newlove, 1999; Robbins & Alvy, 1995; Solow, 1995）；其次，必須健全學校課程發展組織，在課程政策小組方面，可以組成課程發展委員會，在課程方案規劃小組方面，可以組成各學科或學習領域課程研究小組，共同來研究與設計課程，根據學校的課程架構及目標，決定課程的內容與順序、設計學年或學習領域課程方案，並根據方案選擇合適的教材和學習活動，能夠加強各個課程方案間的連貫與統整。最後，能不斷對課程方案進行評鑑與反省，批判與修正，使學校課程的發展與管理能持續不斷改進，提升學校課程方案的品質（林明地，民 89；高新建，民 90；歐用生，民 89b；Bradley, 1985; Ervay & Roach, 1996; Fidler, 1997; Glatthorn, 2000; Henderson & Hawthorne, 2000; Ornstein & Hunkins, 1998）。

　　此外，Garner & Bradley（1991）更針對校長在課程設計與實施時的角色做一檢視，從校長在課程設計與實施的過程中所扮演的角色與該有的作為，實際上即在進行學校課程的管理與發展，並且構成了校長課程領導的重要面向。

㈠課程設計

校長管理的責任通常妨礙了他（她）在教學與課程方面的職責。不

過，校長仍是課程設計的關鍵人物，因為他（她）每日與師生接觸，並了解師生與現有課程間的互動。在課程設計階段，目標、學科內容、學習經驗和評鑑程序都已發展完成。在課程設計期間，校長必須承擔領導的功能，幫助決定現在與未來的需求。同時，校長也必須為設計課程的人員建立界限並應適應政府的指導方針、財源、設施設備、社區的期望、學生的需求與教師的喜好。校長同樣也扮演課程設計的激勵者，並且為了使課程設計能協調一致，應有以下的作為：1.自己與課程工作者都能分配時間進行課程設計；2.向全體成員解釋課程委員會的職責；3.提供課程委員會所需的資訊；4.為參與課程計畫的成員安排在職訓練及專家諮詢；5.訂購課程設計過程中所需的材料；6.給予課程計畫者支持與鼓勵。

(二)課程實施

在課程實施的過程中校長必須確認並計畫以下四個階段：

1. **改變**：改變是一非常耗時且複雜的過程。校長必須採用思慮周延的策略運用於課程實施中，以獲得教師的承諾，因此，真正的改變來自教師態度的改變，而非實施結果的改變。

2. **溝通**：校長必須相信開放的溝通，並且採取以下的作為：(1)使成員適應新課程；(2)讓成員了解自己的能力，並確認個人的價值與保障；(3)提供必要的時間和協助；(4)讓成員覺察到所有可取得的資源。

3. **成員專業發展**：成功地實施新課程，必須有適當的成員發展。在成員發展階段中，校長應有以下作為：(1)提供教師有關課程的資料；(2)促使教師分享並發展課程實施所需的材料；(3)提供回饋；(4)修正課程的必備要件；(5)致力於課程實施過程的穩定；(6)校長與教師間必須彼此信任，並應與教師共同參與專業發展。

4. **教學規劃**：在教學規劃階段，校長應扮演協助者的角色，應採取以下作為：

(1)提供時間讓教師一起工作、計畫、選擇教材、設備、建構評鑑的工

具。

(2)鼓勵教師分享觀念與教材。

(3)提供經費支援以採買新的教材和設備。

(4)在課程實施之前提供教師新的教材並視需要定期重新訂購教材。

(5)對教師的工作展現持續的激勵與興趣。

綜合上述可知，針對學校課程的管理與發展，校長必須針對學校的課程設計與實施有妥善的規劃，諸如：學校課程發展委員會、各學科或學習領域的研究小組之成立與有效運作，加上學校本位的課程發展精神，校長必須分配時間並參與學校課程發展，爭取必要資源，提供必要的資訊與諮詢服務，改變成員態度，充分溝通，促進成員專業成長，做妥善的教學規劃，以利學校的課程管理與發展，而這亦是校長課程領導的重要課題之一。

六、教師專業發展的規劃與倡導

教師專業發展是校長有效課程領導的重要關鍵，所謂沒有教師專業發展就沒有課程發展（黃光雄、蔡清田，民 88；歐用生，民 89a）。因此，規劃與倡導教師的專業發展對於課程領導的成效有關鍵性的影響。Hargreaves（1997）就指出，教師在專業上若要有發展就必須要有新作為，這些新作為主要包括：㈠可自我調整的專業（self-regulating professions）：使教師得以知道高品質教與學的核心並且可以設定、維持並持續尋求提升實踐品質的方法；㈡持續學習的記錄：使教師擁有高品質的學習經驗與機會；㈢堅強的專業社群：使教師間不再孤立，而是能與同事團隊合作、彼此信任、相互支持並能有具體的專業學習創舉；㈣視察加上檢核：使教師除了需要外部嚴苛、公平、客觀、講究績效的檢核外，更重要的是內部自我的評鑑與檢核，促使教師判斷與學習；㈤教師研究：使教師避免因外部的檢核而必須大費周章蒐集資料應付檢核，而是能透過研究隨時蒐集資料，作為例行工作的一部分，並且藉由研究促使教師可以自我反省，不斷創發、改進與調適；㈥專業學習的支持：除了校內同仁的學習之外，教師

也必須有機會與他校的教育夥伴觀摩學習。因此，除了學校本位的專業學習，區域性的專業學習網絡，甚至於全國性的專業學習網絡都必須加以建立，以充分支持教師的專業學習。

　　Gross（1998）也指出，在課程領導中，教師專業發展的主要特質與活動：

㈠高度的專業標準：從事持續不斷地學習；持有高度的個人期望；展現充實的內容知識；擁有各種教學模式的技能；超越今日的成就；著眼於大處。

㈡致力於與同事間長時間的合作性工作：早到晚退；在新觀念的可能性中尋找動機；在均衡且是結果導向的團隊中工作。

㈢內部創新（Intrapreneurism）：源自一九八〇年代企業界的概念，意指公司應更有彈性、更開放以從本身員工的創造中獲益。主要的作法包括：創造新方案以促使課程願景向前邁進；遵循實驗和評鑑的邏輯過程；參與共同管理；慎重地採行共同管理；協助共同管理系統更加成熟；利用共同管理系統發展新的課程觀念。

㈣致力於專業發展：熟悉相關新技術；增進內容知識；學會何時以及如何統整學科。

　　因此，教師必須不斷地在職進修，以促進持續性的專業發展，尤其在課程方面，教師應致力於專業發展，熟悉相關新技術、增進內容知識、學會統整不同學科，因此必須安排研討的機會，以重要的課程教學問題為核心，並辦理跨科目或跨年級的研究，同時也應提供專家學者的詢諮服務（林明地，民 89；黃政傑，民 88a；甄曉蘭，民 90；蔡清田，民 89；Doll, 1996; Ervay & Roach, 1996; Glatthorn, 2000; Gross, 1998; Henderson & Hawthorne, 2000）。

　　此外，值得注意的是有效能學校的特徵之一即是有充分的成員發展，然而在職訓練必須能符合教師的需求，且能在合作的教育環境之下，交換教學心得與技巧，教師和行政人員必須一起進行在職訓練方案，並提供充分的成員發展機會以幫助他們未來的發展，鼓勵行政人員與教師反省其實

踐。且教師的專業發展已由只重視知識的複製、記憶與一致性的「專業訓練模式」，逐漸轉變成為強調教師承諾、投入、自我研究及應用專業知能的重要性之「專業發展取向」，同時強調知識是個人的，並著重教師間工作的連結（Eisner, 2000; Sergiovanni, 1995a）。

綜合上述這些教師專業發展的新作為，以及主要的特質和活動可知，校長課程領導時規劃倡導教師專業發展活動以符合教師專業上的需求是相當重要的一項課題，藉由教師專業發展活動與在職的訓練或進修，增進教師在課程設計、發展、實施與評鑑等方面的課程專業知能，以及教師間團隊合作與共同管理與決定的能力，倡導教師進行行動研究或課程實驗與研究，亦是校長課程領導所必須重視的重要課題之一。

七、學生進步的評估與監控

課程領導之主要目的在於發展設計優質課程，進而提升學生的學習品質，所以，透過對學生學習表現與進步情況的評估，有助於了解課程發展與設計的品質，並能作為進一步修正課程設計與發展的參考。因此，監控與評量學生的表現與進步情形，可以提供相關訊息改進課程與教學，豐富課程內容，滿足學生的需求，矯正學生學習，提升學習成效（Bailey, 1990; Bell & Ritchie, 1999; Bradley, 1985; DfEE, 2000; Fidler, 1997; Harrison, 1995a; Krug, 1992; Sergiovanni, 1995a）。

有鑑於學生進步情形的評估與監控，對於改進課程與教學品質的重要性，因此，校長在課程領導時必須加以重視。並採更系統化、更精確的評量程序，能以較大的彈性順應學生的差異，並在考量學生的能力、需求與興趣之後，使學生參與更有意義的學習。評量的依據應包含各層級及知識、技能、態度各方面，學生的年齡與能力標準。此外，亦應有詳細的檔案資料以作為追蹤測量並判斷個別學生在獲取知識、技能、態度方面的進步情形，且重點應置於課程內容中的高層次技能，因此，問題解決思考過程及知識的創造應賦予最高的優先性，如此促使教師必須促進學生實現潛能（Dimmock & Lee, 2000）。

此外，在有效能的學校中，學校能夠提供豐富的學業方案，以幫助學生發展並提供完善的學業方案為基本目的，同時強調高層次的認知目標、透過多樣的選擇提供豐富的環境、主動的合作課程方案、提供深度的內容取材範圍、適度監控學生進步情形並提供回饋，進而提供能促進學生學習的教學，教師與行政人員深信所有學生皆能學習也能自我負責，並相信自己影響學生學習的能力。教師能夠傳達他們對學生的期望給學生，也能提供有焦點有組織的教學內容，順應學生的需求，預知並矯正學生的偏見，並採用多樣的教學策略（Sergiovanni, 1995a）。

是故，校長在課程領導時，應建立評鑑與評量進步情形的結構，並使之成為一項不斷循環的任務（Wiles & Bondi, 1993）。所以，評估並監控學生進步的情形亦是校長課程領導必須重視的重要課題之一。

八、學校課程專業文化的塑造與變革

學校組織與文化是使新課程落實的土壤和養分，決定課程改革與領導的成敗（歐用生，民89a，民89b）。因此，課程領導者對於學校課程專業文化的塑造是非常重要的內涵。課程領導者必須塑造開放的學校文化、促進教師間的團隊合作、對話討論、分享與創新、反省實踐，批判思考，不斷地考驗課程的實踐及其合理性。因此，塑造學校課程專業文化不是只在提高學生的學業成績，而在強調思考的心智、強烈的自我概念以及民主的價值。不是由上而下，相當強制的決定與處置，而是共同慎思、共同決定，不斷地反省實踐和教師研究成長（歐用生，民89a，民89b；Henderson & Hawthorne, 1995）。因此，學校應成為一關懷的專業社群（Sergiovanni, 1995a）。

由於學校是保守而穩定的制度，易於抗拒改革（Eisner, 1995），加上課程是複雜、充滿問題、有時是混亂未決的，面對這樣的情境，成功的校長必須能了解這樣的複雜性，並有能力加以反省，尊重教師意見的表達，提升主動問題解決的能力，強調不斷反省批判，促進成員間的合作與持續對話，並能加強成員間縝密的籌畫與慎思（deliberation），進而使成員間

形成一種同僚合作的專業社群。而這其中成員的合作對話與創新批判，是不可或缺的要件。尤其在民主多元的社會中，校長必須致力於參與支持性的對話，並發展可信賴的專業主義，引導原本常處於孤立狀態的教師，察覺一起努力以建立專業社群的必要性，進而創造關懷、有創意、批判與成長的專業文化（Henderson & Hawthorne, 2000）。讓教師學習在不斷對話中形成共識，尊重容忍差異，並能分享多元的觀點，也是校長在課程領導時所必須關注的。

因此，學校必須發展持續創新的氣氛，建立一創造、考驗、評鑑新觀念的循環，維持有活力但卻合理的改革步調，設定實際可達成的目的，與成員、家長和社區維持密切關係，持有核心的願景（Gross, 1998）。同時有必要塑造積極主動、合作團結的組織文化與氣氛，促進成員的專業成長、支持並充分信任成員，以建立課程發展的持續性。這種合作、創新、反省、批判的學校文化，就如同 Henderson & Hawthorne（1995）所主張的轉型課程領導，希望透過慎思的藝術（deliberative artistry）、教學的想像（pedagogical imagination）與批判反省（critical reflection），進而培養學校教師的專業文化與合作氣氛，透過從根本的文化轉型才能改變學校這種超穩定的狀態。

綜合上述可知，由於學校穩定的特性，欲使課程與教學能不斷地改進，校長在領導時，塑造與維持合作、分享、關懷、對話、反省、批判、創新學校文化，學校成員之間共同形成學習社群，關懷的專業社群，促進每位成員間的專業成長與對話，同樣是校長課程領導時所必須正視的課題。

九、學校組織結構的再造與重組

新課程的落實要能嵌進學校的組織和結構之內。改革課程若無法同時改革組織的制度特徵，將流於表面或無疾而終（歐用生，民 89a）。同樣的，課程領導如果在傳統的學校組織結構中運作，必定會因為缺乏彈性而處處掣肘。所以，必須重建學校組織結構，讓學校中每間教室都是課程實

驗室，學校成為教育論壇、學習型組織、教育社區、課程改革中心和道德中心。因此，學校中的權力關係必須由控制轉為共享（歐用生，民89b）。

　　在上述的前提之下，學校領導者必須採取集體行動以改變或重新設計那些阻礙改革的組織結構。這必須觸及向外擴展社區、共享資訊、要求輸入、取得支持（Henderson & Hawthorne, 2000）。因此，學校的組織結構必須朝向 Brooker et al.（1999）、Elliott et al.（1997）、Macpherson et al.（1996）所主張的幾個方向來加以改造，分別是：㈠分權式的課程委員會結構；㈡行政支持創新；㈢公開透明的課程決定過程；㈣擁有課程探究與爭辯的機會；㈤可以協助移除種種限制；㈥成員有參與課程決定的機會；㈦開放的溝通網絡等。進而重新創造可以鼓勵與支持新文化、新社群意識的組織結構（Henderson & Hawthorne, 2000）。是故，學校所要建立的主要結構為：建立一共同管理的機制，透過區域或全國性的聯盟尋求支持，與成員共同探究其他地方的領域，發展並分享學校或學區的重要資訊，建立並支持永續專業成長的機會，與學校系統內外的人士發展正向的關係（Gross, 1998）。在這樣組織結構之下，必定有助於成員創新合作，可以彼此關懷相互支援。

　　此外，在民主開放的社會中，學校本位的預算、教師參與決定、家長的聲音與選擇、校長的增能等觀念漸受重視。學校的課程也因此需要隨著時代潮流的變遷而有所改變，只是新課程的實施必須有更具彈性與調適力的組織結構加以配合，不過，實際上新課程與學校領導、管理、組織結構等支援系統間的關係卻存在著無法搭配的重大問題（Dimmock & Lee, 2000）。

　　由此可知，目前許多學校的制度和結構必須加以調整，以打破傳統以學科為中心的組織結構設計。同時整個學校師資結構也需跟著調整，例如教師專長與教學時數，需要因應新課程結構的調整。因此，校長在課程領導時必須考量新課程的需求，除了改變組織結構外，也應根據需要研擬彈性教學時數，如此建立適當的組織並使其運作良好（吳清山，民88；林明

地，民89；徐超聖，民88）。

Doll（1996）就主張課程領導的實施必須進行學校組織的再造或重組。再造必須在若干因素上做改變。例如：教師花在特定學生團體的時間、教學團體的種類與大小、個人教學或團體教學等改變。透過重組已有一些方法產生各種不同的效果：如協同教學、教師助手、大及小團體教學、無年級的小學與中學、劃分部門的小學。重點在於再造學校成為可以增進成員發展活動的豐富性與教師教學和學生學習的效能。

是故，校長在課程領導時必須設定組織結構，以促進團隊合作（Glatthorn, 1997）。Morrison（1995）就進一步指出，學校中各種教學團隊欲有效發揮功能必須由跨科（cross-subject）、跨年段（cross-phase）、跨專門領域（cross-specialist）的成員所組成，並實際在跨科、跨年段與跨專門領域的事務中工作。計畫、組織、教學、評量、報告、評鑑與發展課程，必須打破科目的障礙，提升學生個人與社會的成長，並促進「統整的課程組織」以符合當今年輕人社會教育的迫切需要，反省學校外部「真正學習」的本質。跨課程的發展、跨科的計畫，在年段中與年段間的進展，團隊計畫與團隊教學，打破傳統一個老師一個班級的概念。

Henderson & Hawthorne（1995）也在論述轉型課程領導者應有的作為時指出，為了促進教師進行批判式的反思，轉型課程領導者會積極爭取經費花錢幫老師找代課，讓老師有時間進行對話。教師因此有時間與同學年或不同學年間有一學期聚會一次的機會，進行意見交流與對話，但在聚會之後應有實質的結果，看出對話的成果。此外，尋求批判反思與對話的時間與空間，有時會採用放學後聚會的形式，建立互信的批判反思的氣氛。

由此可知，校長在課程領導中必須針對課程發展與實施的需要適度地調整學校組織結構，以增進課程改進與實施的效能。雖然學校行政組織結構的再造有時會涉及法令的規範而在實行上有所困難，但校長在課程領導時一方面可以主動爭取相關法令的鬆綁，一方面則可針對法令沒有明文規定不可調整的部分，根據需要，創造更大的彈性空間，而這也是校長課程領導時必須關注的課題之一。

十、資源的爭取與支持

　　成員的發展與課程的發展有密切的關聯，課程發展則需要決策者在時間與經費方面的充分支援（Ervay & Roach, 1996）。因此，課程領導者必須提供教師實施新課程所需要之物質的、環境的、心理的、社會的支持。此外，想要提升學校課程發展的品質，鼓勵教師進行課程研究、課程實驗與教材研發或製作，都是不可或缺的要項，但促使教師投入研究發展教材則需要充裕的經費來支援（黃政傑，民 88a）。校長在課程領導時，必須領導學校教師致力於改進教育的經驗，例如採用有別於傳統教育的教學方式來進行教學，並取得校長和家長的支持與認可，則校長必須加以支持並同意分配經費、設備給這些老師、提供到他校參訪的時間、參加講座以獲得專門知識、進行相關教育研討會（Henderson & Hawthorne, 2000），所以，校長必須作為資源的提供者（Smith & Andrews, 1989）。

　　因此，校長若將課程視為學校文化的中心，就會尋求經費、中央政府的支持或參與大學的研討會，尋求大學及其他資源，提供諮詢服務。此外，針對學校所面對的課程問題，同樣也需要時間對有關課程的重大事項與問題解決作深度的討論，校長就能提供領導計畫尋求經費以支持校內（on-site）研討會。某些校長也充當資訊的中間人以幫教師取得有關的研究、實踐的說明書與其他地方的方案，促進參訪其他學校或班級，並舉辦非正式的聚會使教師能與他人分享實踐或方案的心得。時間對批判和創意的課程工作是很重要的。所以，有創新的管理時程表、尋求額外的經費，或主辦非正式的聚會以提供慎思的時間（Hawthorne & McConnell, 1995），都是校長課程領導時所必須考量的重要課題之一。

十一、社區參與和公共關係的發展

　　就社區的參與和資源的爭取而言，Hargreaves & Fullan（1998）主張學校必須整合社區的力量或資源，從以往的「與外界築起圍牆」，現在必須打破圍牆，建立與社區連結的橋樑。與校外建立積極正向的關係並非很順

暢，此需要兩方面的努力，一方面需要教育人員能抓得住校外的個人及團
體之承諾與想像，一同支持教育的目的與熱誠；另一方面，必須開放心胸
並對這些外部團體有寬容的精神。所以，最能有效增進學生學業成就的學
校，除了內部能夠合作以外，也能著重外部架構與期望的參與和影響，使
外部的機構幫助學校將焦點集中在學生的學習上。

　　此外，有效能的學校的重要特徵之一，即在於讓家長和社區參與，學
校和社區之間建立夥伴關係，並能建立各種與家長和社區溝通和合作的管
道。讓家長和社區人士參與學校的教學活動，並參與決定過程，並使家長
和社區人士成為擴展學校所有努力與作為的資源，學校在課程方面必須了
解社區的價值和目的，以及社區想要學校課程達成的目標（Sergiovanni,
1995a）。因此，校長想要發揮課程領導的功能，須集合主任、教師、學
生、家長及社會人士的力量與資源，也必須爭取社區資源，讓學校和社區
資源共享，並邀請家長與社區人士參與、配合與支援，也可結合家長和社
區人士，共同來設計、發展、實施和評鑑課程方案蒐集各種相關意見，作
為改進學校課程之參考，社區如果忽視學校在設備和其他資源上的需求，
則會削弱任務的達成，缺乏社區的支持與接受，會使學校的課程發展與實
施成效大打折扣（林明地，民 89；歐用生，民 89a，民 89b；Bradley, 1985;
Ervay & Roach, 1996; Gross, 1998; Hargreaves & Fullan, 1998; Lashway, 1995;
Lunenburg & Ornstein, 2000; Marsh, 1992; Solow, 1995）。

　　因此，課程領導者必須建立有意義的學校－社區對話之方式，讓所有
課程利害關係人間慎重而高雅的對話（Henderson, 1999），促成社區與學
校間相互的了解與尊重。由此可知校長必須具備良好的人際關係技能與溝
通技能（Oliva, 1997），能領導學校與校外社區之間發展良好的公共關
係，爭取必要的資源，整合各種勢力，促進課程活動間的持續互動，共同
為改進學校課程品質而努力。有關整個學校課程活動彼此間的關聯可由圖
2-2 看出，由圖 2-2 可知，學校的課程活動是家長、社區、學生、教師、教
育專業人員、學者專家共同持續互動的過程，因此，課程領導者必須考量
這些因素，增進社區的參與和支持，發展良好的公共關係，才能促進學校

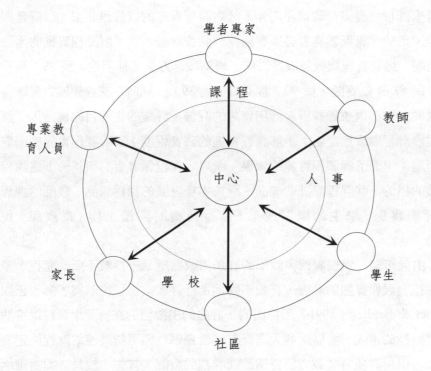

圖 2-2　課程活動的持續互動模式

註：引自*"Curriculum: Foundations, Principles, and Issues* (3rd ed.) (p.223)" by A. C. Ornstein
　　& F. P. Hunkins, 1998, Boston, MA: Allyn and Bacon.

的課程發展。

　　綜合上述可知，在民主開放的社會中，在後現代思潮的影響下，教育
基本上是一價值負載且是一道德的事業，校長作為課程領導者，如何在多
方勢力角力與多元意見和多元聲音的社會大環境中，有效溝通協調並整合
各方勢力，促進社區參與，爭取並善用各種資源，將是校長作為課程領導
者必須留意的課題之一。

十二、學校課程與教學的評鑑與改進

　　課程發展、行政管理、認可過程必須相互支援，因此必須確認有效的
監控與評鑑課程的方法（Ervay & Roach, 1996, 2001）。所以，課程領導除

了著重課程發展與行政管理之外，針對課程實施的成效也必須加以評鑑與監控。是故，課程領導者必須實施校內課程評鑑，以了解課程實施的困難與問題，確認實施績效及改進方向，規劃改進方案（林明地，民 89；黃政傑，民 88a；甄曉蘭，民 90；蔡清田，民 89）。同時，課程領導對於課程評鑑的工作必須兼顧課程設計與實施的評鑑，評鑑的主要目的包括，了解課程設計需要改良之處；了解課程實施的確實程度；了解課程實施的困難與問題；進而了解課程實施的效果。所以，課程領導者必須基於上述課程評鑑的目的，就課程設計的成品、學校本身發展的課程成品、教師的課程設計與實施、學生的學習成果，進行持續的評鑑工作（黃政傑，民88a）。

　　由此可知，學校課程與教學的評鑑與改進應是一持續不斷的歷程，學校課程發展與實施的品質，有賴不斷地進行評鑑來加以控制與了解。正如 Garner & Bradley（1991）所指出的，評鑑的主要目的在於蒐集資料以協助確定目標的達成，並協助個人進行有關合邏輯性與可辯護性的課程決定。校長可以用許多方式致力於持續改進課程的發展。首先，校長必須明確地傳達以下的期望：「所有成員對教學都是知之甚深，且校長對於教學的監督是有所助益的。」校長可以發給教師經典的閱讀材料，花時間觀察教師並討論教學問題和成就。其次，校長可以將他們對課程的期望傳達給成員。此外，成功的校長也強調學習成就並為學生設定教學目的和表現標準。換言之，校長會發現課程改進與教學改進是交互關聯的，維持課程改進的校長能與人合作、能管理衝突、能處理模糊不清的狀況。他們可以保障有意嘗試課程革新的教師。在課程評鑑中，校長若想維持動態的課程可遵循以下方法：㈠將參與者所完成的部分傳達給他們；㈡協助有系統的陳述評鑑計畫；㈢根據評鑑目的，使用多元、全面的規準而非單一的分數；㈣利用評鑑來改進課程而非用來威脅教師將來是否聘用；㈤定期詢問學生及老師對課程改進的建議；㈥從目標、材料、方法論、組織型態的觀點來利用課程修正與採用的結果。

　　綜合上述可知，校長課程領導時對於學校課程的發展與實施必須能有

效加以評鑑，並利用評鑑的結果，了解課程的品質、課程實施的成效、教師的教學效果、學生的學習結果，進而促使學校課程不斷改進，品質持續提升。因此，課程與教學的評鑑與改進亦是校長課程領導的重要課題之一。

校長課程領導的結果與評鑑

校長必了解掌握課程領導的脈絡，扮演適切的課程領導角色，採取必要的課程領導作為，進而提升課程領導的成效。有關校長課程領導的結果與成效，實有賴評鑑來加以了解，因此，本節擬就相關文獻歸納出校長課程領導的結果評鑑指標，作為評鑑校長課程領導效能的依據，以下茲就課程領導的結果與課程領導的評鑑加以分述之。

壹、課程領導的結果

Marsh（1992）指出，校長需要在「課程與教學」、「學生的表現與發展」、「成員的專業表現」、「行政與組織」、「學校設備」、「公共關係」等六方面展現其領導。上述這些校長領導的重要面向實際上也是校長在課程領導時所必須加以關注的。所以，在課程與教學方面校長必須領導成員檢核並修訂現有的學科，影響特定的教學方法，介紹新學科與新單元，以促進學生的學習表現與發展。透過成員的專業表現，健全學校的行政與組織，充實學校的設備，同時建立良好的公共關係，爭取必要的資源與協助，以充分支持課程與教學的發展和實施。有效發揮這些方面的領導，有助於提升校長課程領導的效能。

有關於課程領導的成效評估，Bradley（1985, pp.146-151）就曾具體提出了十項有效能的課程領導指標，主要包括：

一、被領導者會主動尋求課程領導者的協助：如果成員在課程決定的過程中，不是基於組織正式結構的要求必須邀請課程領導者參與，而成員仍邀請課程領導者列席提供指導與建議，則表示課程領導是成功的。

二、課程文件品質具有一致性：課程領導者精通課程發展過程的技術與知能，以提供教師課程發展時必要的協助。但本質上有效的課程領導著重在激勵的過程，而非內容的知識。所以，有效能的課程領導者不在具備所有學科的專門知識，而應重視每一學科的課程發展過程，以使所有學科的課程文件品質有一致性。

三、教師樂於參與課程委員會的運作：教師必須樂於參與課程委員會的運作，尤其是資深教師也習於投入課程發展的過程，同時教師將參與課程委員會的運作視為一種榮耀。

四、能與有關人員進行溝通：課程領導者可以向受課程影響的不同群體的人員解釋課程。因此，必須向教師及教育人員解釋課程如何有效在班級中實施，並利用書面或口頭等多樣的方式向大眾溝通課程事務，以化解歧見與衝突，降低誤解。

五、具有明確的工作模式：課程發展必須分配固定的時間。課程領導者要求更多的時間只會視為是缺乏組織。因此，必須建立明確的工作模式，以確保投注在課程發展工作上的時間達到最多。

六、能快速組織工作小組完成任務：如果課程發展過程中並沒有充裕的時間可以來研擬適當的策略，課程領導也必須能快速組織工作小組，並演示適切的行為，並希望能影響工作小組成員有效完成任務。

七、能將課程所有權轉換給校長和教師：在課程發展中，課程文件常與課程領導者的任期共存亡。此意謂著課程的所有權（ownership）並未轉移到班級教師或學校校長身上。所以，課程領導者若能將課程的所有權從本身轉移到學校的教師或校長，則屬於較有效能的課程領導者。

八、能有效地解決課程問題：即使再好的學校都會面臨課程發展的問題，但當問題出現時，課程領導者必須樂於且能夠參與問題解決的過程。

九、能善用專業知能而非權威：有效能的課程領導者所應倚重的是由知識、

理解、領導、傑出的人格特質所構成的人格參照權和專家權力,使人願意向他尋求協助,因此,課程領導者應善用這樣的權力,而非只是依賴法職權。

十、能運用多元的領導型態:有效能的課程領導會依時間的充裕與否、情境的特質、人員的特質採取不同的領導型態。

綜觀上述 Bradley 所提出的這十項有效能的課程領導指標可知,實則涵蓋了權力與領導的運用、課程發展的品質、成員的參與和投入、專業知識與技巧的具備、組織的運作與任務的達成等面向。

然而,誠如 Gross(1998)所指出的,課程領導是一複雜的歷程,因此必須能依有條理的步驟來進行,成功的課程領導必須能有紮實的學理基礎,考量成員的安全感、需求與滿足、士氣,並能選擇可供依循的方向能設計完善的課程計畫,選擇適切的課程內容。同時也必須促進行政人員、教師與社區家長共同合作參與,不斷學習與發展,進而能克服各種可能的混亂與問題。

由此可知,課程領導是教育人員間互動的歷程,這些教育人員能充分了解學生所應知道的是什麼,並能依據合適的範圍和順序來建構學業方案以有效連結外部的期望和學生的需求。因此,課程領導必須能了解外部的期望和學生需求,為學生發展設計優質的課程,校長應在實施課程時給予充分的支持,協助內部確認課程有效性,並在監控新課程的使用上扮演重要的角色,同時必須從學生往後學習獲得成功的觀點,隨時評鑑課程實施的效能。因此,校長必須與教師和社區家長一起合作努力,進行有關課程與教學的改進,以達成優質的學生學習(Ervay & Roach, 2000)。

綜合言之,課程領導應是「優質的課程」(quality curriculum)、「充實的教學設計」(solid instructional design)、「有效的學生學習」(effective student learning)的綜合體。所以,課程的品質、教學的成效、學生的學習即構成了評鑑課程領導結果的三項基本要素,並配合課程實施的結果與成員的滿意度以作為領導功能的發揮。以下進一步歸納出課程的品質、學生的學習成果、教學的成效、課程實施的結果、成員的滿意度等五項校

長課程領導結果的指標，茲分別說明如下：

一、課程的品質

課程領導者必須善盡督導課程發展與實施之責，讓學校成員了解課程發展是持續不斷的歷程，而不是可以速成的例行公事（方德隆，民 90；Bailey, 1990）。學校因而必須選擇或建立具體的課程計畫，並依循各種可能的路徑，無論學校是採用（adopted）現有的課程，或者是逐漸發展（evolved）或發展自身的課程，這都是一長期而辛苦的工作，沒有任何簡單的方式。課程領導者領導學校發展課程計畫，除了必須符合政府的規定外，也必須關心學生高水平的學習。因此，課程計畫必須能反映科際整合並能伴隨各種技能與個別領域內容知識的發展，均衡地結合各種學科。同時，基於共同的價值觀與哲學理念，選擇課程內容（Gross, 1998）。所以，擬定完善的課程計畫，促進課程不斷發展，改進課程品質是成功課程領導者所不可或缺的要項。

綜合言之，校長課程領導時必須能領導成員進行課程設計與發展，或者是能適時選擇合適的教材以供教學之用，這都與課程的品質有密切的關聯，也是校長課程領導成效的重要面向。若以教科書的選用為例，能依照時程選定教科書、選出的教科書能合時且教師使用後的評價不錯，或者是能隨課程的需要採買地圖、實驗設備、教科書、電腦等，對教學預算的有效管理、提供成員機會來設定有關預算的優先順序，有助於確保教材的選擇是適合於課程的需要（Pajak & McAfee, 1992）。這都能具體看出課程的品質優劣，同時也是評鑑校長課程領導效能的重要指標之一。

二、學生的學習成果

Bailey（1990）指出，課程的品質與學生的成就有密切的關聯。因此，除了課程的品質之外，學生的學習成果也是判斷課程領導的重要指標之一，而學生學習成果了解則有賴於透過評量。

Ervay & Roach（2000）就指出，教師會規劃自身的教學設計，包括所

使用的教法及教學活動，而在教學設計過程中非常重要的部分即在評量的規劃。就評量的形式而言，形成性評量的使用遍及整個教學單元，總結性評量則在展現學生確實可以表現出預期的結果。由於個別教師規劃自身的形成性和總結性評量，因此，評量的使用相當多樣，即使在同一年級或同一科目中教師間所使用的評量亦不相同。所以，個別班級中教師必須有自由和彈性空間使其教學策略更有創意也更舒暢。不過，更重要的是所有學生必須達到最終的結果，而想了解學生是否達到這樣的結果則有賴共同的總結性評量（common summative assessments）及核心評量（core assessments），許多學區都會發展這類共同的總結性或核心的評量，通常共同總結性和核心評量的主要目的有以下幾項：㈠作為內部確認有效性（validation）的工具：用以確保課程是適切的且導致學生學習的增進；㈡符合合格要件或外部所訂的學校改進法案；㈢尋求經費補助或贊助；㈣向學生與家長報告進步的情形；㈤評鑑教學成效。

　　因此，綜合上述可知學生的學習成果可透過各種評量方式來加以了解，包括在個別班級所使用的形成性的評量與總結性的評量、共通的總結性評量、標準化常模參照的評量。透過這些評量除了可以了解學生的學習成果之外，也能確保所規定的課程被有效地教導。因此，學生的學習成果亦是課程領導成效的重要指標之一。

三、教學的成效

　　Fidler（1997）、Krug（1992）從功能性的觀點來看課程領導的要素包括：界定任務、管理課程與教學、視導教學、監控學生的進步、促進正向教學氣氛。由此可知，課程領導必須兼顧課程、教學和評量的連結，其中課程是學習方案、教學是如何與學生共同理解學習方案、評量即如何幫助學生了解他們的進步及達成方案的情形，因此，「課程」（Curriculum）、「教學」（Instruction）和「評量」（Assessment）即構成了「CIA橡皮筋三角」（The CIA rubber band tiangle），形成了一三角平衡的動態系統，不應將三者視為孤立的要素，而應將此三者視為調和的系統以提供行

動更大的彈性空間（Gross, 1998）。

綜合上述所言可知，課程的品質、學生的學習成果都是重要的課程領導效能指標。有鑑於課程、教學和評量是構成課程領導「金三角」的要素，因此，教學的成效也應列為校長課程領導效能的重要指標之一。

四、課程實施的結果

根據 Ervay & Roach（2000）的看法，學校層級的行政人員必須能協助監控課程實施的過程，並確保新課程已被有效地教導。此外，行政人員必須接納、支持並實施課程協調委員會的決議，採用最佳的策略以利課程與教學的發展、實施、評鑑和管理。所以，在學校選擇、設計、發展、決定課程之後，為了使課程方案得以落實，必須監控課程實施的結果。

因此，Henderson & Hawthorne（2000）也指出，轉型課程領導的評鑑必須同時針對課程設計、課程計畫、課程落實與實施、學生學習成果等面向加以評鑑。是故，優質的課程必須透過有效而充實的教學將課程內容教導給學生，同時也必須透過課程實施將課程計畫付諸行動，以縮短理想與現實間的落差。校長在進行課程領導時，必須考量課程實施的面向，領導學校成員在相關的課程規定與原則之下，仍能依據情境需要做適度的調整，甚至創造新課程方案。課程實施成果良好，才可能將課程計畫加以落實。因此，課程實施成果亦是校長課程領導成效的重要指標之一。

五、成員的滿意度

課程領導者若要有效組織與實施課程領導，必須提供成員舒適、安全的環境，不斷進行溝通協調，增加成員的參與感和成就感，主動協助成員進行課程發展與設計，並幫助成員解決問題，同時發揮領導的功能，以專業知能和才德來影響成員，而非完全以職務權威來管理控制，使成員能有自主彈性的空間，發揮專業來設計發展或選擇適切的課程（Bradley, 1985; Gross, 1998）。因此，上述這些領導的作為都有助於提升成員的滿意度。

此外，為了能有效了解課程領導的結果，蒐集成員對課程的實施與使

用之滿意度資料亦是相當重要的參考依據之一。因此,可透過問卷調查、訪談等方式累積、綜合並以圖表呈現有關現在所使用的課程之資訊,以了解成員對現行課程品質與實施的滿意度,並確認問題之所在(Ervay & Roach, 2000)。

綜合上述所言可知,了解成員在課程發展過程中成員間以及成員和領導者間的互動情形,成員對組織文化和氣氛的滿意程度,成員在課程發展方面的成就感,以及對課程品質與實施方面的滿意度等資訊,透過多樣的資訊蒐集管道,蒐集上述各種成員滿意度的資訊。因此,評估成員的滿意度,亦是了解校長課程領導效能的重要指標之一。

貳、課程領導的評鑑

為了了解校長課程領導的優劣得失及其成效,有必要不斷進行評鑑。Bailey(1990)就指出,課程領導者相信自我改進、成員發展以及視導可以作為教學領導改進的工具,有效能的行政人員或課程領導者必須認清成長與變革是專業發展的本質部分,系統化的自我分析、成員發展方案、上級的持續視導,都是使行政人員成為更好的課程領導者之工具。因此,課程領導者必須重視課程的評鑑與視導,利用課程視導監督課程實施,分析教師教學效能,監督學生的學習成果,並利用與學生成果有關的評量資訊,改進課程及教法。

Bradley(1985)則指出,在課程發展過程中也必須重視課程的計畫、實施與評鑑。針對課程評鑑,主要仰賴課程領導者來執行此項工作。所以,課程領導者必須擁有課程評鑑的專門知識。在評鑑階段,必須能勇於承認先前努力的可能錯誤、弱點與短處,最後並能設定改進日期,進而符合評鑑的要求。可見評鑑對於課程領導的改進有其正面意義與功效。

Henderson & Hawthorne(2000)則是從轉型課程領導的角度,強調轉型課程評鑑必須針對課程設計、課程計畫、課程落實、學生學習及其他成果等面向加以評鑑,並且必須管理一份完整的課程評鑑計畫。而在課程設

計、課程計畫、課程落實、學生學習及其他成果的評鑑中都關注「誰來做成評鑑的決定？」、「要回答什麼樣的問題？」、「如何蒐集並分析資料？」、「採用哪些規準來詮釋並判斷資料？」、「誰來分析資料、作判斷，並利用判斷的結果？」等幾項問題。所以，校長在針對課程領導的脈絡因素、角色、過程及結果亦可參照這幾項問題來進行評鑑。

綜合言之，為了更有效了解校長課程領導的脈絡因素、課程領導角色、課程領導的作法、課程領導的成效，因此在這些不同的課程領導階段中都必須進行評鑑工作。這些評鑑工作，就評鑑目的而言，可以是形成性的評鑑，以了解課程領導過程中脈絡、角色、作法之缺點所在，作為改進修正之依據，同時也可以是總結性的評鑑，以了解課程領導的成效，作為比較、選擇和推廣的依據（黃政傑，民 76）。而形成性評鑑通常是以內部人員為主，而總結性評鑑則以外部人員為主，前者形成所謂的內部評鑑，後者形成所謂的外部評鑑（黃光雄、蔡清田，民 88），此外，校長也應進行自我評鑑，反省改進自我的課程領導。

本章小結

　　本章主要在探討校長在課程領導方面的重要課題，這些重要課題的範圍包括了影響校長課程領導的脈絡因素、校長課程領導的角色、校長課程領導的重要任務與課題、校長課程領導的結果與評鑑。

　　就影響校長課程領導的脈絡因素而言，主要包括了「環境趨勢」、「制度結構」、「學科性質」、「學校文化」等四個因素。校長必須能針對這四項脈絡因素進行評估，以了解其所處的背景狀況。

　　就校長課程領導角色而言，校長必須隨不同階段與不同情境，扮演合宜的課程領導角色，這些角色主要包括了：趨勢與新興議題的感知者；課程任務與目標的制定者；課程事務的協調者；課程發展的管理者；成員進修的帶動者；課程評鑑的實施者；課程改革的激勵者；課程專業文化的倡導者；各種勢力的整合者。

　　至於在校長課程領導的任務方面，則主要包括了：學校環境脈絡的掌握與了解；校長課程領導角色的界定與覺知；學校任務與願景的建立與設定；學校、地方、國家課程的連結；學校課程的管理與發展；教師專業發展的規劃與倡導；學生進步的評估與監控；學校課程專業文化的塑造與變革；學校組織結構及再造與重組；資源的爭取與支持；社區參與和公共關係的發展；學校課程與教學的評鑑與改進。

　　最後，校長課程領導的結果與評鑑方面，主要係指校長實施課程領導的結果及其評鑑。在課程領導結果方面，主要包括了：課程的品質、學生的學習成果、教學的成效、課程實施的結果、成員的滿意度等五項重要的指標。在課程領導的評鑑方面則是在

針對校長課程領導的脈絡、角色、作為、結果所進行的形成性與總結性評鑑。

第三章
校長課程領導的學理基礎㈠

　　校長的課程領導雖然是一新興的學術研究領域，然而有關校長為何要實施課程領導，事實上有其學理基礎與理論依據。本書從哲學、心理學、行政學、政治學、社會學等方面的理論來分析課程領導的理論依據。透過這些學理的分析，以闡明並確立課程領導的理念。本章為校長課程領導學理基礎的第一部分，先從哲學、心理學的角度來分析課程領導的理論依據。全章共分兩節，第一節為課程領導的哲學分析，主要在說明課程領導者形而上的哲學觀與價值觀，如何應用至課程任務與願景的制定，以顧及學習者的需求，引導學校課程設計與發展的方向，指引學校課程內容與實施，以達成培養學生成為有用公民之目標；第二節為課程領導的心理學分析，旨在探究課程領導者在領導與管理學校課程時，如何提升學生學習動機，促進學生學習改進，滿足師生及社區的需求，並開展學生的多元知能。

校長課程領導的哲學分析

有關宇宙的特性、學習者的本質、知識如何發生、最值得學習的學科與知識等方面的議題，都深受不同哲學思想的影響。因此，探究課程領導時，實有必要分析課程領導者的哲學觀與價值觀，以釐清課程問題與爭議所在，正確指引學校課程發展的方向，並透過哲學的分析了解學習者的本質，滿足不同受教者的需求，進而訂定適當的課程任務與願景。本節首先論述哲學思潮導引並影響課程領導的發展方向；其次，探討哲學與課程領導概念整合的情形；最後，再就哲學理念在課程領導上的應用情形，作一分析與論述。

壹、哲學思潮導引並影響課程領導的發展方向

一、哲學構成學校課程之最根本基礎

施良方（1999）在論述哲學對課程之影響與啟示時指出，哲學是學校課程觀的最根本基礎，相較於社會學與心理學等其他基礎學科，哲學還是根本中的根本。哲學可提供知識來源、認識過程、知識類別、價值取向等方面的觀念。就知識的來源與認識過程而言，哲學中關於認識的來源和知識性質的觀點，對課程理論和實踐，尤其是課程設計的模式，有直接的指導作用，對知識來源與性質的看法，會導致不同的課程設計模式；就知識類別而言，哲學認識論中有關知識的形式與分類的觀點，在學校教育中則反映在課程的類型與分類；就知識的價值而言，哲學的認識論中有關知識價值的問題之探討，對課程內容的選擇與組織關係甚大。

此外，Tanner & Tanner（1995）在論述影響課程發展的決定要素與來

源時指出，在教育過程的脈絡中以哲學作為標準，則課程發展過程中交互影響的決定因素包含：目標、學科內容、教學方法與組織、評鑑。課程發展過程中各種決定要素間的交互關係可如圖3-1所示，由圖3-1可知，哲學居於教育過程與課程發展過程中目標、學科內容、教學方法與組織、評鑑等決定要素的中心，且這些目標、學科內容、教學方法與組織、評鑑是彼此互動的且相互依存的。課程目標的來源也應被視為是互動的，並應依社會的變遷、外在環境的要求、新知識世界的產生、考量學生的本質及民主社會的理想等觀點來詮釋與因應這些變革。上述的這些情形都有賴教育哲學加以規範，並由教育過程加以驗證。

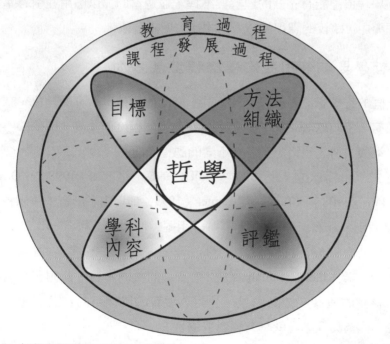

圖 3-1　哲學在課程發展過程中的地位

註：修改自 "*Curriculum development: theory into practice* (3rd ed.) (p.239)" by D. Tanner & L. Tanner, 1995, Englewood Cliffs, NJ: Prentice-Hall, Inc.

　　事實上，哲學的確是居於課程的中心，因為由個別學校及其主管機關所倡導或反映的哲學觀，會影響學校課程的目的或宗旨、內容及其組織。

通常學校反映各種不同的哲學，這些哲學即增加了校內課程的活力。研究哲學不僅可以更加了解學校及其課程，同時也有助於處理個人的知覺、價值與信念的問題，因此除了有助於了解自己亦可指引發展的方向，讓我們能以更全面的觀點來看待生命及其所衍生的問題（Ornstein & Hunkins, 1998）。

綜合上述可知，哲學是學校課程的最重要根基，藉由哲學的分析與探討，有助於學校及課程領導者對於知識的來源與性質、認知的過程、知識的選擇與組織有更清楚的認識，同時有助於學校課程目的、宗旨、內容與組織之選擇，實是指引課程領導方向的一項重要基礎。也唯有對哲學這項重要的學理依據能有充分的理解與掌握，並適當的加以應用在引導學校的課程領導中，學校的課程領導方向才能更明確有效。

二、哲學思潮導引並影響課程發展方向

不同的哲學思潮對於教育的目的、知識的價值、教育的角色、課程的焦點都有著不同的著重點，其間也存在著不同程度的差異。而依據不同的哲學思潮與派別，也衍生了各種不同的課程取向。

黃光雄和楊龍立（民 89）、Doll（1996）、Gross（1998）、Ornstein 及 Hunkins（1998）、Tanner 及 Tanner（1995）都提出了影響學校課程的重要哲學派別，雖然所歸納的種類不盡相同，但大致上可分為以下六種派別：

㈠永恆主義（the Perennialists）：強調人的共同本質，目標在培養並發展孩童的理性與知識力量，並認為教育的終極目的在於其絕對普遍性，因為真理本身就具有絕對普遍性。

㈡理想主義（the Idealists）：堅信實體（reality）只有被經歷過才存在。學習是在追求人性的發展，而非只是自我的顯達（self-aggrandizement），因為昨日與今日的真理是相同的，教師應作為真理的楷模及永恆的德行，所以，就理想主義而言學習是真理與美德的實現。

㈢實在主義（the Realists）：所關注的是理念的世界及普遍所接受的學

科內容的固定事物，如事實、閱讀技巧、科學與數學的確切性、各學科的根本要素。該學派強調理論和原則傾向先學習經驗，應用或實踐隨之。他們相信有價值的知識會被蒐集、組織，並以合理的形式加以系統化，再傳遞給年輕一代使他們變得有教養，因此這樣的知識得以被保留下來。

㈣實用主義（the Pragmatists）：強調知識並非一成不變的，在變遷快速的世界中，教師今日所教導的一切在明日不一定是有效的，所以會考量普遍變遷的事實。因此，這派的學者想要使所教導的一切能與孩童周遭的環境與經驗產生關聯。所以，想要教給學生的是如何思考而非思考的內容。課程所強調的是學生中心，內容應是能促使學習者探究並付諸行動。

㈤重建主義（the Reconstructionists）：所持的是應成為再造社會的先鋒，所以教師如果需要的話應打破傳統以重新建立文化。他們視人類文化的遺產可用來作為進一步探究與行動的工具，以作為人類努力達到自我實現的目標。因此，尋求引導學習者進行理性的討論與議題的批判性分析，並強調學生、家長與社區人士的參與，以充分整合社會、政治與經濟的資源。

㈥存在主義（the Existentialists）：期盼孩童自我抉擇，並能從權威中解放出來。因此，教師應幫助學生發展自我的認同並設定自己的標準，拒絕依附課程指引、內容綱要及其他系統化學習的文件和工具。簡言之，存在主義主張解放孩童，讓他們做自己的主人。

上述這些哲學派別彼此之間的著重點或有不同，但彼此之間仍難免互有重疊之處。若進一步將歸納合併則永恆主義、理想主義、實在主義則可歸類為「傳統論者」（traditionalists）（Doll, 1996; Ornstein & Hunkins, 1998）；而實用主義、重建主義、存在主義則可歸類為「當代哲學」（Ornstein & Hunkins, 1998）或「進步主義論者」（progressivists）（Doll, 1996）。因此，若只在考量此兩種主要的哲學觀點，舉例而言，在思考「課程應該是什麼？」時，則分別可從「傳統論者」及「進步主義論者」

的角度觀之，其中「傳統論者」堅信知識及智慧的永恆真理是由過去的先知所提出的，因此，應提供固定或標準的課程以滿足孩童的需求，而較不考慮暫時性或地域性的問題；「進步主義論者」亦是重建論者，強調根據他們自身的設計以重新改造課程及世界，因此進步主義論者係以提供教育革新為榮。因為兩種哲學觀之基本立場的差異，以至於在教育的宗旨、權威與自由的議題、學科內容的採用都有所不同（Doll, 1996）。

綜合上述之論述可知，不同的哲學派別，不論是採較細的分類或採較廣的分類，都可看出不同的哲學派別對於學校課程發展的方向都有著不同的影響與指引作用。身處於不同的哲學思潮之下，學校的課程也就會有所不同。但不同的哲學其方式與著重點或有不同，但卻都有著共同的目的——教育學生成為良善的公民，促進個人與社會不斷地成長與進步。課程領導者應能充分掌握各哲學派別的重點與限制，釐清自我的哲學觀與價值觀，引導學校課程的發展朝正確的方向發展。

貳、哲學與課程領導的概念整合

有鑑於哲學是構成學校課程的最根本要素，並能影響學校課程發展的方向。課程領導若要能有效的實施，必須確實建立良好的哲學理論依據。換言之，課程領導的理念若要能深入落實，必須能建基在周延而適切的哲學理論基礎上。哲學與課程領導的概念整合，可由以下兩方面加以探討：

一、哲學思潮影響課程領導者理念的形成

不同的哲學思想對課程知識與內容的選擇就有不同（施良方，1999）。根據上述對哲學派別與思潮的探討可知，不同的哲學思潮確實會影響課程領導者對於課程的目標、活動、內容和評鑑，課程中所隱含的知識觀與學習觀等方面的理念與見解。例如，永恆主義、理想主義及實在主義所代表的傳統哲學思潮，較強調心智訓練，重視古典文雅學科的重要性。所以，也就較重視學科結構的課程及回歸基本能力的課程，其所代表

的是學科中心課程及教師中心課程的理念；而實用主義哲學、重建主義哲學、存在主義哲學所代表的當代哲學、進步主義哲學或所謂的建構論的哲學思潮，則較強調任何知識都包含有行動的因素，把學生的實際經驗與課程聯繫在一起，關注學生自己的行動，因此，課程必須能讓學生基於他們已知的部分來建構自身的知識，並能將知識用在決定、問題解決與判斷等有目的的活動上。同時，課程也應能引導學生進行理性的討論與議題的批判性分析，其所代表的則是學生中心或社會中心的課程理念（李子健、黃顯華，民 85；施良方，1999；黃政傑，民 80；Doll, 1996; Eisner, 1994; McNeil, 1999; Ornstein & Hunkins, 1998; Posner, 1992）。

所以，哲學在過去、現在及未來對課程與教學所作的決定和選擇都有重要的影響力，這些影響可能是外顯的，也可能是潛在的，課程領導者可能自知也可能不自知，自己是居於某一哲學理念來進行課程內容的轉變與選擇（Posner, 1992）。不過，可以確認的是，不同的哲學思潮確實深深影響著課程領導者教育理念與課程觀的形成，在課程領導者建立教育與課程願景，訂定課程目標與實踐策略時，這些不同哲學思潮即會產生外顯與潛在的影響力。或許影響課程領導者的哲學思潮不只一種，可能同時有多種不同的哲學思潮，交錯影響著課程領導者在課程決定、設計、發展、實施與評鑑時的種種作為。因此，不斷反省並了解各種哲學思潮的理念、課程觀、學習觀，實有助於課程領導者形成自身獨特的教育與課程領導理念。

一、哲學理論指引課程領導歷程的發展

哲學的影響是多面向的，有助於課程工作者指引自身的意圖，並使其意圖更加具體明確，進而能將其意圖發展成為有用的構念（Doll, 1996）。誠如 Ornstein & Hunkins（1998, pp.31-32）所指出的，哲學可以提供課程領導者一個架構以決定教育目的、學習內容及其組織、教與學的過程、學校及班級中所強調的經驗與活動。更具體的說，哲學可以指引更具體事項的決定，如教科書的選用、如何利用認知與非認知的活動、該指派什麼樣的家庭作業，份量該有多少、如何測試學生，測驗的結果該如何利用、該強

調什麼樣的科目或學科內容；同時，哲學可用以決定課程的宗旨、手段與目的的規準。課程宗旨係基於哲學信念所作的價值聲明；手段所代表的則是可以反映哲學選擇的過程和方法；目的則包含哲學本質上所認為知識或學習行為的事實、概念與原則。

再者，就哲學與課程領導者的關係而言，哲學成為指引行動的原則，對於課程工作者而言，將自己的哲學與信念視為是可重新檢視的主題，隨時接受事實或趨勢的挑戰。相對地，課程工作者若缺乏任何哲學指引或猶豫不決，則是反映出缺乏對某套價值系統的承諾。因此，具有一套個人哲學，將之視為暫時的或可以依據事實與證據加以修正對課程領導者而言是很重要的。因此，哲學在課程領導中的功能可被知覺為：課程發展的基礎或起點，並和課程發展中的其他功能交互依存。就 J. Dewey 的觀點而言，哲學不只是學校的起點，同時對所有的課程活動都非常重要；在 R. Tyler 的課程架構中，哲學是選擇教育目的的五大規準之一。哲學試圖界定良善生活與社會的本質，且民主社會中的教育目的應是強調學校強烈的民主價值；J. Goodlad 則認為先建立何謂教育的共識，就可確認學校的目的，接著就可追求課程的哲學、宗旨與目的。忠於國家與充分實現自我是課程專家所共同追求的目標，因此教育是一種個人與社會的成長，是一種永不停止的過程（Ornstein & Hunkins, 1998）。

綜合上述的分析可知，哲學理論對於課程領導歷程的發展具有重要的指引功能，透過哲學理念的引導不只有助於課程領導者建立合宜的課程宗旨與目標，採取有效的手段與方法，同時也有助於課程領導者不斷反省與釐清自身的信念與想法，根據時代與環境的變遷，修正課程領導的理念。此對有效的課程領導歷程的發展而言是非常重要的。

參、哲學理念在課程領導上的應用

哲學的理論實有助於課程領導的有效推展，有關哲學理念在課程領導方面的應用，可由以下三點來加以論述：

一、課程領導者價值觀的澄清與自我的立論

課程領導者的價值觀與哲學觀，必須能不斷加以反省和批判。尤其在進行課程領導時，學校和學校成員的形而上哲學、認識論、道德觀、課程觀和學習觀都有必要加以了解和釐清（Martin et al., 1989）。就「什麼知識最有價值？」及「如何培養學生成為有用的公民？」等重要哲學的議題，不同的哲學派別間顯然有不同見解。課程領導者及不同成員的價值觀或許相同，也或許有所衝突，但每個人或多或少，或外顯或潛在地受到不同哲學思想所支配。如何在不同哲學觀的共識與衝突之間，不斷討論與對話，反省與批判，進而使課程領導者的價值觀得以澄清是非常重要的，而哲學即有助於課程領導者價值觀的澄清，並能了解衝突之所在，加以釐清，以建立共識。

就「什麼知識最有價值？」而言，現象的知識與本質的知識、科學的知識與日常的知識、零散的知識與系統的知識、經驗的知識與理論的知識、感性的知識與理性的知識、學科的知識與跨學科的知識、具體的知識與抽象的知識等這些不同知識（施良方，1999），孰輕孰重，所代表的皆是不同的哲學理念與價值觀，也形成不同的課程領導理念與價值。

就「如何培養學生成為有用的公民？」而言，如 Popkewitz（2000）所指出的，改革課程必須能造就堂堂正正的公民，這種公民具有理性的力量、對於美好的事物具有敏感度、具有高尚的道德特質。同時，現今美國的改革將建構論的教學具體表現在教學與師範教育中，主要是有關重新改造教師與兒童的信念與秉性，教學的策略包括具有問題解決、知變通、能合作的個人，以造就可以自我管理的個體，此種建構論的哲學理念正主導美國的課程與教學。由此可知，不同時空背景之下，總有一種或數種主流哲學思潮主宰學校教育的理念、課程與教學的設計、實施和評鑑。面對不同的哲學理念，課程領導者如何調適並融入個人的哲學觀與價值觀，進而修正或改進學校教育與課程的目標與理念，是課程領導者必須藉由哲學的思辯與指引不斷地加以澄清。所以，透過對自我課程哲學理念的省思，課

程領導者能對自我理念的選擇有所知覺，且能形成自我的內在立論，進而散播自己的哲學理念與價值觀，而不會只是流於遵循政令或追逐流行而已，一旦政令改變或流行熱潮一過，造成自己調適的困難（Henderson & Hawthorne, 1995）。

綜合上述的分析可知，課程領導者價值觀的澄清與自我的立論有助於課程領導能有所堅持，也有所調適和修正，透過堅實的哲學基礎與思辯，有助於課程領導達成上述的目的。

二、受教者與社會需求的正確評估

哲學賦予我們決定與行動意義，缺乏哲學的指引，教育人員易受到外加的規範、流行、權威機制等之影響。在決定我們的實體觀、什麼樣的知識和價值觀最有價值，一般的教育決定與特殊的課程決定等方面，哲學都有其普遍性的意涵。少有學校採用單一哲學，實際上，絕大多數學校是結合各種不同的哲學理念。此外，也不應以單一哲學作為學校與課程領導的單一指引。但所有的哲學派別都只有一個共同的目的，即想要改進教育過程、提升學生成就、造就更好更有生產力的公民，進而改進我們的社會。因為這些哲學派別有著不同的實體觀、價值觀和知識觀，對於如何達成上述的目的也難有共識。我們所需要的是審慎的學校哲學，在政治與經濟上是可行的，且能滿足學生與社會的需求（Ornstein & Hunkins, 1998）。是故，學校的教育與課程必須能在不同哲學理念的指引之下，正確評估以符合學習者與社會的需求，把握學習者的特性與本質，掌握社會變遷的趨勢，提升學生學習的成效。

綜合上述所言，正確評估學習者與社會的需求是課程領導的重要工作。不論採取何種哲學理念，了解學生的需求，提供良善、正確、符合正義公平原則的教材讓受教者學習，使其潛能得以充分開展，進而促使社會能夠不斷進步，是民主化課程領導所必須重視的。

三、合宜課程任務與願景的訂定

　　課程領導者必須了解他們必須持續面對各種不同的課程決定，哲學對於這些決定而言是很重要的。雖然少有學校仔細探究他們的課程與學校哲學或任務聲明間的關係，造成教師和行政人員計畫並實施一長串而大量的行為目標，但卻無法考量到整個學校的哲學（Ornstein & Hunkins, 1998）。學校因為缺乏合宜且整體的任務與願景的訂定，時常造成課程任務與願景無法落實。因此，課程領導者必須提供協助以發展和設計合宜的學校課程任務與願景，並使之能與學校和社區所秉持的哲學觀一致。教學、學習和課程彼此交織在一起，應能充分反映學校的整體哲學。

　　因此，課程領導者必須統整出學校整體的哲學理念，訂定合宜的課程任務與願景。正如 Henderson & Hawthorne（1995）在《轉型課程領導》一書中所指出，轉型領導是在統合不同觀點，促使我們倡導一種課程實踐的形式，以包含不同脈絡中的各種團體和個人，投入獨特的反省實踐的形式中。「轉型課程領導者」必須引導他人作更高層次的判斷與自我管理，而非只是從控制的觀點觀之。亦即，「轉型課程領導者」必須激勵他人投入持續成長的生活方式中。

　　支持轉型課程領導活動的主要哲學理念主要係以：㈠ M. Greene 所主張的具有民主理想的多元社會中，為自由所作的教育。這種教育主張人類的自由沒有終點，也沒有完成之日。多還要更多，永遠有可能性，也為追求更多的自由提供更多開放的空間；㈡ J. Dewey 所提出的這種民主成為一種生活方式的信念，透過持續的探究使民主被實踐成為生活的道德方式。

　　依據這樣的哲學理念，轉型教育方案包含了以下的持續過程：㈠合作地想像在民主社會中學生的最佳利益為何；㈡從共同建構的願景之觀點批判地檢測現行的結構、方案、實踐和成果；㈢以一持續反省探究的精神，有創意地落實修正的結構、方案、實踐；㈣批判地評量這些課程與教學落實的結果（Henderson & Hawthorne, 2000）。

　　綜合上述基於這種民主、自由、開放的哲學理念之下，透過合作、持

續探究，共同建構教育與課程的任務與願景，並在實踐的過程中，不斷地批判、評量與修正教育和課程的願景。由此可見，轉型課程領導的落實需要教師、教授、學生、家長共同努力朝向解放的建構論創制進行（Henderson & Hawthorne, 1995）。透過合作、反省、探究、批判、修正才能訂定出合宜的課程任務與願景。

第二節

校長課程領導的心理學分析

　　心理學的觀點有助於課程領導者掌握學生與教師的動機、興趣、態度、能力、性向等方面的特性。同時也有助於課程領導者釐清學習特性及學習過程，因此從心理學的觀點，課程領導者可以掌握學習方面的有關知識，安排良好的學習環境，領導設計和發展符合學習者需求的課程，同時也能考量學校教師與成員的需求，提供適當的組織環境與氣氛，提升成員的工作動機與成就感。本節首先論述心理學如何有助於提升課程領導成效；其次，探討心理學與課程領導概念整合的情形；最後，再就心理學理念在課程領導上的應用情形，作一分析與論述。

壹、心理學有助於提升課程領導的效能

　　心理學對教育工作最大貢獻在於其對教育對象提供了心理成長與行為發展的認知，幫助領導者更有效協助學生及成員進行最有利的學習與教學。所以，心理學實有助於提升課程領導的效能。

一、心理學成為課程思想與行動之基礎

　　心理學的原理及研究成果，常常被用來作為各種課程抉擇的依據，同時心理學提供了學生心理發展順序、學習動機、認知策略、興趣和態度等

方面的研究成果（施良方，1999）。心理學基礎也將持續成為課程思想與行動的主要基礎（Ornstein & Hunkins, 1998）。有關兒童如何成長與發展？學童間的共同差異為何？學習者的資料如何在課程計畫中加以利用？心理學對於學生的學習方式之論述為何？對於課程的改進，心理學提供了哪些觀點？上述的這些問題都是在進行課程決定及領導時所必須討論的幾項心理學基本問題（Doll, 1996）。

　　此外，心理學亦提供了解教學和學習過程的基礎，唯有學生學會並了解課程內容，獲取知識加以運用時，課程才真正具有價值。因此，課程領導必須應用心理學的原理原則，以使學校課程的發展與設計能符合學習者的心理需求與動機。再者心理學是學習過程共同要素，構成學習方法、材料和活動的基礎，也是許多課程決定的動力（Ornstein & Hunkins, 1998）。所以，心理學是課程設計與發展過程中一切行動與思想的重要基礎之一，把握心理學的原理原則有助於提供符合學習者需求、增強學習者動機、配合認知發展的課程內容與組織編排方式，當有助於提升學習的成效。

二、課程的設計與實施應充分開展學生的潛能

　　中國古代早已有人注意到要根據不同的年齡、學業水平安排不同的課程內容，以便取得更好的效果。西方古希臘 Plato 的課程思想反映出要為不同社會階級的人設置不同的課程，Aristotle 則是最早由心理學的角度來分析教育階段和課程的設置（施良方，1999）。心理學的研究與原理原則，其目的在於促進學生的成長與發展、學生學習的改進、動機的提升（Doll, 1996; Ornstein & Hunkins, 1998; Tanner & Tanner, 1995）。校長進行課程領導時必須重視這些目的，並依據心理學的原理原則，設計適性的課程，幫助學生充分開展潛能。

　　雖然不同心理學學派對於學習者的成長與發展，學習的本質都有其特定的主張，也帶給我們不同的啟示，但其幫助學習者充分開展潛能，並得到適性發展之目的實無二致。總括來說，心理學中有關學習的理論大致上可分為行為主義、認知理論和人本主義（施良方，1999；黃光雄、楊龍

立，民 89；Doll, 1996; Ornstein & Hunkins, 1998）：

(一)行為主義

行為主義所強調的制約、準備律、刺激、反應、習慣形成、連結、行為修正是多數教師所熟知的，行為主義主要以 E. L. Thorndike 的聯結論、I. P. Pavlov 的古典制約論、B. F. Skinner 的操作制約論為代表，在一九五〇年代之後行為主義的觀念深深影響學校生活與課程計畫的實施。行為主義者所倡導的課程計畫包含了增強學習的順序與機會。此外，行為主義論者相信課程應加以組織，使學生得以有效地精熟學科內容。雖然，不同的心理學派也有同樣的觀點，但主要的差異在於行為主義論者的途徑，更加具有規範性與診斷性，並仰賴逐步的與結構化的學習方法。不過，行為主義最常受到的批評則是太過機械化了，且人類的學習包含複雜的思考過程，此遠遠超過反應制約與操作制約。

總之，行為主義在課程設計時有以下的重點：在課程與教學方面強調行為目標，在課程內容方面強調由簡至繁累積而成，並強調基本技能的訓練，主張採用各種教學媒介進行個別教學，提倡教學設計或系統設計的模式，主張開發各種教學技術；贊同教學績效、成本－效益分析和目標管理等作法。

(二)認知理論

強調人類在認知、社會、情緒、生理、精神等方面的發展，如 J. Piaget 的認知發展理論，主張兒童發展有連續階段，透過同化（assimilation）與調適（accommodation）不斷取得認知基模的平衡，在同化時新經驗得以同化至原有基模中，反之基模則因應新經驗而出現更改與調適；J. Bruner 則主要討論個體在知識的取得、轉化與評鑑過程中的主動角色，經由發現學習滿足其好奇心及內在動機，在課程設計時強調螺旋式課程組織方式，以使知識結構適合人的直覺思考；此外，亦有論者被歸類為「認知－訊息處理理論」（cognitive-information processing theories），從與整體環境的關係來看學習者，並考量學習者應用訊息的方式。不過，認知理論經常招致

太過鬆散、自由與隨興的批評。

　　總之，依據認知理論的觀點，應期盼學生想要學習並知道如何學習，學校應成為可能促使學生開發其潛能的處所。讓學生得以更主動參與學習課程內容是應用認知論設計課程所著重的重點之一，對認知論者而言，每一位學習者必須參與創造意義，這樣的學習只有在新學習與先備知識產生連結才可能發生。每一學科都有其自身的問題解決方法，且不同問題解決技巧適用於不同的科目或學科，也適用於不同年級。

　　此外，認知心理學也著重學生認知結構的重建或重組，因此必須先按照學生的年齡來闡述學科的知識結構。課程設計時必須思考最佳的學科知識結構。其次，必須重視學生的認知結構，所以，課程內容必須與學生既有的知識結構聯繫起來，以產生有意義的學習；最後，訊息處理理論強調長期記憶中已有訊息的處理；課程必須按照一定的結構來呈現，以使訊息和長期記憶中的相關記憶產生連結；短期記憶的記憶廣度和容量有限，所以，課程內容應勿超過短期記憶的容量。

㈢人本主義

　　人本主義主要是從現象學及人文主義的立場出發，現象學論者仰賴觀察人類整體經驗的資料，以了解人的內在世界，包括我們的渴望、慾求、情感、知覺和理解的方式等；人本主義論者則認為人是宇宙中的主宰，並將焦點集中在以溫馨、關懷、尊重等各種不同方式來幫助人開展潛能，以達自我實現，兼顧個體身、心、社會及認知等方面的需求。因此，這兩種理論經常是情意教育或有關情感、態度和自尊的教育，也經常用來澄清價值。現象學與人本主義論者通常由整體性的途徑來論述有關知覺重組、自我實現、需求層次、自我應驗及學習自由等概念，這些概念與完形理論（the Gestalt theory）和 K. Maslow 和 C. Rogers 的理論有密切關聯，提供了另一種不同於行為主義與認知理論的視野。不過，太過強調真誠感，常造成其概念不夠明確，且過度強調學生學習的自由，常遭致過度放任主義的批評，且太重視情感與個人自我實現，而易給人過於主觀與理想過於崇高

的印象。

　　總之，人文主義心理學所關注的並非學生學習的結果，也不是學生學習的過程，而是重視學生學習的起因。因此，課程內容並不重要，重要的是引導學生從課程中獲取個人自由發展的經驗。所以，學生的自我實現才是課程的核心。此與行為主義所強調的，課程是要教學生學會知識技能；認知心理學所強調的是教學生學會怎樣學習有所不同。人本主義心理學所著重的是提供學生一種促使他們自己去學習的情境，重視學生認知、情意和行動的整合。因此，課程目標在於培養完整的個人，課程內容必須與學生的基本需求和生活有密切關係，強調認知、情感與行為的整合，並由師生共同參與，共負責任。

　　綜合上述所言可知，不同心理學派雖然方法與焦點有所不同，但充分開展個體潛能，提升學生學習成效的目的卻是相同的，因此，課程的設計與實施應把握心理學所提供的原理原則，適應學生普遍與個殊的需求，充分開展學生的潛能。

貳、心理學與課程領導的概念整合

一、課程領導可充分應用心理學的原理原則

　　施良方（1999）指出，無論如何界定課程，課程必然涉及兩個心理學的要素：首先，課程工作者必須了解學生對課程理解的情況，進而對課程內容作更有效的組織；其次，課程工作者必須了解課程必定涉及某種學習和發展的模式，心理學對課程的影響是一種非常錯綜複雜的關係。不過由於課程與心理學關係的密切，心理學對課程也必定產生相當程度的影響，其主要的影響包括：

　　㈠儘管課程目標的實質內容主要基於社會、政治、經濟制度、哲學思想
　　　等方面的考量而制定，但心理學原理有助於我們在確定目標時採用什
　　　麼樣的形式來表述或確定目標能夠達到何種程度。

㈡課程內容的選擇和組織方面，心理學通常被視為最有用的一門學理基礎，其應用在課程選擇與組織時的原則能考量如何提升學生的學習動機、如何促使學生主動參與，及如何促進學生思考。

　　由此可知，心理學在課程的目標、課程內容的組織與選擇等方面具有重要地位。這也是為何Tyler在論述課程目標的來源時，就將心理學視為重要的過濾網之一，並能利用學習心理學幫助課程發展人員選擇適當的學習歷程，促進學生的行為改變，並確認某一年齡階段可以達到哪些目標，還可提供學習與發展的程序，作為安排課程的參考，並且有助於了解達成某些課程目標所需具備的先決條件（黃光雄、蔡清田，民 88；黃政傑，民80）。

　　綜合言之，心理學所提供的原理原則是課程目標、內容選擇與組織的重要參考依據，因此，課程領導可充分應用心理學所提供的原理原則，配合學生的身心、認知與社會發展，制定合宜的課程目標，選擇並組織安排適當的課程內容，增強學生的學習動機，促進學生思考，提升學習成果，如此才能展現課程領導的效能。

二、心理學有助於落實課程領導的目標

　　整個課程領導的過程所進行的課程目標制定、課程發展、學生學習的評量與改進、課程內容的組織與選擇，都與心理學的原理原則有一定的關係。尤其是教育心理學其主要的功能在於協助教師了解兒童行為發展的特徵，再依據學生起點行為的需求，研擬課程與教學目標，選擇並組織學習經驗，分析學習困難，進行學習評量與診斷補救教學（吳清基，民 79）。除此之外，課程領導過程中，也應重視教師的工作滿意度，激勵教師的士氣，提升教師的工作成就感（吳清基，民78）。

　　因此，課程領導者若能整合心理學的知識技能，用以訂定合宜的目標，設計發展適切的課程，激發學生的學習動機，提升學生的學習成果，增進教師在課程設計發展與實施方面的成就感與滿足感，確實有助於落實課程領導的目標。是故，對於課程領導的過程進行心理學基礎分析，實有

其必要性。且課程領導者透過課程心理學基礎的省思，的確有利於課程領導者意識到自己所依據的各種心理學原理原則，進而了解各心理學原理原則彼此間的衝突與互補之處，更有效地解決課程問題。

參、心理學在課程領導上的應用

課程領導的主要目的乃在領導發展與設計高品質的課程，提供良好的教育環境，進而提升教師的教學成效與學生的學習成果。因此，課程、教學與學習都是課程領導的重要目標，而這些目標亦是心理學的焦點所在。所以，應用心理學理念以推展課程領導實有必要。綜合言之，心理學在課程領導上的應用主要有以下三方面：

一、學生成長的追求

學生的成長與發展，學生學習的改進，動機的提升，是課程領導時必須考量的重要課題。Doll（1996）指出，心理學的學習理論在課程設計時應用得很普遍，學習理論的核心議題主要包括：㈠學生可以學習什麼？因應社會與時代的變遷與科技的發展，課程計畫必須針對這些變遷不斷地加以改變，而非只是再學習成人過去在學校中所學習的內容；㈡動機如何產生？主要在激發內在動機，教師可以透過對學生的興趣和激賞，或給予學生自信和成就感來達到激發學生內在動機的目的；㈢概念發展的本質：概念的學習與發展並非只靠記憶，更重要的是如何在日常生活加以利用，並能產生有意義的連結。學習時必須認清此一概念發展的本質才能讓學生可將一些相關的事實連結一起。

根據這些核心議題可知，學生的學習內容必須與時俱進，並能激發學生學習的內在動機，主動學習，最後必須讓學生能將所學活用到日常生活中。如此，才能促進學生不斷地成長與發展，有高度的學習動機，不斷地改進自己的學習結果。

為了達成上述的目的，一位有抱負的課程領導者應熟知心理學的學理

基礎，同時也應了解能幫助教師有效實施課程計畫的各種學習理論。根據
這些心理學基礎及學習理論，在進行課程領導時可以把握以下幾項原則：
提供多樣的學習經驗、給予直接的教學、鼓勵精熟學習、更有智慧地利用
時間、幫助學生學會思考、鼓勵真實的學習、符應不同的學習型態、合作
學習、強調學習的獎勵（Doll, 1996）。

二、成員滿意度的提升

　　人性化學校環境的營造，有利於成員需求的滿足，更有助於工作動機
的提升。因此，課程領導者必須充分給予教師增能，並授權教師作某些重
大的決定，可增加教師的成就感與參與感。促使學校多點生氣與不平凡，
讓學校成為真正人性化的機構（Doll, 1996）。所以，領導者必須由「權力
掌控」（power over）變成「權力共享」（power with），由角色責任的分
化，轉變成為多元且重疊的角色，從平行的、分離的工作轉向共同問題解
決，共同支持，共同決定，合作式行動研究與專業社群建立（Bascia &
Hargreaves, 2000; Henderson & Hawthorne, 2000）。

　　這種合作、支持、參與決定的人性化環境有助於滿足成員的需求。所
以，Doll（1996, p.95）便將心理學應用在合作式的課程決定，即是心理學
應用在課程領導之上的一項例證。在合作式的課程決定中，首先，為學生
設定符合心理學基礎的教育方向，根據心理學所提供的原理原則來選擇及
設定學習目標；其次，為學生選擇並組織學校的經驗，主要依據教育心理
學的發現，所建議用以選擇教育經驗的一些規準；最後，在追求卓越時也
應顧及公平。

　　綜合上述所言可知，心理學原理原則在課程領導上的應用，應根據心
理學的原則，營造人性化的環境，授權並讓成員參與決定，提高成員的滿
意度，如此也能提升課程領導的效能。

三、課程妥善的規劃

　　重視學生的成長與發展、學習動機的提升、學習品質的改進，進而使

學生潛能得以充分開展，是心理學所重視的目標，也是學校課程的規劃與設計應努力的方向。為了達成上述的目標，近年來多元智能（Multiple In-telligences）的概念日漸受到重視，並極力推動啟發多元智能的教育經驗。學校能否成功地實施多元智能，其中最重要的因素就是校長和老師相信每個學生都有其特長，不僅都能學習也都能成功，當一個校長或老師有這樣的信念時，就能接受每個人都有不同擅長智能的可能性，學校無論在課程、學習、教學方法，還有評量的方式等，都會運用不同智能的管道來激發學生學習，也會讓學生接觸各種不同領域的知識與提供各種智能領域的楷模。此外，學校也會以視覺表演、環境、媒體或其他各種藝術，來豐富學科的教學，統整學生的學習（吳靜吉，民90）。

所以，學校教育必須能安排充分的機會，讓學生透過多元的管道釋放出學習的潛能與創意的表現，學校的課程設計與教學實踐也必須揚棄傳統學科本位的課程概念與知識傳遞的教學觀，發揮課程統整的理想及知識建構的教學理念，讓學生在學校的學習能夠產生經驗的統整、社會的統整及知識的統整，進而激發多元智能的發展（甄曉蘭，民88）。

綜合上述的分析可知，學校在課程的計畫與管理方面，應用心理學的原理原則，並符應多元智能的理念，必須能評估了解每位學生的長處與弱點，設計多樣的課程與教材內容，讓每位學生發揮其優勢智能來進行學習，並規劃較長的課程時間讓學生能運用多元智能主動建構知識，統整學習經驗，並透過正式或非正式的學習社群，彼此觀摩學習，增進教學與學習效果，而這也是課程領導的目標與應有的理念。

四、學習進步與結果的評量

根據心理學的原理原則，人需要被獎賞與增強，藉由獎賞與增強可以獲得物質與心理的滿足，而提供成員與學生心理成就滿足的機會，則能促使個體獲得自我實現與潛能開展目標的達成。

此外，除了提供學生與成員心理成就滿足的機會外，為了提升學習動機，評估學生進步的情形，有必要不斷地評量學生的學習成果，作為改進

教學與學習的依據。而評量學生的學習成果，可採用多元智能的方式，讓學生利用不同的智能來學習任何課程內容，同時也讓老師思考如何讓自己的教學方式有別於傳統智能的教學方法，使學生能利用不同智能，並發現能讓學生利用自己長處來進行學習的方式。根據多元智能的理論，每個學生都有自身的長處，教師的職責即在於確認並培養學生的這些長處，利用多元智能有助於學生發展他們的才能，並增加學生成功的機會（吳靜吉，民 90；Hoerr, 1998）。因此，為了評量學生的多元智能，必須在評量時採取更彈性、更變通、更多元的評量方式，強調動態的歷程（簡茂發，民88），讓學生能以多種方式來呈現其學習成果。如採取實作評量（performance assessment）、檔案評量（portfolio assessment）、設計一個實驗，並撰寫研究報告、表演展示等方式來呈現並反思整個學習成果。

　　綜合上述所言可知，心理學之中強調自我實現與潛能的開展，成就感的滿足是促使個體達到自我實現的重要手段，因此，課程領導應用心理學的這項原則時應滿足教師與學生的需求，增加成員成功的機會。有鑑於多元智能評鑑與評量的方式，有助於了解學生的潛能，並能有效評量學生學習結果與進步的情形，增加學習的多樣性與學生成功的機會。因此，在結果評量時可採多元評量的方式，將評量結果作為改進課程、教學與學習的參考依據。

本章小結

　　本章為校長課程領導學理基礎的第一部分，主要在探討校長課程領導的哲學與心理學的學理基礎。全章共分兩節，第一節為課程領導的哲學分析；第二節為課程領導的心理學分析。

　　首先，就課程領導的哲學基礎而言，主要在說明課程領導者如何應用哲學理論與思潮，澄清自身的哲學觀與價值觀，並促進自我的立論。進而正確評估受教者與社會需求，以顧及學習者的需求；訂定合宜的課程任務與願景，引導學校課程設計與發展的方向，指引學校課程內容與實施，以達成培養學生成為有用公民之目標。

　　其次，就課程領導的心理學基礎而言，主要在探究課程領導者在領導與管理學校課程時，如何應用心理學的原理原則，提升學生學習動機，促進學生學習改進，滿足師生及社區的需求，進行妥適的課程規劃，評量並開展學生的多元知能。

第四章
校長課程領導的學理基礎㈡

　　本章為校長課程領導學理基礎的第二部分，分別從行政學、政治學、社會學的角度來分析課程領導的理論依據。全章共分三節。第一節為課程領導的行政學分析，旨在闡明課程領導過程中，如何進行有效的行政管理與組織結構再造，兼顧學校課程設計、發展與實施，以有效達成教育與課程目標，並能建立課程與教學的評鑑網絡，以提升學校教育的效率效能；第二節為課程領導的政治學分析，旨在探討課程領導過程中，學校組織功能如何有效地發揮，充分連結國家、地方與學校的課程，發揮學校課程特色，進行有效的課程與教學管理，妥適地均衡學校課程決定與教材選用過程中，相關勢力的影響與權力分配，進行最適當的課程決定；第三節為課程領導的社會學分析，旨在論述課程領導過程中，課程領導者如何爭取資源，支持學校發展課程，鼓勵社區參與，爭取社區與家長的支持，運用終身學習的理念，促進學校成員的發展。

校長課程領導的行政學分析

　　行政學的研究主要目標在於促進有效的組織運作與提升組織的效能，以提升工作效率，追求績效目標，進而能兼顧組織效能和個人效率，在學校要求達到教育目標的同時，也能滿足個人學習需求（吳清基，民 79）。課程領導除了有課程方面的理論基礎外，另一方面領導的理論基礎亦是重要的要素之一。而領導理論是行政學中的一項重要面向。歷來行政學對於組織中領導效能的發揮多所著墨，加上行政學中除了領導以外，有關決定、組織思想、溝通、組織文化、評鑑視導等主要內涵，事實上與課程領導中的領導理論基礎，有著密切的關聯。由此可知，行政學亦是課程領導的重要學理基礎之一。尤其近年來企業組織管理與公共行政累積了相當多有效的領導與管理的見解、理論與實務，常為教育行政學借用，並加以應用至教育行政機關和學校組織的領導與管理。是故，探討行政學的理念及其最新發展，實有助於課程領導概念的釐清與實質的改進，除了可以幫助課程領導者了解如何進行有效的行政管理與領導，以達成教育與課程的目標，增進課程實施的成效，並滿足個人的需求。因此，本節首先論述透過有效的行政管理，促進課程目標達成與成員滿足；其次，探究行政學與課程領導概念的整合情形；最後，針對行政學的理念在課程領導上的應用，作一析論。

壹、有效的行政管理，促進目標達成與人員滿足

一、行政的目的在促使課程目標達成，滿足成員需求

　　教育行政學者都主張，所有行政與管理的目的，都在服務與支援課程

與教學（王如哲，民87；吳清山，民89；謝文全，民86）。而行政學中有關組織思想的研究，主要強調應重視正式與非正式組織的運作，應兼顧組織目標與個人需求的滿足，並能依據組織的實際狀況，酌情權變；行政學中有關作決定理論的研究，則強調作決定的合理性原則，並重視作決定時應兼顧事實層面與價值層面，以作出最適合的決定；行政學中有關領導理論的研究，則主張領導者應發揮個人良好的領導特質，依據實際的領導情境、任務要求與成員屬性，知所變通酌情權變，以兼顧「關懷」與「倡導」的領導行為，提升行政領導績效；行政學中有關溝通的理論，強調透過正式與非正式溝通，直接與間接溝通建立組織成員相互了解與互助合作，並可增進組織成員間相互的人際關係，有助於組織一致性行動的展開，進而實現組織目標（吳清基，民78）；行政學中有關組織文化的研究，則強調建立適當的行為規範、追求卓越的行為期望、善用組織的典禮和儀式、關懷成員的生活及工作情況、增進成員的合作與參與、給予合理的獎勵與升遷，進而能指導成員行為、激勵成員士氣、增進學校效能（吳清山，民87）；行政學中有關評鑑的研究，則主張透過自我評鑑、交互觀摩評鑑、評鑑小組評鑑等診鑑方式，以診斷並改進學校組織的缺失，維持學校組織的水準，提升學校組織的績效（吳清山，民89）。

　　近年來的教育改革運動都要求學校領導者必須是專家與有效率的管理者，同時也必須是有創意、能關懷、可積極回應的領導者。學校校長的角色也經常被界定，並期望其領導地位對整個學校的風氣與氣氛能具有影響力（Macmillan, 2000; Pillow, 2000）。由此可知，領導者所進行的一切行政管理與領導作為，除了要求有效率地達成組織目標，同時也必須展現柔性關懷的一面，滿足成員的需求。事實上，行政管理的目的主要都應以課程與教學的需求為依歸，同時透過組織、決定、領導、溝通、組織文化、評鑑等行政學的核心理念，也都在促成課程與教學目標的達成，營造人性化的組織環境與文化，滿足成員的需求。

二、新興的行政管理典範帶給課程領導新的視野

隨著工業化的路徑，學校必須回應效率、理性、秩序和成本效益等制度的需求和要求。因此諸如：學校本位管理、全面品質管理、持續的品質改進等企業界的運作模式都被用來進行學校改革（Pillow, 2000）。Owens（1998, p.213）也指出，學校所需要的領導並非官僚式的命令，而是應由「從上而下」的階層管理逐漸轉變成更合作式、同僚式、參與式的領導形式。因此，學校面對新的挑戰，必須有新的領導作為，所以，除了上述行政學的核心理念主要在促使教育與課程目標的達成與成員需求的滿足以外，近年來，一些新興的行政管理典範，諸如全面品質管理、學習型組織的理念、知識管理（knowledge management）的理念與作法等，都帶給課程領導新的領導觀念和視野，拓展整個行政學領域在學校領導應用的層面與範圍。

若以近來漸受重視的建構論領導觀為例，將之與傳統的行政學管理典範相較，則可看出明顯的不同。Linda Lambert 在其所編著的《建構論領導者》一書中，在比較傳統的行政學與管理典範與建構論領導觀的差異後指出：

㈠傳統的行政學與管理典範強調：資源的分配與管理（經費、物質、人事）；訊息的蒐集和傳播；監督、評量和考核；策略性的計畫；政策及法規的發展；部門、地方和計畫的協調。

㈡建構論領導觀則強調：透過願景、價值和任務的領導；支持對話式、探究式、持續性和合夥性的會談歷程；重視團體互動、分享與反省所引發的成長與學習；培養合作式探究與專業成長的文化（葉淑儀譯，民 88，頁 196-199）。

由上述的差異可看出，建構式領導促使學校領導不同於傳統的領導方式，而更加強調協調合作、成員能力的建立、彼此互補、會談、關聯、領導支持與授權、彼此互惠。學校是屬於較階層化的組織，這種支配和控制的結構一直被視為是有效率的組織。不過，這種傳統的組織理論與領導方

式，與建構論的領導方式大異其趣。因為，傳統的領導或組織理論所強調的是客觀主義的哲學，秉持的是化約論的立場，著重在機械性的、靜態的、獨特的、階層的、操縱的、方向的，及可預測的假設；而建構論的領導及轉型的領導則較著重動態的、魅力的、包含一切的、參與的、開放的、相互的、不可預測的，因而強調對話與故事在有效領導中的重要性，促進對話式、探究式、持續性、合夥式的會談。因為對話、故事或敘事對於個人意義的建構與行為的影響非常重要，所以成員透過自身故事的講述與分享，常能引發信任與相互影響的感覺。此外，領導者先了解學校中成員所建構的現實（reality）與意義，才能對組織有更深入而充分的了解，也才能掌握成員的行為及其背後真正的意義（葉淑儀譯，民 88）。

　　綜合上述的分析可知，面對新的社會環境與潮流趨勢，行政學的管理典範也作了一些調整與創新，甚至逐漸形成不同於傳統行政學典範的新管理典範，這些新的管理典範，提供學校領導與課程領導一些新的理念，並造成一些新的啟示，若能比較參考發現一些適合於課程領導的作法與觀念，則對於開拓課程領導的視野必然有實質的助益。

貳、行政學與課程領導的概念整合

　　有鑑於行政管理有助於有效達成教育與課程目標，新的行政管理典範亦能拓展課程領導的視野，採取更適合時代潮流的課程領導作為。因此，為了有效推動課程領導，借助行政學之重要理念並加以應用，實有其必要性。而除了傳統行政學的作法與理念必須顧及以外，新興的行政管理典範由於是傳統行政管理典範的延伸、改進與創新，除了可兼顧傳統行政學的典範外，更適用於現今的組織與領導。因此，以下將就新興的行政管理典範論述其與課程領導概念的整合。

一、全面品質管理，確立高品質的管理原則

　　全面品質管理（Total Quality Management）旨在重視組織中成員相互

合作、信守品質承諾，以符合顧客需求的過程（吳清山，民89）。而在全面品質管理中，W. Deming 的組織管理理論更是全面品質管理的重要立論基礎。Ervay & Roach（1996, pp.17-25）在其所建立的課程領導模式中，即是以 Deming 的組織管理哲學作為課程領導中組織管理的理論基礎。Deming 認為學校中最重大的課程問題在於缺乏一種良好的學業方案管理（academic program governance）方法。所以，他主張必須重新思考課程發展與管理的過程，進而指出學校在發展與管理課程時可以採用的管理原則包括：

㈠建立持續長遠的目標：學校必須支持同儕發展並利用任務聲明，以增進所有教育人員的責任感。這也是許多課程理論中所提及的組織氣氛或文化的原則。

㈡致力於品質的提升，減少依賴大量的測驗：外來的測驗標準或規準只會限制教室中的課程發展。因為只有教師準備好忠於學校的課程，有效地教導這些課程，持續地評鑑學生的學習，才能確保學習方案的品質及學生的成長。

㈢去除恐懼：如果教師恐懼在課程與教學方面的結果無法達成行政的期望，將會對學生的學習產生不利的影響。

㈣減少不良的溝通：課程的連結應足以涵蓋所有的學校和年級，校際間的水平連結與學年間的垂直課程連結必須重視良好的溝通。

㈤良好的成員持續教育：成員發展活動必須根據學校的任務，因此成員發展方案必須能改進教師的專業才能，並能導致規定的課程可以有效的實施，進而能確保學生學業學習的要素。

㈥在關鍵處採取行動：應盡可能減少混淆、猶豫不決、停滯不動等不良狀況，而應有信心讓整個組織的成員共同參與決定，並依據所作的決定來行動。

㈦根據功績及表現來評鑑：雖然教育界並非依表現和功蹟來作為支薪的標準，但如果教師召集人（teacher-leaders）是被選來擔負起日常工作以外的角色，則給予額外的薪給是合理的。

(八)減少管理的流動性：人事應穩定、安定，減少流動。由於強調教師廣
　　泛的教師參與和領導，所以，學校的決定都是共同決定而來的。新的
　　行政領導者也應先遵守現存的運作程序，即使要改變也應讓自己先成
　　為現有文化的一份子之後再來進行。

(九)長程的計畫：兼顧穩定性及管理改革，所以長程計畫對學校而言，即
　　課程文件的發展、實施與效用、資源的選擇和評鑑。

(十)發展解決之道而非跟隨範例：過程與結果同樣重要，甚至於比結果更
　　加重要。由於只是去複製他人的作為並無法有效解決自身的問題，所
　　以，必須發展符合自己的解決之道，而非只是遵循既有的範例。

　　根據上述這些管理原則，可以促進教育人員間的互助合作，讓教育人
員、學生和家長之間對學校教育有明確的方向，並有更大的滿足感，亦可
增加專業信念及成員間的領導，在長期持續的原則下進行教育改進，發展
與設計優質的課程。這種追求高品質的管理原則，除了能兼顧組織目標，
亦能滿足成員的需求。在課程領導效能的提升方面，相當重要。

二、學習型組織，促進組織不斷創新

　　學校組織是一有機體，除了要適應外在環境的變遷，不斷調適外，內
部亦要經常更新，才能促進組織的成長與發展。因此，有別於傳統組織採
集權控制，成員意見難以表達，組織無法持續改進。所以，乃促使學習型
組織（learning organization）的發展。希望透過組織成員共同建立組織未來
發展目標，參與確認並解決問題，使組織和組織中的個人能彼此分享不斷
學習，並建立互信開放的溝通管道，增加成員參與機會並充分授權給部屬
（吳清山，民 89）。由此可知，透過參與、願景規劃、體驗與實踐，不斷
與組織其他成員分享經驗，互動反省，改變人的認知與感覺，逐漸將新的
價值內化至個人的態度與信念，以改變人的心智模式，形成持續性的深層
學習循環，使組織的專長累積、擴充（洪明洲，民 90）。正是學習型組織
的特質與強調重點。

　　由上述學習型組織的理念中可發現，學習型組織有關共享願景、信任

溝通、參與、改變心智模式、授權、分享學習等理念確實有助於落實課程領導，因為唯有組織與組織中的個人可以不斷地學習，才能促使組織不斷創新，實現共同的願景和目標，進而促使學校課程內容能不斷改進，並能有效解決課程問題。所以，課程領導者除了引導學生學習外，也必須改變學校成員的心智模式，領導行政人員和教師不斷進行專業成長，促使學校成為學習型的組織。

三、學校本位管理，有效回應學校課程需求

學校本位管理（school-based management）是近年來歐美學校行政改革的風潮，學校本位管理所代表的是一種權力下放的學校管理，可以增加學校自我管理的能力，透過學校行政人員、教師、家長、社區人士和學生共同參與，學校中有關經費、人事、政策、課程與教學、學生服務等重要決定，提高校務參與的層面，符合學校的特色與需求，同時也增進學校行政的效能（吳清山，民89）。

事實上，學校本位管理的精神，有助於建立切合學校特色的教育模式，並讓學校能從過去接受上級政策並加以執行的被動角色，轉變為主動調適並擁有較大的權力，進行符合學校本身需求的改革，實有助於學校效能的提升。相同的況狀也發生在課程的設計與發展方面，而有學校本位課程發展的理念，希望透過中央、地方和學校三者課程權力上的重新分配，讓學校擁有更大的課程權責，以學校為中心，利用校內和社區資源，主動從事課程設計和發展活動，完成切合學生和社會需求的課程方案和課程改革（黃政傑，民88a）。而學校本位課程發展除了可彌補全國性課程方案的缺失外，更加符合民主社會的理念，順應社會潮流的變遷，也較能展現教師專業的角色，進而促使學校成為課程發展改革的主體（張嘉育，民88）。

綜合上述所言可知，行政學中所強調的學校本位管理的理念，提醒我們必須將學校課程發展與管理回歸至學校本位課程的發展。而學校本位課程發展的理念，更是現今我國課程的重要改革方向之一，也是校長必須推

動與實施課程領導的一項重要立論依據。所以，結合學校本位管理與學校本位課程發展的理念，校長如何在民主社會的理想之下，讓教師增能，發揮專業的精神，領導學校設計發展更符合學生與社會需求的課程，以有效回應學校課程的需求，將是課程領導中所必須有的作為。

四、知識管理，促進成員知識的分享與創新

二十一世紀正處於以「知識」為核心的經濟生產時代，異於過去以土地資源為基礎的農業經濟，和以材料和能源為基礎的工業經濟。處於知識經濟的社會中，知識是一種無形的資產，為了創造知識資本和知識財富，就必須對於知識有效的管理。所以「知識管理」遂成為組織提升生產力和競爭力的重要手段之一，也是現今企業界和教育界一項重要的行政管理理念（Hargreaves, 2000）。

基於知識管理的理念，學校必須塑造合作、分享與創新的組織文化，善用支持信任的領導策略，透過顧客意見的調查，正確評估組織知識的價值，並加以整理分類，以利用資訊科技開發建立資料庫，藉由知識的創造、確認、蒐集、組織、共享、調適、使用等處理知識的過程，不斷研究創新，以達到知識的創新與共用的目的，同時也促使個人的成長與組織的進步。因此，知識管理同時必須管理人員、管理知識、管理資訊科技。學校是一個教化的場所，也是傳授知識的園地，更是專業的組織，需要管理的專業智慧，提供專業的服務。面對資訊科技和網際網路高度發達的衝擊，的確帶給學校在行政與教學相當大的壓力和挑戰，它必須力求組織的再造與革新，以及管理和營運方式的調整，才能突破現狀，追求卓越與提升效能。「知識管理」的理念與作法，正可提供學校教育一個很好省思與改進的機會（吳清山、黃旭鈞，民 89）。

學校為了達到上述知識管理的目標，領導者必須了解知識在組織表現中所扮演的角色，設定相對的機制與策略，使知識分享成為文化的價值。並致力於改變情境脈絡，幫助建立有助於學習和分享學習結果的新環境，而這有賴於學校專業學習社群的發展。在學校專業學習社群中包含五個要

素：㈠個別教師的知識、技能和素質；㈡教師間的專業學習社群；㈢課程
的連貫性；㈣技術資源；㈤校長領導。而校長的角色與領導則是前四項要
素的成因（Fullan, 2002, p.5）。

　　綜合上述可知，行政學中知識管理的理念實有助於組織中成員知識的
分享與創新，而知識創造與分享的工作是有效領導的核心，校長作為課程
領導者在知識管理的理念之下，更應應用領導策略，形成分享與創新的組
織文化，讓學校中的教師的專業與課程的知識與技能，能透過分享與討
論，不斷增長與創新，利用資訊科技傳播與散布知識，並加以有效的管
理。

參、行政學在課程領導上的應用

　　行政學的主要目的在於促進有效的組織運作與提升組織的效能，以提
升工作效率，追求績效目標，進而能兼顧組織效能和個人效率。而課程領
導的目的在於有效達成課程目標，並能滿足成員的需求，行政學中的一些
理念與作法實有助於課程領導達成上述的目標。以下茲就行政學在課程領
導上的應用分述如下：

一、加強溝通協調，促進不同層級課程目標的有效連結

　　行政學的目的在促使組織有效率地達成目標，滿足個人需求。因而，
課程領導若要有效達成目標，則必須將不同層級的課程目標加以有效連
結。具體的作法包括，首先，中央、地方與學校的課程權力宜再重新分
配，並能協調統合不同層級間的課程目標，在國家課程標準或綱要所規範
的共同教育標準之外，賦予地方、學校相對的彈性與權責，根據不同地方
與學校的特色和需求，做適度的調適與創新，才能使中央、地方、學校這
些不同層級間的課程目標能有效連結（黃政傑，民 88a）。

　　其次，必須減少不良的溝通，促使課程的連結足以涵蓋所有的學校和
年級，校際間的水平連結與學年間的垂直課程連結都必須重視良好的溝

通,以打破高中、國中、國小之間視彼此為不相干的情況（Ervay & Roach, 1996）。

最後,學校內部必須能做好教師的專業成長與專業分工的工作,並讓課程組織如學校課程發展委員會、學科課程委員會、學年課程委員會、協同教學小組、個別教師等課程設計與發展,能作適度分工與連結,避免不必要的工作重疊（黃政傑,民88a）。

但溝通是一複雜的現象,涉及事實、觀念、價值、感情、態度的傳遞。如果課程領導者只是要溝通新方案的事實,他可藉由書信、便箋、文章、研究報告或演說來進行溝通。如果新方案包含主要的變革,則課程領導者可利用工作坊、會議、角色扮演、演示等方式來進行溝通。即使溝通有各種不同的方法,但溝通的關鍵仍在個人,溝通是人員間訊息的傳遞,因此,課程領導者需要建立一種有助於所有教育人員和社區人士溝通的氣氛（Lunenburg & Ornstein, 2000）。

綜合上述可知,課程領導者必須能依學校所處的環境、成員的需求、法規或外在的要求,透過建立良好的溝通氣氛,採用適切的溝通方法,促進不同層級、不同學年、不同成員之間的有效溝通協調,進而訂定持續而長遠的學校課程願景和目標,以使學校內不同學年和學科間的目標得以整合,不同層級之間的課程目標得以連貫,使長遠的目標得以持續推動。

二、採取轉型課程領導,打破傳統學習與領導方法

Ervay & Roach（2001）指出,台灣教育一直以來都處於一種順從的（compliance）制度或文化,遵守規定和政策,服從上級的指示。當一個人習慣在這種強調順從、遵守（adherence）和服從（acquiescence）的文化中工作,想要有所改變,是很困難的。因此,要改變上述的情況必須重塑做決定的文化,以倡導（advocacy）、創制（initiative）、協同（collaboration）、團隊合作（teamwork）來取代原有的順從、遵守、服從。此意味著必須形成一種文化,以探討不同的點子,廣為分享各種作法,並在同僚積極進取的氣氛中,定期提出各種計畫。

此外，傳統學校的形式在於強調一致的課程、基本技能、嚴格的紀律，甚至規定制服。雖然革新的教學也可能在傳統的學校中出現，但課程的革新卻非傳統學校的重心，團體教學、講課和訓練，以及使用標準化的測驗來評量學生的學習結果，都是傳統學校常採用的方式。因此，在這樣的環境之下，學習的動機來自外來的力量，亦受其限制；學生無法運用相關的知識和經驗來幫助自己建構知識及形成意義。教師則成為知識與學習的單一來源，並被視為課程的保管者。課堂上的結構通常是以教師為中心，並具有層級的性質，同時傾向於遵守某些既定的標準（葉淑儀譯，民88，頁7）。

而要改變上述這種傳統學校中的學習與領導型態，打破超穩定的學校生態，則必須採取 Henderson & Hawthorne（1995, 2000）所主張的轉型課程領導，以幫助學校走出傳統固著、保守、一致、僵化、順從的組織文化，轉型成為創新、合作、團隊、自主的組織文化。這也是傳統學校文化與轉型學校文化的不同，在傳統的學校文化與轉型的學校文化中其課程哲學、課程取向、決定方式、處事方法、評鑑的重點，都有很大的差異。因此，學校若想從傳統的文化中轉型成功，則朝向合作、團隊、共同決定、反省實踐、批判、績效責任的方向發展是可行的方向之一。

三、發揮學校本位管理精神，落實學校本位課程發展

為了能落實學校本位管理與學校本位的課程發展，學校行政人員必須能充分與學校內的教師，校外的家長和社區人士合作，擔負起在課程發展方面的職責。

正如 Tanner & Tanner（1995, p.653）所指出的，學校行政人員在課程發展方面的職責包括：

㈠作為專業人員與教師合作

1. 發展學校改進計畫：讓學校成員負責發展學校改進計畫，幫助教師發覺工作意義，並學會如何發揮最大的集體能力以解決學校問題，

同時也提升學生的學習結果。

2. **保護老師**：使老師免於受到時間不夠、過多文書工作及外在的要求等困擾。此外，校長必須能參與集體的行動以對抗地方學區所制定的不明智政策，並透過集體行動來支持師生。

⎵建立課程改進的條件

包括人力資源、物質資源、媒體程式、時間等方面的支援。

此外，為了更加落實學校本位課程發展，課程領導者應了解並克服推動學校本位課程發展時所遭遇的一些困難，諸如：㊀教師意願不高，缺乏課程發展知能；㊁權責劃分不明，行政支援不足；㊂課程發展認知偏差，缺乏整體課程結構規劃；㊃課程發展知能不足，課程方案多有缺失；㊄疏離的教學生態，不利合作發展課程；㊅缺乏視導機制，難以有效評鑑課程方案；㊆相關法令限制，缺乏充分授權等（甄曉蘭，民 90）。並能積極營造學校本位課程發展的支持環境，強化學校課程發展的組織與運作，充實教師的課程設計知能，提供學校課程發展經驗與諮詢服務，加強學校課程發展的統籌分工，以建立整體的課程發展機制（黃政傑、張嘉育，民 88；蔡清田，民 89）。

由此可知，在進行課程領導時必須發揮學校本位管理的精神，共同參與解決問題，並能落實學校本位課程發展，將課程發展視為一不斷解決問題的過程，秉持專業立場與知能發展最符合學校、學生利益的課程。

四、進行組織結構再造，促進知識的分享與創新

系統理論學者認為小型、快速靈敏及民主的組織，會取代目前正在褪色但卻以大型、強壯而難以匹敵的姿態環繞著我們的科層組織（王如哲，民 87）。Joyce、Calhoun 和 Hopkins（1999）也主張，學校改革必須有新的架構以使學校能發揮集體探究（inquiring），並提升學生成就。因此，成功的革新需要改變傳統學校的結構（Lunenburg & Ornstein, 2000）。

上述的這些情況，可以從 Fullan（2002, p.1）的解釋找到原因：「學校

因為歷史與演變所形成的結構與規範因素，使得學校是以不良的知識分享著稱。就結構因素而言，教師一天中少有空堂可以聚在一起分享觀念並提升教學品質；就規範性因素而言，因為教師並沒有提供資訊和接受資訊的習慣。的確在大部分的情況下，現有的學校文化是不利於知識分享的，學校組織必須能夠更加有彈性，讓成員之間有時間進行對話，分享與創造知識。」

的確，學校一向是一穩定的機構，緊閉門戶，較少接受外界的挑戰，對社會變化較不敏感。無論人力、經費、物質條件或教師生涯等，受政府完全保護，缺少競爭和刺激。但近年來一系列的教育改革，學校的組織、功能產生了改變，穩定的制度架構受到了搖撼，必須在組織結構上有所改變，才能因應這樣的變革，同時讓新課程的落實能嵌進學校的組織和結構之內。改革課程若無法同時改革組織的制度特徵，將流於表面或無疾而終（歐用生，民89a）。是故，今後必須激發學校組織的活力（Reid, 1999），讓學校扮演課程改革中心的角色，校長、教師、學生、家長、社區人士等結成新的夥伴關係，發揮創意，集體向上提升，追求專業和卓越。經由組織再造與流程再造，塑造探究的文化，師生要培養好奇心、敏感性和批判力；敢於嘗試和創新；對專業生活及其中的信念作系統的思考和批判性的反省；相互尊重和支持，合作解決問題（歐用生，民89a；Brubaker, 1994）。教師和行政人員則在彼此信任的基礎上，藉由反省個人的生活和分享的對話，教師和行政人員能開始建構新的組織實體，使所有成員一起成長並以更具生產力的方式一起工作（葉淑儀譯，民88）。此外，學校中成員工作的指派也必須重新再造，以建立學校中集體探究的時間，增進學校改進活動，並建立主動而生活化的民主制度讓社區人士擁有參與集體探究的結構條件，同時也必須創造資訊豐富的環境以強化探究（Joyce et al., 1999）。

總之，今後課程領導者應更加強調轉型的、民主的課程領導，這是根本的、基進的、批判的、評鑑的課程改革，其目的在於建立關懷的、合作的學習社區，社區內的每一成員依據批判的課程觀，不斷地反省課程實

踐，並根據實際的經驗，不斷地批判課程理論，經由詮釋的探究和理解，追求終生的專業成長。而組織也應朝建立學習型組織的方向發展（Hender-son & Hawthorne, 1995, 2000），結合知識管理的理念，進而形成所謂的「知識型的學習組織」，促進知識的分享與創新。

五、重塑學校課程專業文化，創造有意義的課程改革

除了必須有具體的課程計畫外，校長必須特別注意學校的專業文化，學校中的專業文化必須能夠對新觀念有開放的胸襟、必須能提供並能接受協助、必須讓同僚合作的焦點集中在教學的改進上。並讓成員透過課程計畫在專業文化下一起合作。所以，課程計畫有雙重目的，一為實施課程，一為促進參與課程計畫的教師產生互動的專業主義（Fullan, 1992, pp. 89-90），由此可知學校專業文化的重要性。

此外，Hannay & Seller（1991）應用 Schwab 所提出的「慎思理論」以兩個課程發展委員會的領導者為例，了解課程發展過程中領導者在領導慎思過程中的角色，進而說明課程領導的可行策略，結果發現，Schwab 提供了一些課程領導者所需具備的額外（additional）能力與知識。強調課程委員會必須同心協力，如團隊般一起合作，此意味團隊建立、團體任務和維護管理等技能都是領導角色的重要面向。此外，領導者在慎思期間也必須維持團體內部平衡的討論。而為了進一步了解有效課程領導的本質，他們更應用了 Sergiovanni 所提出的五大領導影響力的架構，包含技術的、人際的、教育的、象徵的、文化的五大領導影響力，來論述此五大影響力在課程領導中的應用情形。

㈠技術的領導影響力：包括計畫、時間管理、組織和協調等活動。在課程過程中，技術的技能也包括促進持續由設計決定轉向課程哲學的檢視，再回到設計這樣的過程，慎思即在促進並引導產生這些活動的過程。

㈡人際的領導影響力：結合領導者的人際關係行動及諸如「決定」這種活動的特別途徑。課程理論家將此一影響力擴展至包含建立一種不必

快速產生具體成果的壓迫與壓力的環境，以支持反思（reflective）所需的氣氛。

㈢教育的領導影響力：在一般的管理層級中，此一領導影響力包含了診斷問題、提供教師諮詢與輔導、提供視導。在課程的過程中，教育的影響力包含了在慎思期間維持參與者平衡所需的一般知識與能力，喚起對四個課程的共同要素（學生、教師、學科內容、環境）的考量與變通方案的研究。

㈣象徵的領導影響力：此一層面為「主管的角色」，並將之解釋為領導者幫助成員確認什麼是重要的與有價值的。透過領導者的行動，團體澄清其基本目的、目標、立場。領導者幫助成員探究任務表面之下的一切，並了解已建立的願景，象徵性的領導是課程慎思過程中的根本要素。

㈤文化的領導影響力：此一影響力的目的在於建立組織成為獨特的實體，並使每位成員覺得他們是不可或缺的一部分。在課程的過程中，文化領導包含兩大重要層面：一則為從課程活動目的之觀點來確認構成實踐問題的要素為何；一則為同時由結果和過程的觀點來建立團體認同，共享而開放的組織氣氛有助於促進團體感以利慎思的進行。

Sergiovanni 主張「技術的」、「人際的」、「教育的」三種較低層的領導影響力的展現，只能促成一般有能力的（competent）學校，但卓越的學校則需要「象徵的」、「文化的」兩種較高層次領導力的展現。理想上，慎思係一團體的過程，所有成員都可平等、自由的參與，領導者的角色是在幫助建立並維持團體認同感。總之，課程領導必須同時考量手段與目的，以技術的、人際的、教育的領導影響力作為手段，以促進建立課程的過程；以象徵的、文化的領導影響力作為課程目的，以進行課程決定，並選擇最值得學生學習的課程。

再者，從轉型課程領導中的行政學角度觀之，也有類似的觀點，Henderson & Hawthorne（2000）就以美國學校管理領導型態的發展演變為例指出，自二十世紀初以來，傳統的管理典範已決定美國學校教育的事務，基

於標準化的、例行性的、效率的工廠模式，學校的教育只是在遵從上級所推行的規章、法令、政策，以求能有最佳的表現。然而，這卻只能產生平庸的學術能力與專業表現，且通常只會導致狹隘的思考、教師依賴各種權威的指示，以及行政的焦點集中在程序而非目的。然而傳統的管理是為了穩定的、線性的、可預測的結構化環境而設計的，在這樣的環境中，具有明顯的（decisive）程序與明確的權威系統（lines of authority）等特質。但在學校中許多狀況是非線性的、動態的，任務是非結構性的，且通常有多樣的目標與解決方案相互抗衡，運作的程序也不明確，各種事件有時是無法預測的，權威系統也很不清楚。因此，上述傳統管理對學校的情境並無太大的意義。但傳統管理的典範仍普及於學校的行政與領導，有些學校的領導者曾試圖超越這種傳統管理典範的界限，但種種原因造成大多數學校並無法有效地創造與維持有意義的改革，十多年來的教育改革導致具有熱情改革意向的教師感到精疲力竭，並分割成為許多對立的小圈圈（balkanization），因而造成改革方案的片段堆積。因此，教育領導者必須為傳統管理典範所衍生的種種問題找出解決之道，並重新創造可以鼓勵與支持新文化的、新社群意識的組織結構，為其所從事的工作以及學生每日在學校中所面對的教育經驗，找回意義、價值與樂趣。欲達成這樣的目的，必須建立一種強而有力的專業文化，使教師可以從他們改革的努力中彼此支持與學習，為他們自己的專業前途負責，進而領導學校社群邁向啟蒙、激勵（inspiration）、創造力與關懷。傳統管理典範將能力等同於服從。反之，民主的學習社群卻可產生非凡的結果與更好的表現，由於強調改革應由維持組織與控制，轉向建立與維繫探究關係，所以一個民主的學習社群係由同僚合作（collegiality）與相互依賴而得到強化的。領導這樣的社群意味著引導社群朝向為了了解、為了探究的自由、為了在知識、理解、社會責任的成長、為了在反省與調適的氣氛之下實踐民主，而學習與教導。

　　綜合上述所言，可知無論是強調慎思過程或轉型的課程領導，都必須塑造更合作、協同、創新、支持的組織與課程專業文化，才能造成有意義的課程改革。課程領導者，必須塑造上述的文化，帶領學校成員跳脫傳統

的束縛，創造更有意義的課程改革。

六、增進成員專業發展，提升課程實施成效

　　為了有效達成教育與課程目標，除了有適切周延的組織目標、組織領導、組織結構再造與專業文化的塑造以外，組織成員的發展更是重要。唯有提供成員專業發展，才有可能落實所有的課程與教學目標。因此，必須讓成員的發展作為一種實施教育革新的策略，並讓成員的專業發展本身成為一種革新的行動，進而促使成員的發展成為制度的發展，以利成員形成協同的文化，達到專業的自主與合作的目的（Fullan, 1992）。

　　而為了讓學校中的成員發展活動能增進新實踐的探究與學校改進創舉（initiative）的實施，所有的成員專業發展必須能依據探究的方式來加以建構，讓所有精力能投注在能產生最大效果的改進創舉上。因此整個成員專業發展活動的設計，依 Joyce et al.（1999, pp.122-127）的研究指出，必須包含以下的要項：㈠以學生學習為目的；㈡拓展課程與教學的範圍與策略；㈢從專業知識基礎中利用研究：所以拓展課程與教學的範圍必須居於課程與教學的研究本位模式；㈣選擇焦點：讓成員在同一時間選擇一項可以深入探究的領域；㈤全員參與：依據活動範圍與層級大小，讓所有相關人員都能參與專業發展活動；㈥設計工作場所：將所有人員組織起來以利統整成研究課程與革新的協同團隊，在專業社群之中一起努力追求良好的實踐與研究學生的學習；㈦設計訓練研習的各種工作坊，並能持續加以支持；㈧有效的組織資源、經費和時間。

　　綜合上述所言可知，就行政學的角度而言，成員的發展與組織的發展同樣重要，所以，課程領導者為了增進課程設計與發展的創新，為了有效的實施課程，以達成課程目標，有必要增進成員專業的發展，以提升課程實施成效，促進課程的革新。

七、建立課程與教學評鑑網絡，了解課程與教學績效

　　為了能不斷更新改進課程，掌握課程與教學的實施績效，並了解課程

與教學的實施是否有效達成課程目標。課程領導者在領導課程設計、發展、實施時，必須能建立課程與教學的評鑑網絡，透過評鑑回饋的機制提供改進課程設計之參考（黃政傑、張嘉育，民 88；甄曉蘭，民 90；蔡清田，民 89）。因此，加強課程與教學評鑑和研究變得十分重要，就其具體作法而言，可透過形成性與總結性的評鑑，檢討學生學習成效、各課程方案教學成效與行政支援情形，並評鑑整體課程之成本效益，考量正式與非正式課程方案的影響，分析各項成效評鑑資料結果，修訂學校整體課程，總結課程發展成果與經驗，作為新學年度學校課程發展計畫之參考依據。因此，學校應妥善訂定學校課程發展成效評鑑指標，規劃評鑑設計方法，蒐集實施成效的資料與證據，並提出評鑑報告（蔡清田，民89，民90）。

然而，課程與教學的評鑑除了了解績效提供改進回饋外，更必須強調民主增能，提供學生發展自主思考的能力，促進知識和理解的不斷發展，增強社會知性能力。強調個人的、社會的、道德的發展和責任，每一個人成為自由、真正的自主社區中的成員（歐用生，民89a）。同時，也必須將理論轉化為實踐，並將課程發展視為永無止境的問題解決過程，從定義、蒐集資料、形成變通方案及解決問題的暫時性假設，最後考驗假設（Tanner & Tanner, 1995），讓課程能在持續不斷地探究中發展，讓所有參與者能承擔績效責任。

總之，從行政學的角度來看，為了提供回饋，掌握課程實施的問題、現況與成效，透過不斷地反省探究，建立個人的績效責任，必須建立起課程與教學的評鑑網絡與機制，以了解課程方案的品質，教師的教學成效，及學生的學習成果。

第二節

校長課程領導的政治學分析

政治學的理論主要的貢獻在於幫助了解有關教育政策的制定（policy

making）、中央與地方政府教育政策制定與延續之動態因素與關係，及政策對教育機構、相關企業組織和學生家長的影響，此外尚有教育組織的微觀政治學研究和機構層級上有關權力、協商等方面的探討（王如哲，民87）。而在課程領導方面，由於課程的計畫與創制是一充滿價值的活動，但課程的決定通常是由擁有權力或居於能影響決定地位的人所進行的活動。因此，自始至終，課程都是政治性活動的一種形式，必須強調特定型式的政治領導（Henderson & Hawthorne, 1995, 2000）。是故，課程領導無可避免地會涉及政治學相關的理論與實踐，舉凡課程政策與目標的制定，國家對課程的管轄（curriculum governance）與控制，課程決定的權力分配與運作，家長社區對學校課程事務的影響與參與，學校知識的選擇與分配，不同專業理念的協商與整合，課程實施績效與責任的評鑑等方面實都與政治學有關。因此，課程領導若能應用相關政治學的理論與作法，在實際運作時必能作更加周延的考量，更加有效地整合各種資源與勢力。因此，本節將先就政治學中如何投入協商與權力的運作、整合各種勢力等政治活動，制定合宜課程政策；其次，探討政治學與課程領導概念的整合情形；最後，就政治學的理念在課程領導上的應用，作一析論。

壹、政治學有助於課程政策的制定與課程實踐的省思

一、民主政治強調協商機制與不同勢力的整合

　　民主社會中，自由開放的本質，形成多元聲音、多元價值、多種利益團體、多元文化之間的衝突，若要尋求共識必須透過協商機制，整合不同勢力，以追求最適合的決定。學校課程通常是在衝突和妥協中建立，是較大的社會運動與校外壓力的產物（Apple, 1995），透過政治學中權力的運作與協商機制的建立，方有助於建立最為公平正義並能考量各種不同團體需求的課程。正如 Elmore & Sykes（1992, p.195）所指出的，課程若作為一種控制（curriculum as control）則係指課程為多元政治協商的結果，課程政

策是由各種不同的政治有關人物的複雜網絡中，彼此的互動所衍生而來的，所代表的是各式各樣的利益和觀點，在特定的決定上運用有限的影響力，並在教育的實踐中產生激進的改革以符應緊急的社會問題。此外，課程有時也是社會中宰制階級利益的展現，以及其根本的價值用以決定知識的分配。

自從 H. Spencer 提出「什麼知識最有價值？」此一根本的課程問題之後，究竟課程中應提供哪些知識就成了教育與課程上的重要議題，然而「該教什麼？」這樣的議題，出現了日漸加深加劇的衝突，這並非只是教育上的議題，同時也是意識型態與政治的議題。課程之中總是存在著各種階級、種族、性別和宗教的關係。因此，更能有效表達此一教育爭議的問題應是「誰的知識最有價值？」（Apple, 1995）。

此外，Giroux（1995, pp.41-42）對課程理論中的政治學之論述亦值得深思，他指出，課程一方面是社會建構的敘事（narrative），另一方面則是教學與政治學的共同問題（interface），但一般主流的課程改革者卻通常將課程視為是傳授給學生的客觀文本（text）。然而從過去抗爭中所出現的課程理論非常重視誰有權力？誰有權威？誰有制度上的合法性？只是在主流的課程與教學觀中，少有空間來了解在學校中運作的權力變動，特別是能力分班的機制、種族和性別的歧視、測驗和其他排外的機制更是如此。主流的教育改革並沒有將學校教育視為主動產生不同歷史、不同社會團體和不同學生認同的場所，也沒有察覺學生正處於非常不平等的狀況之下。因而造成許多主流的課程與教學觀，透過主張較不會受到質疑的客觀性及醉心於績效責任的實徵論形式，而將自身合法化。但更重要的是許多主流的課程理論者，拒絕將學校教育與複雜的政治、經濟、文化的關係相連結，並將這些關係視為動態的模糊地帶，然而學校是轉化（translation）的機構而非固定的和一元化的機構，絕不能自外於學校外部的複雜政治、經濟與文化環境。

是故，正如 Glatthorn（1987, p.125）所指出的，班級中實際所教導的一切，是各種不同衝突因素匯集的結果，聯邦及州政府、專業團體、地方

教育局、教科書商、認證單位、家長及社區人士、學校行政人員、教師等各有不同的要求與主張。這些勢力隨時間而有所消長，但對班級中的影響卻難以擺脫。因此，課程領導者若想發展或改進課程需求都必須了解課程的政治學，亦即了解各種組織及個人試圖影響學校教學內容的方式。

綜合上述所言可知，學校的課程決定與領導實際上存在著不同價值、政治勢力、文化、種族等方面的衝突，因而必須透過協商機制的建立，不斷對話與協調才能整合不同勢力，以建立共識。而這種協商機制的建立與不同勢力整合，正是民主政治中達成共識所強調的重要手段。

二、不同的政治立場影響並左右學校的課程

事實上，課程本身就是一種政治性的活動，因為在課程形成的過程中，往往包含許多階級利益、經濟與文化分配等價值衝突與對立的問題。換言之就是政治權力的衝突（陳伯璋，民 77）。同時課程亦深受政治的影響，其中政府、學校、企業界、出版業都對教學的實踐與課程的政策產生很大的影響。學校文化所代表的則是宰制文化的特徵，對學業科目地位高低的區別、將知識組織到科目中、知識的分配、對不同團體的象徵性獎勵，都顯示政治工作如何影響著課程（Giroux, 1995）。

以美國為例，一九七〇年代末期與一九八〇年代初期，績效責任運動導致州教育廳更加密切監控地方學區。有關課程視導的主要手段即最低能力測驗，建立一套學生能力指標以代表州政府對學生最低的能力要求。此舉代表州政府對地方學區與學校的課程控制，即使有些州是以「州指導方針」或「能力發展」等較委婉的用語，但仍不免招來教師組織與學校董事會的責難，因為他們認為這種能力本位的教育會剝奪地方的課程決定權，教師也覺得他們在課程編製方面大受影響，且權力喪失。但州教育廳仍透過經費分配、排定全州性的測驗期程、實施州的法令與法規等方式，以使州教育廳對學校的影響達到最大。因此，這種透過經費補助與測驗來達到州政府的控制目的的方式，即使有時不免遭受到質疑，但確實增大州政府對學校的控制，而地方的控制則明顯縮減。各州政府達成目標的方法或許

有所不同，但其目標卻是一致的，即品質、公平、效率、選擇，這些目標被轉化到教育，即在假定達到經濟成長與國際經濟競爭的成功。學生將來為了能在工作方面能更有效率，則必須學習可以幫助他們適合這些工作的課程（Doll, 1996）。

此外，課程內容也會受到政治考量的引導與驅策，不論在地方分權化或中央集權化的國家，政府機關對教育政策與對學校正式課程內容的控制程度，通常隨著執政黨的轉換或政權的轉移而更替，並進而使得課程政策和課程內容跟著改變。甚至同一政黨執政，也有可能因最高教育主管長官更動而引起教育政策變動，而使得課程內容跟著改變（高新建，民88b）。

綜合上述所言可知，政治工作是顯著影響課程，且因為不同的政策目標，造成學校課程的重點與課程的控制權力的轉變，政治總是有意無意地透過直接間接的方式來影響左右學校的課程發展與方向。尤有甚者的是，不同的政治立場所導致對相同事實的不同理解。Doll（1996）就指出：「一九九〇年代，有關美國聯邦政府對公立學校教育支援的程度該有多少，引發諸多爭論，即使使用了幾近相同的資料，但不同政治立場的雙方卻可得到幾近相反的結論。」由此可見，即使客觀的事實是相似的，但卻非常有可能因不同政治立場所產生的觀點與想法南轅北轍。的確，不同的政黨執政，教育與課程的政策確實會有所不同，而這些都會影響學校課程的決定與實施，也是課程領導者對現實的政治環境與政治勢力變動不得不有的認知。

三、合宜課程政策的制定，必須投入政治活動

Hartely（1997, p.43）指出，課程必須在其社會－歷史的脈絡之內來訂定。假如課程所代表的是選擇歷程的結果，則必須質問誰來做這樣的選擇？基於什麼樣的立場？為了誰的利益？尤其在民主制度之下，此選擇的歷程更是意味著是一種政治的過程。不只課程內容選擇尚有爭論，其真正的形式和意義，以及內容如何傳遞亦是爭論不休。Young（1999）也指

出，課程所反映的是我們對個體能力分配的假定及我們想要年輕一代接近的文化類型。因此，課程總是有某種程度的爭論，既是政治也是教育的事務。此外，學校的課程有其特殊的地位，其所呈現的知識以特殊的方式加以分類並根據特定的法則來學習。

Giroux（1995）亦指出將權力、差異和社會正義的模體（matrix）納入時，學校無法自大社會之中抽離出來，學校中歷史的交錯、語言與認同的混合、價值衝突、不同團體爭鬥自己的代表性。一般而言，教育人員對於政治學都抱持高度的懷疑，然而若對政治學沒有廣泛的了解，則班級中的老師不可能成為改革的動力。作為一位教育人員承認自身的政治立場，並不意味著一個人的教學策略是缺乏彈性、固定和偏狹的。而應堅信教師認可他們自身的工作且有政治的本質可視為是廣泛的批判努力之一部分，使教師可以自我反思，形成他們自身在教室中實踐的各種利益與假定。

再者，為了使課程集中在教育，讓學校成為教育改革的中心，並將「從上而下」及階層化的學校轉型成為專業的社區，都必須投入政治活動。政治的活動是有關影響或控制資源分配的方式，與當權者的價值或利益一致。影響力、權力和控制是政治活動的要素，有助於描述、分析和了解發生在學校和社區真實脈絡中的一切政治關係和活動。此外，那些擁有分配組織和課程資源權力的人，就會藉由控制諸如：「該包含哪些課程內容，又該排除哪些內容」、「該採購哪些電腦及軟體」、「教師專業發展的焦點應為何」、「誰該取得成就測驗的資訊」、「課程資源的核心——課程間的時間分配，該如何分配」等事務，以達到控制的目的。當權者有權決定課程事務以使其與他們自身的價值產生關聯，直到當權者以外的人士能讓其他政治勢力得知他們的價值。在這種階層化的學校文化之下，課程資源的控制權是賦予那些遠離師生的人士，這些人通常無法充分了解課程事務，以至於所決定的課程和資源分配，常與學生、教師和家長的實際經驗脫節（Henderson & Hawthorne, 1995, pp.98-106）。

綜合上述可知，課程領導必會面臨許多不同的價值、利益、權力等衝突與爭論，課程領導者及教育人員在課程的決定與發展時，必須投入政治

活動，反省自身與所面對的政治立場，以使課程內容的選擇、資源的分
配、權力的劃分能更符合實際的需要，更符合公平、正義、合理的民主理
想，以制定更合宜的課程政策，形成更恰當的課程目標。

貳、政治學與課程領導的概念整合

　　由於各種政治勢力與團體都試圖影響課程的實踐與課程的政策，學校
屬於大社會的一部分，無法自外於各種政治勢力的影響，因此，應用政治
學上的各種理論與實踐，反省課程領導實踐中各種權力與資源分配，了解
不同政治影響力對學校課程的影響程度，不斷反省批判自我的政治立場，
並透過溝通協調的機制，建立更合宜的課程政策，將是民主社會中課程領
導非常重要的面向之一，而這也正是 Elmore & Sykes（1992）所指出的，
課程政策應包含官方的聲明以陳述政府打算做些什麼，同時也應包括意圖
（intention）與行動之間的相互關係，使實踐創造政策，政策也形成實
踐。所以，應用政治學的理念應有助於課程領導的理論與實踐之間能交互
激盪，以達成更加符合公平、正義、合理的原則與理想，促進政策更有效
的落實。因此，以下將論述有關政治學與課程領導概念整合的幾項重要面
向。

一、國家課程控制與管理的認識與了解

　　國家為了做好課程控制，教育當局都會制定課程標準或課程綱要來要
求學校必須依照規定實施之（黃政傑，民 80，民 88a），只是各國對課程
控制的程度不一，有的是中央集權，有的是地方分權，控制的幅度並不相
同（黃政傑，民 82）。然而就英、美、紐、澳等英語系國家在一九九〇年
代藉由全國課程與測驗架構，加強中央的控制權，可看出課程政策顯現出
課程權力集中化的趨勢（周淑卿，民 90）。所以，國家或政府對學校課程
的管理與控制是無法避免的，而政府參與課程並非只是單純的制定實施規
則，其行動可分為各式各樣直接與間接的形式。課程政策所呈現的是政府

行動的各種形式。最常被認可的政府行動形式是法令與誘因。「法令」所指的是管理個人及政府機關行動的規則，試圖造成順從的力量。「誘因」則是指給予金錢的支助以回報特定的行動。前者如學科基本要求；後者如政府的補助方案（Elmore & Sykes, 1992, p.191）。

然而，從政策的制定、發布到實施這種單純的線性模式並不存在，所以更需要課程領導，來領導學校實施國定課程。因為在每一層級的過程中總是存在著複雜的轉達（mediations），在政策形成的過程中每個團體內與團體間，以及外部的各種勢力間都有著複雜的政治學。在其進一步被撰寫成正式的法令，進而發布，再到各實施層級接收這些過程也是存在著相當複雜的政治學。因此國家或許立法改變課程、評鑑或政策，但政策的制定者與課程的制定者卻無法控制他們的文本之意義及實施（Apple, 2000）。

綜合上述所言可知，學校領導者無可避免地必須面對來自國家的課程管理與控制，如何了解國家對課程控制與管理的內涵，並認清政府課程管理與課程領導間的關係。除了能有效實施國家所頒訂的正式課程，而又能兼顧發展適合學校需求的非正式課程和潛在課程，將是未來學校課程領導者必須重視的。此外，面對國家在課程方面有形或無形的管理與控制，勢必會影響學校領導者的作為，因此，如何加以認識與了解，是學校課程領導所應重視的重要議題。

二、政治與專業判斷間的衝突與調解

Elmore & Sykes（1992, p.196）指出，藉由要求特定的科目包含在學校課程中，並設定這些科目的學習標準，政策就能強而有力的影響學習。然而，政策也必須考量可行性與合法性。就可行性而言，政策通常考量的是短期、低成本有速效的決定，因此有時課程內容的選擇必須能符合此一政治上的規準；就合法性而言，因為教學被視為是教師的專業領域，因此課程政策的制定必須平衡「公共─專業」與「中央─地方」的權威形式，讓多重的利益及交錯重疊的影響勢力得以平衡。由於政策的邏輯與教學的邏輯是不相符的，因而造成政治上對課程的管理或控制與課程專業判斷間，

經常存在著衝突（Elmore & Fuhrman, 1994; Elmore & Sykes, 1992），此外，不同層級的課程決定，主要的影響力有著很不同的來源，但每一層級的決定過程似乎有著高度的政治化，其中權力與控制的議題分布在課程決定過程中，造成教師也並非立場中立地實施課程，他們調適、轉化並修正既定的課程方案並發展自身的課程，但如此做教師也必須同時面對內外在的壓力（Glatthorn, 1987）。不過，有鑑於了解一個人所處的政治環境是能夠有效運作成為一項專業的先決要件，課程原本就深受政治的影響。此外，課程的品質取決於「專業的關注」與「課程的政治現實」間如何有效地配合，如果無法將政治排除於課程之外，則應思考如何管理政治過程以改進課程（Elmore & Fuhrman, 1994）。

因此，校長在進行課程領導時，如何接受課程管理中政治現實的存在，認清各種政治團體或社群的運作方式與影響，了解政府與政治團體所可能運用的管理策略或機制，尋找其中的彈性與空間，適度化解其與專業判斷間的衝突，也是進行課程領導時所必須考量的重要議題。

三、各種制度疆界的超越與跨越

學校課程是由不同領域疆界的人員所共同決定的，主要包括教師、課程專家、校長、社區家長、上級行政機關。這些不同領域疆界的人共同決定學校教導的內容。然而，在教育制度中不同角色的人無法有效地和其他跨制度領域的人合作的話，則無法提供給學生真正的好處。現今課程的焦點逐漸集中在國家優位的爭論上，為了避免學校課程的窄化，教育專業人士在發展這些跨越疆界的技能變得很必要（Elmore & Fuhrman, 1994）。社區人士、教師、學生和家長必須一起努力開啟進步的空間，同時也必須與其他文化工作者形成聯盟以論辯並形成地方、州和聯邦的教育政策（Giroux, 1995）。

所以，在政府的課程管理之下，為了避免國定課程造成學校課程的窄化，更需要不同領域的專業人士間跨越領域疆界，共同合作努力，避免某些非核心的領域或科目被邊陲化了（Whitty, Power, & Halpin, 1998），而如

何達到上述的目的，課程領導功能的發揮也將是不可或缺的一環。

四、機構和個人能力的培養與增進

Elmore & Fuhrman（1994）指出，近年來美國在聯邦、州和地方層級的共同目標都在提升學生學習的學業內容品質、改進教師的教學品質、增加對學生表現期望的水準。這些改革都有賴所有層級的機構和個人能力的培養。例如，決策者事實上相當依賴專家的建議以做出好的決定。所以，決策者必須擴展其所處機構的能力，如雇用專家、與面對同樣議題的他人建立網絡關係、蒐集有關政策決定效果的知識。再者，如課程專家、行政人員、校長、教師則有賴獲取新的知識以有效回應新政策的改變，所以，他們所需要的是如何將新知識轉化成為實際的能力。不過，一些外在的政治壓力造成決策者無法諮詢其他專家而必須自己做決定，加上政策通常必須回應政治壓力而做改變，以至於無視於執行上的困難，有時更為了因應上級的指示，但卻缺乏適當的準備或資源。因此，在所有層級中都遭逢一個重大的問題——執行政策所需要的個人和機構的能力。因為所有改革都深及學校教育過程的核心，如果不顧及個人和機構能力的問題，則是一件很危險的事。因為改革會變得很表面，決策者和實務工作者認為改革太過複雜，也太過模糊以至於學校無法有效吸收。

由上述的情況可知，課程改革之所以會停滯不前，其原因不只是因為中央政府所加諸的規定和成就指標無法符合實際需求，同時也是因為學校及其教師的專業發展機會不足，造成課程改革的失敗（Whitty, Power, & Halpin, 1998）。因此，政府加諸在學校課程的種種規定與要求，勢必要培養並增進學校機構和個別教師在實施課程方面的資源與能力。學校領導者必須讓立法者和決策者有更多的機會了解政策在學校和教室中所產生的後果。同樣地，校長和教師也需要獲取新的觀念與實踐的具體範例，以幫助他們回應新的政策。所以，面對任何課程管理上的要求，加強組織與成員的準備度，提升組織與人員實施新政策的設備、資源與能力，亦是課程領導所必須關注的議題。

參、政治學在課程領導上的應用

　　政治學的目的在協商並整合不同勢力，合理分配各種權力、影響力與資源，制定合宜的課程政策，使政策順利實施並能加以落實。因此，課程領導過程中有許多面向需要透過協商來達成共識，整合不同目標、資源與勢力，以化解衝突，促進課程目標與政策的達成，以下茲就政治學在課程領導上的應用分述如下：

一、不同層級協調合作，促進學校、地方、國家課程連結

　　中央、地方政府和學校各負有課程管理的權利和義務，亦即課程是分級管理的（李慧君，1999；高新建，民88a，民89；Elmore & Fuhrman, 1994）。此外，有關課程決定的權力與控制，也必須強調不同層級的協調與合作，因為即使在中央集權的體制中，學校與教師的課程決定權力，也不會完全遭到剝奪，因為即使政府一再宣稱控制學校的課程，也無法忽略學校教師在因應與改造（reconstruct）教育政策的主動角色，教育政策不可能鉅細靡遺的規定所有的行動內容，而必須留給實務工作者一些詮釋與選擇的空間（McCulloch, Helsby, & Knight, 2000, pp.63-64）。相對地，在地方分權的體制中，即使承認教師的專業能力，但也沒有一個國家真正放任學校或教師自行決定課程，不受其他約束（周淑卿，民90），事實上，教師周遭多半存在課程標準或綱要、教學指引與教科書來規範其課程的決定（黃政傑，民88a）。因此，國家與學校或教師兩者間的課程決定權應取得平衡，並加以調和（Glatthorn, 1987），集權化與分權化的策略同樣重要，「從上而下」（top-down）與「從下而上」（bottom-up）的策略必須加以調和（Fullan, 1994）。

　　綜合上述的分析可知，不同層級的政府或學校各自擔負著不同的課程管理的責任，且無論是在中央集權或地方分權的課程決定體制中，都沒有人可以做成所有的課程決定。所以，在課程管理及課程決定權力的運作

中，一定要均衡各種課程決定層級與團體的權力，讓各個層級的課程決定
人員都能參與課程的決定與改革，並做適度的分工與相互配合，且允許課
程決定的分工可以做適度的調整。是故，不同層級間的協調與合作是必要
的，只是在達成協調合作之前，通常所面臨的是許多衝突的情境。例如，
要求國家、地方、學校、教室或個人課程決定的連結和一貫，勢必會遭逢
許多的阻力與抗拒，尤其在教師專業自主決定與國家集權控制間，或者是
不同團體或個人因意識型態的不同所造成的種種反對與對立，這些課程決
定中的衝突，都有賴領導功能的發揮，協調出較符合學生利益與發展的課
程決定，促使國家、地方與學校的課程得以充分連結。

二、展現民主化領導，增進學校組織活力

　　Giroux（1995）以其在某一所公立學校服務時的實際經歷，描述缺乏
願景的領導所導致的後果，其描述如後：

　　　　任教第一年時，不想依循官方所指定的教科書，還將自己的圖書與雜誌文
　　章存放在學校圖書室中供學生閱讀。希望學生可以自己掌控產生知識的狀況，
　　因而鼓勵他們透過學校的視聽設備、相機和每日日誌等的使用而產生自己的文
　　本（text）。但這樣的理念卻很快地與學校校長產生衝突，校長要求我必須讓學
　　生保持安靜，也堅持老師應講授並書寫板書，並提問學生可以回答的問題，所
　　以建議我不用發展自己的教材而應使用套裝課程。他堅信嚴厲的管理控制，嚴
　　格的績效責任制度，固定的管教方式。很快地，我發現自己處於人間煉獄。這
　　樣的學校中，教學被化約成枯燥的邏輯流程圖，更是一所權力大多被白人、男
　　行政人員所掌握的學校，這些人只會讓老師更加孤立與沮喪。我也開始與行政
　　人員打游擊戰，但為了生存仍必須尋求一些老師及社區人士的協助。學年終了，
　　我鼓起勇氣選擇離去。回顧這樣的經驗，我覺得這種領導的全部效果在於限制
　　老師對課程發展與計畫的控制權，並增強了學校的科層組織，將教師自主判斷
　　的過程從班級教學中移除。要求符合國定測驗、國定課程標準，並攻擊多元文
　　化課程。指導此一模式的意識型態和教學觀，即教師的行為必須加以控制，能

適用並預測不同學校和學生族群的情況。結果不只將老師自慎思與反思的過程
中排除，同時也使學習本質和班級教學變得一成不變（p.45）。

　　由上述這段描述可明顯感受到，一種宰制的教育領導觀，再度復活。
這樣的領導只會限制教師在課程發展與計畫方面的主控權，但卻加強了學
校的科層化組織，將教師自班級教學的實施與判斷的過程中撤除。居於領
導地位的校長，以其職權要求老師順應保守主義的思想，採用固定僵化，
嚴格管理控制的科層組織體系。在這樣的組織環境之下，教師只需按表操
課，不用白費心思額外準備與設計教材，如此無法滿足教師個人與專業的
需求，如合作性（affiliation）、自主性、有用性、成就感（Glatthorn,
1987），終致孤立沮喪而選擇離去。因此，正如 Lunenburg & Ornstein
（2000）所指出的，成功改革的實施必須是有機的（organic）組織而不是
官僚的（bureaucratics）制度，絕對的服從、監控程序和規則是不利於改革
的，官僚的途徑必須由有機的或適應的途徑所取代，以允許從原初的計畫
中修正或重組以適應草根性的問題和學校狀況。此外，Giroux（1995）更
進一步主張教師作為一位公共的知識份子（public intellectuals），必須在
教室與其他的教學場所培養所需的勇氣、解析工具、道德願景、時間和奉
獻，使學校回歸其基本任務並成為批判教育的場所，可以運用其權力駕馭
自己的生活，特別掌控知識獲取的條件。教師的奮鬥應在為多數學生增能
的策略上加以組織，這些學生需要依批判的民主制度之精神加以教育。

　　綜合上述所言可知，學校的科層體制，走向呆板而一成不變，絕對不
利於課程與教學的改進，因此，學校校長作為一位課程領導者，必須能促
使學校組織功能有效發揮，以提升學校效能。因此，必須規劃以教學為中
心的課程，參與作為教育改革中心的學校，並讓「由上而下」及階層化的
學校結構轉變成專業社群（Henderson & Hawthorne, 2000），所需要的是權
力如何在學校中運作的新語言、新命題、新秩序和新呈現方式，讓教師能
不斷批判反省下列問題：學校所應提供的教育目的和範圍為何？什麼知識
最有價值？師生知道某些事物的意涵為何？師生應選擇什麼樣的方向？教

學與學習應建構什麼樣的權威觀念？這些問題有助於教育人員投入自我批評的過程，同時也可讓老師居於學校改革的中心（Giroux, 1995），這實有必要進行學校組織結構與制度的再造，來達成上述的目的。

三、化解政治與專業判斷的衝突，進行有效課程與教學管理

課程領導者必須發現他們是深受政治影響的，因而必須審慎規劃政治，平衡各種壓力並合作地制定政策，課程領導者無可避免地涉及到壓力團體及公共資金的分配，這兩項責任領域獨自將課程領導者推入政治的範疇。雖然如此，但課程領導仍應讓教師享有應有的專業聲譽，在這樣的專業職責之下來完成他們所應有的責任（Doll, 1996）。

就政治勢力對專業判斷的影響而言，Hilty（2000, p.81）就指出：「學校對於學生的評量是很不友善的，寧願賦予已獲認可的課程較低的價值，而給予測驗分數和企業權威較高的評價，政治凌駕於批判思考和探究的權力。知識、權力和政治間的結合是不證自明的，政治家透過測驗分數、課程、學校管理策略等一再重複的作為，管理命令教育改革。」因此，當大眾、教育決策者、媒體都接受標準化成就測驗是用來評估個人學業成就及測量學校教育成效的最有效指標時，則在政治上的回應即是學校行政人員要求教師將課程與測驗加以連結以提升測驗分數。這樣的策略或許對策略的計畫有用，但卻不是有效的教育改進指標。撇開標準化測驗對學業成就的預測性不談，同時也撇開這些測驗結果只是學習中的一小部分不談，這種為了考試的教學與課程連結，已對教與學的過程以及課程產生不利的效果（Tanner & Tanner, 1995, p.269）。

事實上，課程領導中有關課程的決定與管理也充滿著政治性的過程，例如在科目調整中所涉及的科目新增、刪除、合併，就是充滿了政治性的過程（黃政傑，民82）。為了某些科目的增刪，常常有立法機構、壓力團體、專業團體會動用各種的勢力，來進行關說或介入。有些時候，這些政治勢力的主張常與教育專業的判斷有所衝突，常使得政治性的問題變得很

複雜而又很棘手。不過，政治問題始終無法排除於課程之外，所以，學校課程領導者在面臨這樣的情境時，必須能夠認清各種政治團體的運作方式與影響，了解政府與政治團體可能運用的管理策略與機制，尋找其中的彈性與空間，並能透過協商與溝通，適度化解政治與專業判斷間的衝突。此項工作的難度很高，也不容易有令所有人都滿意的結果，但在課程領導中卻仍必須加以考量，以避免因政治勢力或著重點不同，而造成不同科目或領域所受到的重視不同，進而引發資源、設備分配不均而產生的爭議或對立。此外，在面對不當的利益團體關說或介入學校的課程時，校長如何能秉持專業的理念，採取專業的作為，共同和教師或其他專業團體，以專業判斷的品質來說服並阻斷政治勢力的不斷干預，是校長課程領導中所必須面對的重大挑戰。

　　此外，為了做好課程控制，每個國家的教育當局都會制定課程標準或課程綱要，要求學校照著實施。不過各國教育權力分配動態的不同，有的是中央集權的，有的是地方分權的，學校擁有的彈性也會有所差異（黃政傑，民80）。校外機構對於學校課程的管理與控制，其寬嚴不同，則在學校課程發展的彈性也就有所差異，學校在課程發展上的彈性同樣地影響了校長在課程領導時所能自由發揮的空間。所以，課程工作必須關注政治學的議題，其具體作法包括：㈠評估現今影響課程的各種政治勢力；㈡與他人共同合作促使權力重新分配（Henderson & Hawthorne, 1995）。因此，校長在進行課程領導時必須了解課程政策、課程管理策略與機制，以考量不同層級間課程控制與協調、學校所應具有的自主與彈性等課題，依學校的實際情境、需求與利益，設定好學校課程與教學發展的優先順序，避免為了符合教育與政治上的功績（merit）而貪得無厭，造成過度負荷（Fullan, 1992），同時也應追求課程的穩定性以避免學校課程受到政治的過度干預，讓教育與課程政策的發展與變動過程的主要動力回歸教師，並基於每位學生的學習需要例行性地調整其課程內容的需求，而不應只是為了符應外在政治情勢變動結果的需求（高新建，民88b），如此對學校的課程與教學進行最有效的管理，發揮專業的影響力，化解政治與專業判斷間的衝

突。

四、增進不同群體合作，促進成員專業發展

每所學校都有其自身的權力基礎、權力關係、外顯與潛在的權力表現，想要改變學校的權力關係就必須投入政治活動，課程主要的政治活動分析包括（Henderson & Hawthorne, 2000, pp.171-175）：

㈠學校的微觀政治學

微觀政治學包含人們如何利用權力以影響或操控其他人，並且保護自己。轉變並維持學校的文化和課程，明顯地包含衝突、合作，最終是共同理解和承諾，但同時也包含許多政治的挑戰，所以必須關注：

1. **權力關係**：每個學校都有其自身的權力基礎與關係，同時也有外顯與內隱的權力表達。有些權力存在於正式組織的領導者身上；被視為專家的教師，或與當權者有密切關係者，也擁有一些非正式的權力；在某些學校中，權力可能存在於一小群意見很多，拒絕順從的教師身上。「分裂各治」是另一種形式的權力，某個次級團體為了自身的利益而工作，而不是為了學生或學校的利益而工作。其他教師也有個人的權力，安靜地不參加任何團體，作袖手旁觀的人。

2. **建立共識的政治學**：大部分的教師，包括校長在內，並未遵照一套明顯共享的規範、共同的願景，或是合作的慎思目的在運作。雖然，學校或許會有任務聲明或口號，但成員卻很少聚在一起共同慎思什麼對他們是重要的。教育人員之所以無法確認集體的信念，部分原因在於這樣的工作需要承諾與共識。共識建立的政治學意謂個人必須犧牲小我完成大我。真正共識的發展需要耐心、良好的組織發展技能、理解、樂於投注在過程而非只是預定的結果。

3. **非理性的政治學**：在學校革新的過程中，人們常常以非理性的方式對某些情境或對某些人作出反應，有些人可能會操弄權力，以使他人無法處理某些問題，或是壓抑組織共識的發展。他們可能會攻擊

同事的個人信念，再裝作若無其事的樣子。

4. **更有效地運用政治學**：具政治性不必然意謂不道德、具破壞性或有
害的。具政治性意謂採取某一立場，同時也讓他人採取某種立場，
在與同事討論觀念或說明立場時應該採用慎思的民主過程及合宜的
程序。

㈡社區中的政治活動

轉型的學校教育致力於維持強烈參與的民主原則、關懷倫理、探究和
慎思的開放性。如何確認家長的聲音能被聽見？對其孩子的學習能產生多
大的影響？如何讓每個人的聲音都被聽見而非只是聽到有權勢的人的聲
音，都是非常重要的，因此，必須重視：

1. **社區影響課程的權利**：家長與社區人士可加入課程設計和評鑑的工
作，所以應鼓勵希望參與課程慎思和決定的家長與社區人士加入。
任何專業人士或其他特殊利益團體想要主宰慎思、想排除他人聲
音，或忽略反對的意見，都是不能被接受的。相反地，教育人員在
可能的情況下，應將社區人士的觀點納入課程中。

2. **鼓勵社區辯論的重要性**：社區對於課程的興趣提升不少，一些新興
議題的出現即使相當多樣，但特定共同的課程政策及方案卻仍少有
爭論，甚至於沒有爭論。雖然將課程公開讓一般社區慎思可能會有
危險，但仍應讓所有的利害關係人都參與課程的慎思。

3. **承認社區的權力**：學校必須將社區的權力結構納入考慮。建立一個
可持續變革的學校－社區權力關係，其最佳方式在建立一個新運作
的有效實例。

4. **有勇氣地工作**：邀請社區主動參與轉型課程方案和過程需要政治勇
氣，一個多數家長、班級教師、學校校長的新角色。針對課程或學
校文化方面舉行社區論壇。針對幾個大家有高度興趣的領域發展學
校－社區網絡。

綜合上述所言可知，課程領導在運用政治學理念時，非常重要的一個

面向就是必須掌握學校內部的權力運作與權力關係，有效地運用政治學中協商的機制，增進不同團體的合作，以建立共識，並避免非理性方式的產生，即使無法避免，也應加以防範。此外，在學校課程設計發展和評鑑時也應適度採納社區人士的意見，承認社區家長參與學校課程發展與設計的權力，並有勇氣接受質問與挑戰，在所有學校的利害關係人的共同慎思與論辯之下，不斷地改進學校的課程、教學與學習。課程領導者要想達到上述的目的，除了必須塑造適合民主思辯、開放想像、慎思與探究的學校環境與文化之外，更重要的是成員能有專業成長的機會，培養民主思辯，反省實踐，彼此尊重與關懷的民主素養，使學校組織和成員都具備相關的專業知能，如此才能更有效容納不同的聲音與觀點，落實相關課程政策的推動。因此，課程領導者從政治學的角度來看，必須能增進校內外不同群體的合作，同時也必須促進成員不斷地專業成長。

第三節

校長課程領導的社會學分析

　　教育活動的推展，常需要配合社會環境的變遷，學校的課程設計與發展也必須能因應社會趨勢而加以修正與更新，才能提供受教者適切有效的學習內容。社會學提供社會發展、政治經濟變革、意識型態及權力變更等方面的思想（施良方，1999），並處理知識與社會關係、社會組織的特性、社會制度及其對社會成員的影響、社會成員在社會中的成長與流動、人們在社會中是否受到公平待遇等問題，因此，領導課程設計與發展時，如何確保教育機會均等、如何配合學生在社會中成長之所需、如何因應社會對知識的看法、如何化解實施課程的過程中權力不均等的問題（黃光雄、楊龍立，民89），都是課程領導者必須面對的。正如 Ornstein & Hunkins（1998, p.137）所論述的，學校無法自立於社會脈絡之下，透過學校的課程，學校影響其所服務的對象及其文化。同樣地，文化也影響並形塑學

校及其課程。學校透過課程的教導以改變社會，社會也可對學校及其課程產生影響。若無法反映學校和社會的關係，也就無法有意義地考量課程的發展或傳遞。今日學校處於多元聲音表達各不同觀點的社會環境中，加上科技的發達更增添了社會現象的複雜性，透過科技世界各地的不同文化和社會都能有效加以表達，也影響社會的動力。人們彼此交談、分享觀點、考量不同的價值，對彼此的風俗民情日漸熟稔。因此在社會變遷快速的今日，課程領導的社會學基礎更形重要，這些社會學基礎有助於我們決定如何創造並提供有意義的課程，以符合社會與不同個體之需要。今日社會在習俗、信念、價值、語言、宗教、社會機構的多樣性方面是前所未有的，因此課程領導者更應了解社會學的基礎，並掌握其對教育本質與目的之社會意涵。由此可知課程領導與社會學實有整合的必要。因此，本節乃從下列三方面加以分別析述：首先，論述社會開放後促使學校課程必須符應更多元的價值與需求；其次，探討社會學與課程領導概念整合的可能性；最後，分析社會學理念在課程領導應用的可行性。

壹、社會開放促使學校課程必須符應更多元的價值與需求

　　社會和文化及價值系統，對於改進課程的種種作為都有顯著影響，其影響主要有兩個層面：一是較遠但卻較重「大社會」影響的層次；一是社區與學校接觸的實際層次（Doll, 1996）。亦即就社會學的角度而言，一是從較鉅觀的角度來論學校中的課程領導所應注意的大社會與文化的影響；一則是從較微觀的角度來論述社區與學校間的互動對於學校課程發展的影響。而無論是鉅觀或微觀的角度，因應社會開放之後，多元的價值與需求愈來愈受到重視，所以，必須兼顧適應社會與改造社會，並包容更多元的價值與文化。

一、學校課程必須兼顧適應社會與改造社會

學校課程的社會學理論及其對教育和課程所影響的觀點，大體可分為兩種不同的見解（施良方，1999，頁 59-67；陳伯璋，民 74，頁 268-282；陳奎憙，民 90，頁 220-222；黃光雄、楊龍立，民 89，頁 120-125）：

㈠和諧、鉅觀、靜態：此派傾向結構－功能論的社會學，強調社會適應的功能，肯定社會整體的和諧性，不同結構在此和諧性裡相互依存並各有其功能，因此學校的課程必須使學生適應社會環境，促使學生的行為有助於維護社會結構、保持社會平衡的手段。

㈡衝突、微觀、動態：此派傾向馬克思主義的衝突論、批判理論、知識社會學和現象學取向的社會學，強調社會重建的功能，重視社會中各團體和成員間存在的差異與對立。因此，學校的課程被視為是再製統治階級的工具，以各種不同的方式將統治階級的權威觀念、社會規範和價值觀念融入學校的課程中，讓學生在無形中接受了統治階級的意識型態，從而形成了一種「文化的霸權」（culture hegemony）。因此，課程不應幫助學生去適應現存社會，而是要建立一種新的社會秩序和社會文化。社會成員應採取行動，改變自身所處的不當社會情境，從而使社會改變和成員改革，強調社會動態變化的特性，在動態變化的社會中，改革與解放才有其合理性，進而能校正社會的不公。

雖然，不同社會學理論對於學校課程的重點有所不同，但事實上社會影響學校課程，學校課程亦影響社會，兩者可說是相互影響。施良方（1999，頁67-70）就進一步指出，學校課程，無論是課程設置或是整個課程編制過程，都受社會各種因素的影響，並受不同社會觀的支配。因此，社會學對學校課程可產生以下的影響與啟示：

㈠學校課程與社會經濟有著生生不息的關係，社會政治、經濟制度制約著課程的設置與課程編制的過程。

㈡學校課程總是離不開社會文化，課程既傳遞和複製社會文化，同時也受到社會文化，尤其是意識型態的規範制約。支配地位之階級的意識

型態，總是引導人們重視某些學科，輕視某些學科。

(三)關於學校的課程思想，總是與一定的社會背景聯繫在一起，學校課程
或是為了使學生適應某種社會環境，或是為了引發某種社會變革。只
有將各種課程思想放在當時特定的社會背景裡，才能更容易加以理
解。

(四)早期思想家往往從社會理想出發，籠統地探討課程設置與社會構成的
關係，現代社會學家，則較注重對社會結構、社會互動與課程標準、
課程內容之間關係的具體考察。

綜合上述所言可知，學校的課程與社會學兩者相互影響，但學校處於
大社會脈絡之下，不論從鉅觀或微觀的角度來看，學校的課程除了必須適
應社會，在近來社會開放多元之後，透過學校課程來改造社會的觀點則同
時受到重視。因此，從社會學的角度來看，學校的課程應同時兼顧適應社
會與改造社會。

二、學校課程必須容納多元的價值與文化

Ornstein & Hunkins（1998, p.146）指出，由於種族與文化的多樣性，
使得學校課程必須能將各種不同的文化與社會價值納入整個國家的結構中
（fabric），教育人員需要制定不同的學習目的、學校方案及教學途徑，亦
即較有彈性的課程，甚至於需要創造多樣的教育環境以符合所有學生的需
求。因為學校再也禁不起將任何學生在社會與經濟上加以邊際化。課程必
須能促進學生「在行動中求知」（knowing-in-action），也必須培養學生成
為動態社會的主動參與者。除了顧及種族與文化的多樣性之外，課程學者
經常指責學校所創造的課程是再製社會不平等的工具，這使得學校在種
族、階級和性別方面將一些特定的族群加以邊際化了，以至於製造更多種
族（白人、黑人、亞裔等）、階級（低階層或窮苦人家）和性別（男女）
的不平等。

此外，作為公共的知識份子，教師必須擴展課程的關聯性以涵蓋其所
教導學生的豐富性和多樣性，他們同時也必須使課程「去中心化」（de-

centralization）。亦即學生應主動參與管理的議題，包括設定學習目的、選擇科目、擁有自身的、自主的組織，可以自由表達。這不只是教師、學生和行政人員間的權力分配，同時也提供學生成為其學習過程中動力的條件，也提供集體學習、公民行動和倫理責任的基礎，這需要以活生生的經驗呈現而非只是某些學科的精熟。同時，教師也需要在課程發展與研究的要素中關注文化差異的議題。處於人口改變的年代中、大規模的移民、多種族的社群，教師必須確保並承諾將文化差異作為學校教育和公民教育的核心。教師必須確認致力於民主的公共生活及文化的民主制度，藉由校外的奮鬥並與他人合作，使學校可以更注意學生所帶來的文化資源。因此，教師一方面必須領導激勵開放學校課程以符合文化差異的敘事，以使學校的教育由種族同化與歐洲中心的傾向，轉變成朝有效連結國家認同和多樣傳統和歷史的方向發展（Giroux, 1995）。

由此可知，在開放多元的社會中不同的價值、文化與族群都應受到重視與關照，學校在課程內容的選擇、設計、實施與評鑑時，應考量教育機會的均等，尊重不同文化與族群的差異性與獨特性，讓學校的課程得以容納多元的觀點，避免某些族群被邊際化了，因而製造了更多的不平等。

貳、社會學與課程領導概念的整合

課程的發展實具有深厚的社會學意涵，課程有無能力促進社會流動，追求社會正義？課程如何反映意識型態？課程與社會變遷的關係如何？這些問題都可從社會學的觀點加以分析（陳奎憙，民 90）。有鑑於課程發展與學校課程都是課程領導的重要面向，因此社會學與課程領導之間的概念可進一步加以整合，以下分別就課程領導如何追求社會正義，實踐教育機會均等的理想；學校知識的選擇如何能符應社會潮流與趨勢；課程領導如何促進社區的參與；並在後現代社會的思潮中，更加重視課程中意識型態的批判及批判意識的覺醒，以使課程能包容不同的意識型態與觀點等四項議題，加以論述兩者概念的整合。

一、課程領導必須促進教育機會均等理想的實踐

Apple（1995）指出，教育上與所有社會議題的爭議在過去的一、二十年已逐漸轉變到右派思想，強調理想化的自由市場經濟、提高能力標準以增加對學校課程與教學的控制。但這種右派思想及新保守主義運動卻已對教育產生一些不良的影響，諸如：無法達到標準所產生的恐慌，文盲比率的增加，學校中對暴力的恐懼，家庭和宗教價值的解構，這些都使得文化和經濟上統治的團體藉由強調標準化、生產力和浪漫的過去，使孩童仍掌控在他們手裡並學習共同的課程。家長則關心孩子的將來所處的經濟狀況是低工資、飽受失業之苦，文化和經濟的不安全感，而新保守主義及右派論者的立場即在強調這些恐懼。新保守主義運動的成功之處即在邊際化了一些教育的聲音，這些被邊際化了的聲音包括經濟不利、文化不利、婦女、有色人種，以及那些被蒙在鼓裡或無法發聲的人。

被邊際化的這些族群一方面必須面對這樣的新保守主義的社會條件，一方面還得面對受到嚴密控制的學校課程，以至於他們的教育機會與優勢或統治族群相較之下是明顯不平等的。而學校的課程在這樣的大社會環境下，通常也是在衝突和妥協中建立，是較大的社會運動與校外壓力的產物。一九八〇年代保守主義復甦，使得政府的干預更加明顯，外加上政府利用媒體控制教育上的爭議。對課程的控制權愈來愈集權化，並自第一線的教育人員手中拿走（Apple, 1995）。

面對上述這種右派與新保守主義復甦的現況，Apple（2000）更舉例說明這種市場機制與社會、經濟階級的不平等只會更加惡化，因為經濟及社會資本可以用各式各樣的方式轉換成文化資本。在市場化計畫中，愈富有的父母通常愈有空閒訪視各種不同的學校，並能用自己的車載著自己的小孩到其他城鎮中較好的學校去上學。再者他們可以提供潛在的文化資源，如校園內與課後活動（跳舞、音樂、電腦課等），既可休閒又可作為文化資源。因此，愈富有的父母似乎愈具有非正式的知識與技巧，使他們能利用市場化的形式獲取自身的利益。相較之下，勞動階級、窮人、移民

的父母則相形失色。

總而言之，正如 Elliott（1998）所主張的，教育改革應將焦點集中在課程與教學及教師的發展，以使教師即實驗的創新者或行動研究者（teachers as experimental innovators or action researchers），並使社會的文化資源能讓所有學生平等的取得。因此，為了避免某些學生因為種族、性別、文化、經濟上的差異，造成他們在教育機會上的不平等，如此有違民主社會公平正義的原則。雖然學校的課程的確受到各種不同勢力的影響與干預，但為了實踐教育機會均等的理想，課程領導者在學校課程設計、發展、實施的過程中，應加尊重多元差異，包容多元的文化與價值觀，不分兒童的社會經濟背景，提供必要的共同課程，讓每位學生在經費、設備及圖書資源都能獲得平等的待遇，使每一位學生都能有相等的機會充分開展其潛能。

二、知識的選擇必須符合時代的潮流與趨勢

處於知識爆炸的時代中，課程領導者必須特別注意兩項議題，一為「什麼知識最有價值？」，一為「組織知識」。就「什麼知識最有價值」而言，這項議題在複雜與變遷快速的社會中更具有其社會意涵，因而近來甚受課程學者一再地強調。因為知識變遷快速，所以必須不斷反問自己「什麼知識最有價值？」，不斷重新考量我們現在所認為有價值的知識。課程學者和實務工作者可以一起合作，並在社會問題和議題變遷快速的脈絡下，測試他們的理念。就組織知識而言，知識並非一成不變，而是會隨著時間與不同的社會情境而有所改變，因此學校中的學科內容也應定期加以修正。當然舊知識必須加以刪去，新知識則應統整到特定的知識領域及新脈絡中，新知識也應統整到道德的合法脈絡中（Ornstein & Hunkins, 1998）。

所以，McNeil（1999, p.64）就主張，教師必須設計課程變通方案以符應社會變遷，讓課程能使學生學會如何處理地方的環境和社會問題，其主要的方式有三類：㈠社會適應：幫助學生適應社會現況。例如，為了適應

資訊化社會的來臨，則在課程中加強電腦課程及電腦使用能力；㈡社會修正主義：幫助學生超越過度的個人主義、消費主義、物質主義，鼓勵自給自足及互惠互利，追求關係的發展而非物質財富的追求。例如，教師針對有關 AIDS、疏離、種族隔離等社會問題發展教學單元以幫助學生重視並討論如何解決這類問題。此外，也有教師透過設計園藝課程，讓學生學會如何照料土地並學會如何與自然相處；㈢社會批評主義：有關社會知識的發展，並對社會本身、社會的實踐、社會的制度發展批判性的觀點，提升對生活中權力的運用與濫用的意識，計畫良善社會的願景。例如，學校透過水質研究，了解水污染的情形，並透過媒體發表研究結果，促使政府當局重視水污染問題，進而採取行動加以改善。在採取社會行動的過程中，學生必須學習環保課程，同時也必須了解不同政府部門間的權力關係，以及有關自己如何透過媒體以發揮影響力。

　　總之，社會總是對學校及其課程決定有主要的影響力。在這些勢力中，有些源自於大社會，有些則源自於地方社區。同時，教育人員也面臨選擇：「接受並反映時代趨勢」抑或是「評估並改進時代」，這其中有時也涉及一些權力的運作形式。事實上，對課程領導者言，其領導學校課程的發展，必須能不斷反省什麼知識最有價值？並思考如何將新興的知識和議題有效的組織納入學校課程之中，尤其面對社會上所衍生的一些新興議題，如人權、兩性教育、資訊、環保等，由於正式課程的修訂經常無法跟上社會變遷與知識產生的速度，因此，為了能讓學校的課程能夠反映並符合時代潮流的趨勢與變遷，實有必要藉由適當的課程領導，領導學校進行慎思與設計，將新興的議題適時而適切地融入或納入現有的課程之中。

三、學校課程事務必須包含更廣泛的社區參與

　　由於新右派結合新自由主義，加上市場機制的運作，使得新保守主義復甦，一切回歸傳統的價值，造成各國教育正處於轉變的時期，政府、學校和社區家長三者間的關係必須重新加以調整，此種教育市場化和家長選擇、社區參與等措施，加強家長對子女教育的理解和參與，過去強調家長

作為共同教育的責任，近來教育政策更進一步將家長對學校的義務轉變為權利，學校有責任完成家長的權利（歐用生，民 89a；Apple, 2000; Whitty, Power, & Halpin, 1998）。

在這樣的環境之下，大社區有權了解校內所發生的一切及其原因；也有權及責任質問學校所宣布的課程目的和一般課程架構；同時也有權充分得知課程及學校環境對學生學習和生活品質的影響，學校中的成員、校長、家長和社區人士主動參與課程設計和評鑑決定，都必須能明確地向大社區表達，接受公評、質問與挑戰，並能向社會大眾解釋並說明選擇特定教材與學習活動的理由（Henderson & Hawthorne, 1995, pp.98-106）。

因此，教師應持續參與和其他教育人員、社區人士、各類文化工作者及學生間的對話，並能知覺他們職位的限制，使其教學的脈絡明確，挑戰現行的知識組織，並將之融入固定的學科，與他人站在同一陣線以取得工作條件的控制權。至少教師須努力轉換現行學校中的工作與學習條件，這意味著不只必須和社區人士、教師、學生和家長一起努力開啟進步的空間，同時也必須與其他文化工作者形成聯盟以論辯相關教育政策。課程必須在與社區、文化、傳統有關的知識之中加以組織，給予學生歷史感、認同感和空間感。因此課程內容需要加以確認並批判地加以擴展其意義、語言和知識，以使學生得以用來協調並豐富他們的生活（Giroux, 1995）。

綜合上述所言可知，家長與社區的參與是不可避免的社會趨勢與潮流，課程領導自無法自外於此一趨勢與潮流之外，所以，唯有以更包容的心態，接受家長與社區的意見，甚至接受他們的質問與挑戰，同時學校也必須開啟與家長社區間的對話，針對學校課程與相關政策進行論辯，讓學校形成一課程社區，在此社區中家長、教師、學生、行政人員及其他利害關係人，共同努力促進學校教育的進步與改進。

四、後現代社會思潮的挑戰，重視批判意識的覺醒

誠如 Doll（1993a, p.279）所言，我們正處於一「後……（post）」的年代中，如「後共產主義（post-Communist）」、「後國家主義（post-national）」、「後工業（post-industrial）」、「後結構（post-structural）」。因而以「後現代」一詞代表一新的年代，表示打破過去，卻非否定過去。事實上，後現代的思想，代表著開放系統、複雜結構、轉型改革時代的到來，同時必須以新的原則取代傳統的 Tyler 原則。所以，Doll 進一步提出四個標準，即所謂的「4R」以作為後現代課程設計的理想規範，分別為：多樣性（Richness）、反省性（Recursion）、關聯性（Relations）、嚴謹性（Rigor）（Doll, 1993a, 1993b）。

Slattery（1995）也指出，我們正進入一個嶄新的年代，在此一年代中，許多哲學家及人們都質疑是否有普遍的生活價值，這樣的懷疑主義通常被稱為後現代主義（postmodernism）。傳統的課程發展方案與改革的共同之處在於致力於有組織的目的、可測量的目標和精熟的評量，以獲致具體的教育結果。但再概念化（reconceptualization）則重視課程發展理論與方案的批判分析，重視傳記及現象學的經驗，而後現代的課程發展根據 Pinar「currere」的方法，先從個人的經驗開始，然後再作廣泛的連結。所以，後現代主義的課程發展同時注意所有經驗的交互連結（interconnectedness）及自傳觀點（autobiographical perspective）的重要性（Slattery, 1995, pp.55-58）。

Popkewitz（2000）則從後現代及歷史的角度來探討課程的管制或管理的角色，並從課程史的角度說明組成學校學科和教學知識之轉變。他將討論的核心集中在學校學科的特質及學童在課程中的彼此相互關聯及社會的實踐。其所關注的重點主要在於：㈠學校教育的知識如何具體表現在個人道德行為的社會及文化特質中；㈡課程作為知識功能的理論問題，如何區分個人行動和參與是否合格。

此外，在後現代思潮的影響下，教育知識的建構迥異於西方理性傳統知識形成的方式，且後現代教師並非以知識基礎的權威走進教室，不是教學生透過教科書或課文讓學生獲得永恆不變的客觀真理，而是讓學生自行體驗其信念與價值之暫時性。學生必須體認到其本身所處的文化遺產，只不過是許多文化遺產之一，而任何文化遺產也不單純是知識或價值的累

積,而只不過是歷史過程中開展出來的一種「形構世界」(configuring the world)的方式之一而已。課程內容因而不應只是累積的知識或價值之儲存,而應是一組結構化的「境遇」(encounters),使學生親歷各種不同形構世界的方式,從而擴展視野,覺知到自己視野的侷限性(楊深坑,民88,頁14-15)。

綜合上述所言可知,由於後現代社會的文化傾向、價值、思考和行動模式,無論在敏感性、思維和談論方式上都迥異於現代社會。而現代與後現代巧妙結合,形成了混亂的平衡,使得課程改革一方面強調鬆綁、自主、加強學校本位,一方面卻實施國定課程、標準化評量、加強管理和控制;表面上給教師自主、增權增能,但實際上卻加強績效責任、實施教師評鑑,而這樣的混亂就是後現代社會的表徵(歐用生,民89a)。在進入後現代時期之後,提醒我們以往太過重視以技術理性為基礎的課程,所以,不應將自己束縛在技術理性之下,而將其當作是唯一思考方式。因此,教育也應重視情感、感性及只可意會不可言傳的思想。因此,學校中這種「技術性的求知」(technical knowing)與重情感、感性的「本體論」的求知(ontological knowing)應彼此互補。所以,除了技術理性、預測、客觀的部分,那些不可預測、想像、熱情、情感等主觀的感受也應加以重視(Hartely, 1997)。

因此,課程領導者在後現代思潮的衝擊與挑戰之下,必須重視個人經驗間的交互連結與關聯性,並重視個人的主動自我反省,而非被動的接受,並對所有「真理」抱持存疑的態度,重視批判意識的覺醒,省察不平等的權力關係,將課程內容視為暫時性的知識,不斷反省批判以促進課程內容與知識的不斷創新。

參、社會學在課程領導上的應用

社會學的目的在探究社會的發展與變遷,了解社會組織、環境與制度的運作及其對學校成員的影響。學校是大社會的一部分,學校可以改變社

會，社會也影響學校的課程與教育。課程領導必須領導學校課程發展符合
社會潮流趨勢，對學校課程與教學進行有效管理，增進成員的專業成長與
發展，培養適應與改造社會的能力，爭取必要的資源並廣納社區人士的參
與，共同努力改進學校的課程發展與實施，照顧弱勢族群，以實現教育機會
均等的社會理想。茲就社會學在課程領導的應用分以下五方面加以論述：

一、符應社會的變遷，進行有效的課程與教學管理

　　課程和課程研究總是一種不完美的計畫（Popkewitz, 2000, p.96）。此
外，誠如 Kincheloe（1998, pp.129-130）所指出的，課程是一主動的過程，
而不僅僅是課業計畫、教學指引、標準化測驗、目標或教科書而已。課程
是一全面的經驗，一位有自我知覺能力的主體形成其自身的生活路徑之旅
程。他進一步根據 Pinar「currere」的觀念指出，課程是一永遠無法完成的
產品，最終只能精熟並加以通過，等待新一代課程的產生。如此可將我們
的焦點集中在生活的實體、社會－政治的遭遇、個人認同的形成。因而必
須同時重視個人正義與社會正義，同時兼顧個別性與集體性。

　　當學生參與自身的自我知覺及社會建構的主體性，則必須要求更加具
有挑戰性及更加能與世界連結的課程。因為「教師即研究者」，所以教師
們一直處於一種不斷在改變、不斷在分析、不斷在建構、不斷在學習的過
程。因此，「currere」意識的行動研究目的並不在於產生合法的資料與有
效的教育理論，而在建立一種藉由省思及基於社會歷史脈絡的後設理論的
認知，亦即強調更深層的理解或較高層次的認知活動（Kincheloe, 1998, pp.
132-133）。

　　由此可知，學校課程應是隨社會變遷與時代潮流而不斷加以建構與改
變的，只是面對社會與時代的轉變，學校課程應如何因應？在觀念的轉變
可朝上述的方向發展。只是實際上學校課程的轉變上並非如此順利與單
純，有時社會變遷對學校的課程所產生的是負面的影響，有時涉及同社會
勢力的角力，造成學校課程要符合社會的變遷必須更加有賴有效的課程與
教學的管理，讓學校的課程能符合正向的社會變遷。針對這樣的情況，

Doll（1996, pp.107-121）就曾分析整個社會與文化對學校課程的影響，得知有以下三種主要的方式：

㈠透過傳統權力來阻礙變革

傳統有時被視為是舊勢力，可能會阻礙進步，並成為嘗試、創新等改革的絆腳石，但有時社會與文化的變革太過快速也產生負面的影響，使我們不得不維持一些有用且有助益的傳統。課程領導者必須將這些傳統的助力納入考慮，尊重優良傳統並阻止有礙變革的傳統。因此，尊敬良善的傳統，挑戰不良的傳統。只是在進行這方面的變革時應切記避免「倒洗澡水時不要連嬰兒也一起倒掉」（Don't throw out the baby with the bath water）。

㈡透過社會與文化的影響以加速變革

改革有正面效果亦有負面影響，當今社會與文化在許多層面影響著變革的加速，如科技的進展、交通與通訊的改進、家庭型態的改變、人口的改變、社會運動、價值觀的轉變等。例如：美國許多大都會的學校因為不同文化學童的湧入，被迫必須進行課程改革。其他如家庭生活的改變使得學校必須擔負起更多原本屬於家庭的責任，單親兒童的增加，使得許多的孩童陷入危機；在其他的變革中，中小學除了仍必須擔負起學生認知發展的責任外，所面對是在種族、社經地位、心智能力、才能等方面更多樣的學生，且必須擔負起更甚於以往的情意教育責任。

㈢增加政治上的壓力

在社區及學校系統內的政治力常以各種巧妙的形式影響著學校的課程。各種社會及文化賦予教師大量的責任，加上學校領導者無法強調學習真正重要的部分，造成老師和學生學習的負擔過重。政府還開始以預算補助來控制表現良好配合度高的機構和學校，並藉由經費的控制施壓給學校使其達到最低標準，並在學校中加入新課程；進而達到政府所強調的一致性目標：品質、公平、效率和選擇。

課程領導者必須對這些影響方式有所了解，才能有效因應並對學校課

程與教學進行有效的管理。舉例而言，學校針對社會變遷所衍生的新興議題，如何納入學校課程中？是歷來相當難以處理的問題。將新興議題都納入課程易導致課程激增的問題，而使課程內容超過負荷，加以忽視或選擇性納入，又易引發爭議且有時跟不上時代潮流的變遷。因此，課程領導者面對這樣的情況，勢必要進行更有效的課程與教學的管理，針對學校、學生、社會與國家的需求與要求，共同研商，順應社會變遷，又能兼顧需求與負荷，以取得一適切的平衡點。

二、倡導終身學習，促進成員發展與成長

Pekarsky（2000）指出，一項被視為具有教育性的經驗必須有助於個人成長，並幫助他（她）們獲得終身不斷成長的技能和心知習性。因而必須倡導終身學習，並需要慎思的技能、態度和秉性，特別是將這些技能、態度和秉性應用到所有的生活面向，並熱心參與民主的社區。

Quicke（1999, pp.1-2）也主張作為二十一世紀民主化學習社會的一份子，課程應能促使所有公民能建構良善的生活。課程可以提供學習的架構，其所代表的是最值得學習的事物，能符合學生的教育需求，並符合社會及政治脈絡的需求。每個社會都有其課程，所以所有社會都是學習型社會。他進一步指出，許多主要的自由民主教育目標，如自主、尊重他人、批判能力的發展等，已被視為愈來愈符合政治與經濟所要求的能力，而建立「民主化學習型社會」（democratic learning society）已成為共同的願景，透過教育以實現這種學習型的社會。而此民主化學習型社會的課程需要考量兩個交互關聯的面向。首先是哲學立場，可將之界定為「道德－政治哲學觀」（moral-political philosophical perspective），假定道德哲學與政治哲學間的立場應一致。其中道德哲學主張人類應被視為能作道德的選擇，政治哲學則主要關注自由、平等、正義和民主制度；其次則是「社會假定的理論」——所假定的是當今社會改變的方式，以及如果想要實現適當的道德與政治價值，則需要變革，以彼此滿足需要。因此，若沒有建基在道德與政治價值的架構上，則政治將失去方向，也不連貫；如果道德缺

乏政治則太過抽象，並被視為是烏托邦，無法與具體的社會環境相連結。

　　此外，面對更加民主化的新時代，必須有新專業主義以幫助社會與道德秩序的建構，並朝專業主義的合作性文化發展，尤其文化世界逐漸多樣化，意味著需要新形式的專業社群及新的夥伴關係（Quicke, 1999, p. 51）。並主張必須建立所謂的「終身課程」（curriculum for life），而為了實現這種「終身課程」必須有新教師配合，因為好老師是好學校的必備要件。因此，終身課程的落實必須有好老師配合。這些老師必須能對種族、階級、性別及其他結構性因素所造成的限制發展洞察力；並能認可師生都處於一種合宜的狀態；同時也能提供學生機會經歷其他類型的關係；同時也認可在個人關係上連結正義和公平以及整體社會中的社會正義是合適的；並能具有掌握可能危機的充分知識。此外，教與學的組織必須讓教師組成團隊，具有彈性、適應力，並能在團隊中工作，建立合宜的人際關係，有信心可以實驗、冒險，以革新並追求其他省思和合作性的活動。這樣的組織中多數的決定是合作而民主地達成，並採團隊的方式進行，此外，資源也必須公平地由各個團隊所共享（Quicke, 1999, p.163）。

　　綜合上述所言可知，面對學習型的社會，課程領導者應在學校建立「終身課程」，幫助教師及學生不斷地成長。因此，學校的期望也不再只是幫助學生通過考試而已，更要幫助學生成為終身學習者（Young, 1999）。此外，更必須切記 Elliott（1998, p.17）的主張：「我們長期忽視將課程視為是一種社會實驗（social experiment），並由教師扮演最重要的角色。因此，主張教師即自身在學校與班級中實踐的研究者，沒有教師的專業發展，就沒有課程發展。」總之，課程領導者面對民主開放的學習型社會，必須能倡導終身學習的理念，並促進教師不斷地成長與發展，進而促成學校課程的發展。

三、爭取資源提供支持，化解改革阻力

　　誠如歐用生（民89a）所指出的，傳統上學校在政府全面保護下，孤立於社區之外，與社區之間的關係並不密切。但教育鬆綁、學校自主之

後，要加強與社區的聯繫。尤其是教育市場化的趨勢之下，學校為爭取消費者，更非打開大門，迎接市場需求不可。因此，如何爭取社區資源和支持，更成為校長的專業能力之一。而社區資源並非只有家長的經費和人力支持而已，社區力量及社區作為國家官僚和教育市場間的媒介更是重要。

　　而除了爭取資源提供支持之外，由於課程總是有意或無意的設計以維護特定利益，時常形成課程變革中的障礙，特別是變革中因為意識型態與教育原因所產生的抗拒（Young, 1999）。所以，事實上課程領導者如何化解這些課程改革過程中的阻力、障礙與抗拒亦相當重要。誠如 Lunenburg & Ornstein（2000）所指出的，一位能接受「人」才是成功課程活動和實施關鍵之課程領導者，必定能知道人們在自身與改革努力間的障礙。其主要的障礙在於：㈠成員、行政人員和社區人士間的慣性（inertia）：許多人也多認為維持現狀較為容易，大家也較習慣於維持一穩定的狀態；通常教師無法或不樂於跟上學術的發展，並視新課程為要求他們學習新的教學技巧、發展新的課程發展知能與學習資源的管理或需要新的人際關係技能；加上擔任教職的人在本質上都有順從者（conformist）的傾向，他們並非好的革新者；㈡「不確定性」導致缺乏安全感：通常教育人員安於現狀就不樂於為不明確的未來而作改革；㈢改革太過快速，讓先前的改革努力失去效用也是另一導致人們抗拒改革的因素之一；㈣因為人們的無知而抗拒改革：不夠了解改革或缺乏相關資訊。總之，課程領導者必須給予所有相關團體，包括教師、學生、家長、社區人士，足夠的資訊及其方案的原理原則。並了解如果缺乏經費或時間支援的話，人們也會抗拒改革。

　　綜合上述所言可知，課程領導者必須能爭取必要的資源並提供支持，也必須能了解並化解課程改革的阻力，同時也改善成員對改革的容忍度，其具體的作法包括（Lunenburg & Ornstein, 2000）：

　㈠必須了解成員對改革的反應：一位成功的改革行動者知道人們是如何回應改革，也懂得如何鼓勵他們容忍改革。一位明智的行政人員了解教師通常因習慣、傳統或懶散而不情願改變他們自身的行為。

　㈡課程的革新和實施需要面對面的互動與人對人的接觸：團體所表達的

觀念和價值必須讓團體中的個人接受，這就是為何課程領導者需要確認團體成員對課程立場能明確了解。建立一組織完善的團體，擁有明確的任務感和信心可導致改革，這也是讓個人可容忍改革觀念的一種方式。

㈢可藉由連結個人與組織間的需求與期望來增加教育人員改革的意願。但有時不當的連結易導致兩者間的衝突，但行政人員必須承認這樣的衝突無法加以避免，反而應加以管理。在學校中校長是符合個人需求與制度期望的關鍵人物，藉由促進信任和團隊合作，以建立學校的精神和改革的容忍度。

四、擴大社區參與，與社區建立良好關係

課程無可避免地是處於家庭－學校－社區三者間的關係，因此，「學校－社區的計畫」有必要加以建立（Doll, 1996）。加上現代與後現代社會改革的交錯激盪，使競爭、市場及選擇居於一端，績效責任、表現目標、標準、國定測驗和國定課程居於另一端，此兩種表面看來對立的論述，卻創造了眾聲喧嘩的環境，難以再聽到其他任何的聲音，上述的這些傾向實際上彼此增強並有助於將保守的教育立場鞏固到我們日常的生活中（Apple, 2000, p.57）。因而新右派加上市場機制的影響，使得社區參與學校課程事務是不可避免的趨勢，家長及社區影響課程的權利愈來愈受到重視與擴張（Henderson & Hawthorne, 2000）。

事實上，就學校和家庭的關係而言，以家庭為本位和以學校為本位的教育不必然衝突，只是以家庭為本位的教育常低估了學生在能力和社會背景上的重大差異。因此，教師應與家長建立更定期更深遠的關係，並視家庭為課程的主要部分。所以，學校與家庭的關係應更加密切，發展更密切的親師關係（Quicke, 1999）。

由此可知，面對社會及文化環境對學校課程的影響，課程領導者並非抗拒這些影響，而是應更有智慧地加以利用來幫助課程計畫。首先，課程領導者面對這些社會文化的影響力時，需要有開放的胸襟，儘管並非所有

的社會與文化影響力都是良性的，但卻都必須加以傾聽與考量。教育領導者通常被視為太過獨斷與防衛，對大眾所言興趣缺缺。學校中的專業人員應有專業自主性，但卻也應聽取其他公民的聲音。此外，課程領導者應率先帶頭利用這些社會與文化影響力（Doll, 1996）。總之，為了進行更有效的課程領導擴大社區的參與，增加社區民主參與和責任，擬定學校－社區計畫，進行公開的論壇和對話，將使學校和社區建立良好的互動關係，進而充分結合學校與家庭教育，如此才可發揮學校教育的最大功效。

五、豐富課程內容，促進教育機會均等

教育同時具有延續（傳遞）及改進（轉型）社會的功能，所以教育人員肩負重責大任，必須反思然後決定採用什麼樣的內容和活動以促進個人及社會成長，進而導致社會的改進。在現代科技化、工業化、資訊化的社會中，學校扮演重要的角色，特別是在資訊的量與複雜性增加的情況下，學校及其他教育機構將發現有必要給予更多樣的課程，課程領導者在決定教育的內容、經驗和環境上扮演重要角色（Ornstein & Hunkins, 1998）。為了達成上述的目的，可設計規劃 Quicke（1999, pp.160-161）所設計的「終身課程」，讓所教導的每一主題必須能與其他主題相連結，並讓主題足以容納多樣化的內容，實際所選擇的內容取決於師生是否覺得合適。而教師最重要的責任在於培養學生在實踐中熱愛學習，並能結合每一主題以持續到終身，同時也應鼓勵學生有創意地建立知識和經驗，並能對現有的知識與經驗加以批判。

除了豐富課程內容以適合不同學生的需求之外，誠如在 M. Young（1998）在《未來的課程》一書中所主張的，課程中所認可的知識概念係透過社會階層化的過程，以反映某些團體的權力，進而主張這些團體的知識觀，如此才能超越爭論。

此外 Young（1999）也主張，課程是社會的建構，特別是「權力分配」、有權勢者與課程的利益間產生連結。然而，這並不意謂由那些居於有權力和影響力地位的人所支持的課程，其本身是必然的「好」或「不

好」。此一議題必須回歸其目的：「我們想要課程達到什麼？我們如何證明其真正達到？」社會學的研究已經揭露了這些潛藏在課程組織與內容的官方形式中之有力利益，並且主張課程可以以作為社會選擇的靜默形式來運作──通常是對抗多數人（majority）的利益。然而這並非意謂那些被排除於權力之外的人擁有更多特權來宣稱課程的客觀性。

為了更進一步說明課程中的權力運作，Kincheloe（1998）指出，教師和學生系統化地分析社會政治的曲解如何默默地運作以形成師生的世界觀、教育觀及自我圖像，如果更深入地鑑賞此一過程，實務工作者將發現詭詐的權力運作方式，以使某些團體建立壓迫的條件，並使一些團體擁有特權。

誠如 Franklin（2000）所指出的，「效率導向」（efficiency-oriented）課程思想特別偏好標準化與統一性。但這種課程思想明顯的是反民主的來源，嚴重威脅人的冒險性與知性的滿足感。所以，學校就成為社會控制的工具，使既有的社會階級及其所造成的社會不平等得以再製。因此，課程領導者與教師必須不斷地反省，課程的發展包含了教什麼？內容該如何組織？師生可以取得什麼樣的教材？以及其他與學校教育內容有關的議題。這常常是有關發展學校或學校系統的政策，各學年學科及學習科目的目標，並伴隨任務聲明及一般哲學（McCutcheon, 1999）。

此外，課程領導者有必要從社會學中批判論的觀點及後現代的論述中反省批判影響教師思考、談論和創制課程的因素，以了解不同文化、種族、階級、性別，在課程中所受到的不平等待遇，以改進並建立教育機會均等的課程與教育。

因而就種族與文化而言，必須重視多元文化課程，讓那些先前被排除在課程中的歷史與社會表徵中的不同團體可以發聲是很重要的（Popkewitz, 2000, p.94）。而當學校功能成長時，應提供學習經驗以促進不同文化間的了解與合作。這也就是為何一九九〇年代初期課程中很強調多元文化教育的原因（Tanner & Tanner, 1995）。因此，學校中的課程將會包容更廣泛的文化與觀點，促使不同族群間的相互了解與尊重，並承認學校課程

應顧及學生的多樣性,同樣地,學生也應經歷可以讓他們致力於核心價值和實踐的課程。

就課程中階級的議題而言,則主張應將中下階層的人從貧窮的危機中解救出來,學校課程應給予這些低階層的孩童工具和態度使他們得以跳脫貧困及暴力的循環。在美國階級系統被視為可以打破的,透過教育和努力,人們可以獲得成功,但即使對社會和教育制度有所批評,也必須承認有太多的例證指出,成功人士相信學校是有意無意地計畫透過課程使學生向下沈淪或加以邊際化,或確認他們是喪失公民所應具有的權利。

而就性別的議題而言,性別絕非只是生物上差異,其實性別差異與社會建構有密切關聯。「sex」或許是生物學所賦予的,但「gender」則是受社會及文化因素的影響。對課程學家而言,主要的關鍵議題在於課程如何影響性別?課程中所建立與呈現的一切,是否某一性別特權會貶抑另一種性別?在父權體系之下,我們處理資訊的價值和方法都是有利於男性而不利於女性(Ornstein & Hunkins, 1998, p.146)。

總之,許多的課程問題必須在地方層級加以解決,因為情境個殊所以不太可能找到通則化的解決之道,而課程發展也只有加以落實或實施之後才能有更多的理解。只有透過地方教師與行政人員參與課程發展使教師更加了解他們所要教的內容。所以,教師參與課程發展是促使教師真正了解課程的根本,如此也能增進教師對即將發展的課程有信任感與承諾感,進而提升專業感(McCutcheon, 1999)。課程領導對於自己具有這方面的職責有所認識,並勇於負責,根據學校的客觀環境與需求,進行慎思,不斷反省所提供的課程內容之多樣性與豐富性是否能滿足學生與社會的需求,在所提供的課程中是否顧及不同種族、文化、階級及性別的差異與需求,有無造成教育機會的不均等。這些重要的社會學議題,都是課程領導必須思考與重視的,唯有如此,才能領導學校課程朝向豐富多元的方向發展,且能兼顧教育機會的均等。

本章小結

　　本章為校長課程領導學理基礎的第二部分，分別從行政學、政治學、社會學的角度來分析課程領導的理論依據。全章共分三節。第一節為課程領導的行政學分析；第二節為課程領導的政治學分析；第三節為課程領導的社會學分析。

　　首先，就課程領導的行政學基礎而言，旨在闡明課程領導者在課程領導過程中，如何利用全面品質管理、學校本位管理、知識管理、學習型組織等行政學的管理理念，加強溝通協調，進行有效的行政管理與組織結構再造，促進課程知識的分享與創新，塑造課程專業文化，促進成員專業發展，並兼顧學校課程設計、發展與實施，並能建立課程與教學的評鑑網絡，以提升學校教育的效率效能。

　　其次，就課程領導的政治學基礎而言，旨在探討課程領導過程中，應用政治學中強調協商機制與不同勢力的整合，認清不同政治立場左右學校課程的事實，進而投入政治活動，制定合宜的課程政策。因此，政治學在課程領導的應用必須先認清國家的課程控制與管理，調解政治與專業判斷的衝突，超越各種制度的疆界，進而培養並增進機構與個人的能力。具體作法上則應充分連結國家、地方與學校的課程，展現民主化的領導，化解政治與專業判斷的衝突，促進不同群體的合作。

　　最後，就課程領導的社會學基礎而言，旨在論述課程領導應用社會學的學理基礎，如何使學校課程適應社會也改造社會，並能容納多元的社會價值與文化。因而在課程領導過程中，必須顧及教育機會均等理想的實現，符合社會潮流趨勢，增加社區參與，並喚醒批判意識的覺醒。是故，課程領導必須符合社會變遷，進行

有效的課程與教學管理；倡導終身學習，促進成員發展與成長；爭取資源提供支持；擴大社區參與，建立良好關係；豐富課程內容，促進教育機會均等。

第二篇

實務篇

實務篇

第五章
美國課程領導的實施現況

　　美國是一地方分權的國家，聯邦憲法將教育權保留給各州（謝文全，民 84）。因而各州在課程政策與權力的分配上有著不同的狀況，有時是呈現多樣的面貌。是故，欲細究美國各地的課程領導實施情形，實屬不易。因此，本章針對美國課程領導實施現況的探討，將先透過對美國的教育制度特色、課程政策的現況、課程權力的分配等課程領導的發展背景作一分析，以對美國課程領導實施現況的形成原因作一全貌性的了解。其次，針對主要的課程領導者、校長在課程領導中的角色與任務、校長課程領導的模式等課程領導實施現況進行探究，以了解其課程領導的理論與實務的發展現況。全章共分為兩節，第一節為美國課程領導的發展背景，首先就美國課程領導的發展背景作一分析，除了有助於了解其教育制度的特色外，也有助於明瞭其課程政策的現況及課程權力的分配；第二節為美國課程領導實施的現況，將分析其主要的課程領導者、校長在課程領導中的角色與主要任務，以及其所建立的課程領導模式，以了解其在課程領導的實施情形。

美國課程領導的發展背景

壹、教育制度的特色

　　傳統上，美國教育行政屬地方分權制，聯邦憲法將教育權保留給各州，各州初等與中等教育又大都由地方學區負責（謝文全，民84），因而顯示出美國教育的多樣面貌，不同的州有不同的法律與傳統。美國的聯邦政府只能藉補助經費與有限的法令去影響教育，而每一州也都謹慎地不去過度干預地方學區的控制權（Ervay & Roach, 2001）。由於這樣的傳統，所以，一九九〇年代以前，美國並無全國性的目標提供教學共同的焦點和一致性，但在一九九〇年由布希總統邀集五十州的州長共同發展全國性的教育目標，最後被採用而由聯邦政府立法設定公元二〇〇〇年的全國性教育目標，並鼓勵各州參與全國性教育改革方案（王如哲，民88；Marsh, 1997）。由於美國文化、各州與地方的多元分殊性，想要設計一項廣泛而系統性的方案，而且能夠適用於美國各地十分困難。加上全國的政治體系在教育領域並未擁有全國性解決對策的機制，除非特殊的狀況下，全國聯邦教育部受到法律限制，本身不能涉入州與地方課程的決策事務，即使在實現全國性的教育目標上，也必須採用說服或經費補助的方式，而非強制的方式，以獲致主導的權力（王如哲，民88）。

　　由此美國教育制度的本質，全國性教育標準無法透過聯邦命令予以規範，而是必須受到來自五十州自願性的參與和支持才能生效。而為了進一步制定內容及表現標準，因而一些全國性的專業組織發展其各自學科領域的課程標準。例如：「全美數學教師委員會」（National Council of Teachers of Mathematics）就是第一個建立了數學標準的專業組織（王如哲，民

88；Marsh, 1997）。

貳、課程政策的現況

一、標準本位的教育與課程政策

目前美國教育改革最顯著的特徵在於朝向標準形成的方向發展，教育人員必須面對各式各樣的標準：學生的標準、教師的標準、課程內容的標準及其他大大小小的標準。標準提供競爭基準、精確描述人們的價值所在，也提供課程計畫的基礎（Eisner, 2000）。因此，美國近年來在教育內容方面特別強調教育系統應提供學生更具挑戰性的學習標準，以提升學生基本能力，提高國家競爭力。聯邦教育部依據總統的指示，擬定「學生高標準」政策，並編列龐大預算，補助各州及研究機構從事學生學習標準的訂定，包括：學習內容標準（content standards）以及學習表現標準（performance standards）兩種，前者確定學生應該學習的內容，後者界定學生在各項學習內容必須嫻熟的程度。美國此一標準本位教育政策，直接影響中小學課程與教學的理論與實際。首先，各州州政府陸續訂頒各項學習標準，例如：加州州政府已經訂頒語文及數學學習標準，各項學習內容的設計均採取課程統整的模式。其次，學習標準配合標準化測驗，使得評量的設計與實施便成為標準本位教育政策的重要配套措施。各州依據學習標準先委託學術機構研發標準化測驗，或委託私人測驗公司編製標準化測驗，再定期由各校實施標準化測驗的評量。測驗結果不僅作為教師輔導學生個別學習及升級的依據，更是衡量學校及整體學區辦學績效的重要依據（林天祐，無日期）。此外，一九九四年的「改進全國學校法案」也要求各州發展高品質的課程內容、表現指標及評量，以便獲得聯邦獎助資格（王如哲，民88）。

二、市場化導向與標準化的課程

美國雖然在教育制度的傳統中並無所謂的國定課程，而各州的課程政策現況也不盡相同，但在標準本位的教育政策下，正如 Apple（2000）所指出的，國定標準、國定課程、國定測驗事實上是當今美國所推展的政策，其中國定課程，特別是國定測驗方案更是朝向市場化的首要步驟，這些國定課程與國定測驗為消費者提供了比較性的資料，並提供了市場比較的機制。因此，美國表面上雖然沒有國定課程，但實際上卻是有的。尤其各州藉由每一學科的教科書來建立所謂的「國定課程」。因為教科書的撰寫在某些州，是根據非常嚴格且具體的內容指導方針來管理的。教科書出版商絕不會出版未經州政府認可或銷路不好的教科書，這樣的情況在德州與加州是很明顯的例證。因此，整個國家所教導的課程內容就是在少數幾個州之中所販售的標準化教科書，所以很明確地可看出是屬於「國定課程」，加上大多數的州現在都針對主要學科領域規劃全州性的測驗。漸漸地，教師必須為了考試而教學，即使教師想在這方面維持其自主性，大部分的教材內容與教科書在許多城市與州當中，也都與州政府所規定的測驗緊密關聯，本質上，測驗左右著課程的主體（Apple & Beane, 1999）。

綜合上述所言可知，美國的課程政策在標準本位的教育政策主導下，各種課程標準即使並非在聯邦層級統一制定，在州或市的層級也訂定了各種標準化的課程，指引著學校課程與教學的實施，或者透過標準化教科書與測驗的編製來左右學校課程的實施與發展，這可說是一種「無國定課程的國定課程」。而事實上聯邦或州也會透過經費補助、評鑑、績效責任等機制來控制學校的課程。

參、課程權力的分配

一、州政府課程控制權的增加

　　美國的教育特色即在於有高度分權化的教育制度，因此並未有全國統一的教育制度，重要的學校政策或課程係由州與學區負責，州議會、聯邦法令、州法令及法院判決，對課程或多或少有所規定或要求，教育廳必須依其規定或要求，選擇教育，並協助地方學區了解其內容及實施（謝文全，民 84），而州所規範的學校教育方案內容與結構法律，可能隨各州與區域而有所不同（王如哲，民 88）。州政府的影響力在一九一○至六○年代間相當強大，因為當時學區都不想喪失州的額外補助，而州編寫與認可的教科書當時也發揮了統一課程的功能。另外，加強學校課程方案的認可制度，以及教師的證照制度，也產生了類似的功能。一直到一九六○年代中葉，州政府對美國教育的控制權仍極其微弱，甚至幾乎完全崩解了。當時，州取消了教科書的規定，排除了以往對課程內容的要求，放寬了對師資培育的控管，並鼓勵推廣實驗。至一九八二年，許多教育領導者認為美國的學校簡直一團糟，主因在於未能善加控管，地方教育委員會、行政人員和老師們都不知道怎樣控制課程品質、教學、學習。就許多方面來看，當時美國公立學校的課程已經等同於教科書，雖然有些學校會開放地進行某種課程模式的實驗，個別教師在教室裡為所欲為，只要學生與家長不抱怨，他們也就這樣自行其事了。因而有一九八三年「國家在危機中」的改革報告書，要求美國學校教育進行全面性與系統性的改革（Ervay & Roach, 2001）。

　　此外，一九八○年代初期，績效責任運動導致州教育廳更加密切監控地方學區，有關課程視導的主要手段即採最低能力測驗，建立一套學生能力指標以代表州政府對學生最低的能力要求。但此舉仍不免招來教師組織與學校董事會的責難，因為他們認為這種能力本位的教育會剝奪地方的課

程決定權，教師也覺得他們在課程編製方面大受影響，且權力喪失。但州教育廳仍透過經費分配、排定全州性的測驗期程、實施州的法令與法規等方式，以使州教育廳對學校課程的影響達到最大。因此，這種透過經費補助與測驗來達到州政府的控制目的的方式，即使有時不免遭受到質疑，但的確使得州政府對學校的控制增大，而地方的控制則明顯縮減（Doll, 1996）。

以教科書的選用為例，教科書的選用雖然基本上是地方決定的，通常由學校教師和學區課程專家一起為個別學校評定各種不同的教科書，如此看來課程的確是地方決定的。但從另一觀點來看，教師和課程專家所面對的教科書卻是教科書出版商早就先評估過，什麼樣的內容可以在全國的教科書市場大賣，而此一市場卻由幾個主要的州（如德州和加州）之全州性教科書選用政策所主宰。依此，地方學校人員所面對的是課程中強大的國家勢力，因為決定教科書課程內容的規準在本質上是國定的而非由任何單一學校或學區所決定的（Elmore & Fuhrman, 1994）。因此，在課程決定的權力上，國家及州政府仍在增大其課程控制權。

二、學校與地方課程自主權的降低

雖然，美國公立學校的教育，長期以來課程事務就屬學區的權力，州和地方政府在決定課程內容上只是扮演著邊陲管理（marginal governance）的角色（Elmore & Fuhrman, 1994; Jackson, 1994）。但因為學生學習表現持續不佳，加上企業老闆和新聞媒體不斷與其他已開發國家的學生相比較，造成國家在課程方面所應發出的聲音愈來愈大，以提供連貫和績效責任的標準。所以，國家的參與總是美國教育的一部分，完全的地方控制不再是事實（Jackson, 1994）。因而標準化的情況在美國愈來愈普遍，且大部分強加的標準又多缺乏彈性，也鮮少考量教室中實際發生的狀況。以美國Wisconsin州為例，雖然「公共教學部」花了幾年時間，「從下而上」發展出一套標準。教師、行政人員、學術界、社區人士、行動論者等都深入參與整個標準的發展，加以撰寫以使之更有彈性、更能積極反應現況、更為

實用，並討論其實施與應用。但保守的州政府與立法陣營立場一致，雖然立法部門常談論分權（decentralization），但卻致力於對課程、教學及評鑑作更集權化的控制，可預見的這勢必將增加教師的壓力、加重老師的工作負擔，及重新界定行政人員的角色。如此較少關注課程與教學的實質，而較重視學校的形象。老師所擔憂的是在集權化的課程中，教師在逐漸喪失控制權的環境下，還必須展現他們的表現水準。校長與老師同時經驗到的是沈重的工作負擔、逐漸增加對績效責任的要求、似乎永無止境的會議行程，以及情感與物質資源的缺乏（Apple & Beane, 1999）。

　　此外，再以美國芝加哥市為例，全市教育董事會必須根據州的規定，發展全市統一，且又能反應多元文化特性的學業標準、課程目標和課程架構。各校再依市所規定的課程架構，參酌當地特性與需要，發展學校課程（黃嘉雄，民90b）。因此，學校課程的發展與設計還是必須遵照州的規定及地方所訂定的課程標準、目標和課程架構。雖然仍有其彈性及自主權，但可見的是美國在國家及州政府對學校課程控制權限的增大，相對地也使學校的課程自主權縮小。

第二節

美國課程領導實施的現況

　　針對美國課程領導實施的現況，茲就主要的課程領導者、校長在課程領導中的角色與任務、課程領導模式三方面分別加以說明之。

壹、主要的課程領導者

　　美國從一九六○至一九八○年代在全國的多數大型學區就已有課程發展與領導人事安排的共通形式（Glatthorn, 1987, pp.148-152）：在學區中有負責課程與教學的副教育局長，提供全學區的課程領導；在教育局的人事

中也有多位課程內容協調者（subject-matter coordinators），負責在指定的內容領域中協調幼稚園至高中（K-12）的課程內容；在學校的層級中，校長被期望應提供課程領導，其中較大型的小學中，校長則是由各學年主任或在某些領域（特別是在閱讀與數學方面）學有專長的教師來協助進行課程領導。但近來上述的形式已有大幅的改變，主要原因有以下三項：首先是經費的問題，許多學區為了節約賦稅，精簡教育局的人事，所以，解雇了所有教育局中的課程督學。其次，是各層級的課程領導者，特別是學區的課程協調者和學校中的處室主任的表現未能得到肯定；最後，在研究的支持下，大多相信校長應成為課程與教學領導者。所以，這樣的論點若是成立，也就不需要學區的課程協調者和處室主任。

綜合上述可知，美國主要的課程領導者在不同的層級有不同的人員，上至教育局負責課程與教學的副局長或課程督學，下至學校的教師，都是可能的課程領導者，且在學區層級通常會有「課程協調者」的編制，負責課程協調委員會的有效運作並協調相關的課程事務（Ervay & Roach, 2001）。不過，近來因為多數專家多認為有意義的改革還是發生在學校層級，校長在整體學校效能具有決定性的角色，教師可和校長共同合作擔負起重要的領導功能，但還是需要校長持續的領導，領導力強的校長在決定課程領導程度大小有著舉足輕重的地位（Glatthorn, 2000）。因而校長在課程領導中的地位與角色普遍受到重視與肯定，尤其是在經費預算縮減、人事精簡與實質功能的考量上，校長在學校層級中更應是主要的課程領導者。甚至有研究結果主張校長同時扮演「學校校長」與「全學區的課程領導者」角色將有助於課程與教學過程中的各種要素（Solow, 1995）。

貳、校長在課程領導中的角色與任務

一、校長課程領導的角色

Hallinger（1992）在論述美國校長角色的演變時指出，美國的校長從

一九六〇、七〇年代的「方案管理者」（programme manager），到一九八〇年代的「教學領導者」，最後在一九九〇年代後演變成「轉型領導者」。這些角色的轉變從被動的接受外來的課程與教學政策以達到改進學校的目的，逐漸轉變成為校長必須與教師、社區人士共同發現學校的問題，並尋求解決之道。所以，校長必須從傳統提供課程、預算管理程序、補償教育方案、連結課程的步驟、有效的教學與視導模式等，轉變為面對學校的課程與教學問題，並發展獨特的解決之道，同時強調同僚合作、實驗、教師反省，及學校本位成員發展。學校不再是被動實施外來的改革，而必須主動倡導改革。

事實上，美國現在已建立起校長與學區行政人員之間的新架構，並了解應將課程重點置於學生應具備的知識與技能上之重要性。校長們已了解行政只是一種工具，目的是要促進好的教與學。「校長」（principal）一詞的概念，已慢慢轉回原初的意義——「首席教師」（the first or principal teacher）。教師居首，行政人員居次，這一觀念可以改善目前教師與行政人員間的同儕關係，提升教師的專業性，校長與老師可以平起平坐地來討論最重要的焦點：我們所教導的學生們（Ervay & Roach, 2001）。

二、校長課程領導的主要任務

雖然，校長對於同時兼顧課程與行政管理角色感到壓力沈重且有時覺得沮喪，但教師通常覺得在課程發展過程中與校長的不斷互動，才能經驗到與校長間的穩固關係。且校長只有在兼顧課程領導角色與有效掌控日常管理事務，才能感到獲得最大的專業成長，也才能強迫自己進行有效的時間管理（Solow, 1995）。因此，Glatthorn（2000）主張校長應擔負起課程領導的責任，其主要的領導任務包括：發展學校的課程願景和目標、重新思考並更新學習方案、致力於以學習為中心的課程表、統整課程、連結課程、監控課程實施的過程。此外，校長也必須與教師合作擬定並發展年度計畫，發展並組織學習單元，豐富課程內容並進行補救學習，評鑑課程。

黃嘉雄（民90b）在研究美國芝加哥的學校本位管理制度後指出，發

展學校課程，實施課程領導，乃校長的重要職責。根據芝加哥教育董事會出版的校長手冊，校長應展現下列課程和教學領導行為：建立學習目的與目標、規劃活動、發展方案以達成這些目的與目標，選定學習材料，決定評量標準與評量方法，規劃符合各學習領域需要的成員成長方案，訂出學校與社區特殊教育需求並設計課程實踐之，運用當前的研究成果資料以引導課程、教學和人員成長方面的決定。

　　有關校長在課程領導中所應擔負的任務，亦可藉由學區課程指導委員會所發展的一份「課程領導功能表」進行分析，分析學區與學校中所需要的領導功能，將這些功能分派給適合的人員。在此表中根據不同層級及其職責所在，分成四大範疇：分別為學區層級與學校層級，每個層級之下又細分為所有的課程領域與個別的課程領域（Glatthorn, 1987, pp.150-151），茲將其細項加以臚列如下：

(一)學區層級——所有的課程領域

1. 陳述學區課程目的和優先順序。
2. 指派課程指導委員會主席。
3. 發展並監控課程預算。
4. 發展並實施計畫以評鑑課程，並使用評鑑資料。
5. 確認即將解決的課程問題並決定其優先順序。
6. 發展課程計畫的行事曆。
7. 指派工作小組，並評析其報告、計畫和產品。
8. 發展並監控教材選擇與評鑑的過程。
9. 規劃全學區課程改革所需要的成員發展方案。
10. 描繪學區課程事務與州和中介課程部門的關係。
11. 評鑑學區層級的課程人員。
12. 連結學校層級的課程發展，訂定一般學區的指導方針。

(二)學區層級——個別的課程領域

1. 發展並實施課程評鑑計畫，逐一記入學區計畫行事曆中。

2.利用評鑑資料確認個別的課程問題，並發展解決之道。

3.評鑑中小學間的課程連結。

4.提供領導以發展並改進 K-12 中某一領域的課程教材。

5.在選擇與評鑑教科書及其他教材中實施學區的指導方針。

6.領導為某些個殊領域所實施成員的發展方案。

(三)學校層級——所有的課程領域

1.實施計畫以監控並連結課程。

2.評鑑學校層級的課程，並利用評鑑資料確認學校問題。

3.確認跨學科教導的重要技能並增強這些學科。

4.監控內容領域間的課程協調。

5.針對課程的需求，發展學校本位的預算，反映學校的優先順序。

(四)學校層級——個別的課程領域

1.監督教師的課程實施。

2.協助教師基於課程指引，發展教學計畫。

3.針對課程改革所需，實施學校本位的成員發展。

4.選擇教材。

5.協助教師使用學生評鑑結果，作必要的課程修正。

綜合上述所言，美國校長在課程領導方面的角色與任務是多樣而複雜的，但其發展趨勢是朝向行政領導與課程管理功能的整合，而非加以截然區分。因此，校長都必須了解自身在學區與學校中的領導功能與定位，加以釐清並發揮適切的課程領導角色與功能。

參、校長的課程領導模式

有關美國校長的課程領導模式，以下茲舉 Kansas 州所發展的 CLI 模式加以說明之。一九八二至一九八五年間在 Kansas 州的 Emporia 州立大學和幾所公立中小學共同組成了一支研究團隊，並成立「課程領導中心」

（CLI），於一九八二年開始發展了一套按部就班的課程領導模式，供學區與學校在進行課程領導與決定時之參考。茲將 CLI 模式的發展背景狀況及主要探究的項目分述如下（Ervay & Roach, 2000, 2001）：

一、學業課程的管理與決定

由於學校或學區層級很少甚至根本沒有注意到課業方案方面的決定。教育局長和校長傾向於做管理方面（managerial）的決定，而不是做學業方面（academic）的決定。易言之，行政人員關注的是預算、人事、設備保存與維護、法令問題，以及課外活動方案（尤其是體育活動）等。教育委員會或行政組織的成員也極少討論課程、教學與學習等議題。行政人員對於班級經營與常規，主要的興趣與關注，只在保證學生的安全，還有良好的人際關係而已。所以，美國很多學校根本就欠缺有效的學科課程的管理體系，當務之急就是應建立此一管理體系。

二、州命令與地方決定之間的關係

基本上學校的績效評估是依據其順從科層體制要求的程度，而這些要求所著重的是設備、財務、資源、證照、服務，以及其他相當世俗的特徵，即使能關注課程設計、教師對某學科教材的績效責任等問題，也都只能將這些問題列為邊際問題而已。因此，州與地方學校間缺乏有效的互動關係，以促進更好的課程、教學與學生的學習。

三、教師決定與教材（教科書、基本讀本等）之間的關係

多數教師幾乎完全依靠教科書與其他官方指定的教材，用它們來確認課程內容、教法、學生活動、評鑑。因此，教科書與其他官方教材驅使著課程，這種由單一資料獨占的態勢，會讓教與學都流於平庸。也削減了教師做專業決定的機會與權威，而且通常老師也因此就不去管課程的範圍與順序等問題。

四、行政人員與教師決定（有關課程、教與學）之間的關係

校長傾向於讓老師全權決定課程內容與教學作法，因此校長與老師的關係，主要是在確定老師能掌控班級，顯示他是個負責任的成員。雖然有些校長會把自己視為教師們教學方面的師傅，且主動想辦法透過更好的教師發展進修，來改善教與學的品質；但這種校長在一九八○年代晚期還是罕見的。所以，學校（或學區）中並沒有有效的課程與教學領導，以保障學習品質。

五、地方層級出版的課程指引和教師教室行動之間的關係

美國的學校與學區一直在努力編製課程指引，其中會提出一些問題，再配合上學業方案的說明與連結。不過，大費周章地去完成這些課程文件，卻由於規劃、執行與監督的拙劣，以至於老師們從來未曾用過這類文件，而仍然回頭去看教科書與其他教材。因此，花費時間與精力為老師編寫課程文件，卻徒勞無功，因為學校的體系阻礙了老師善加運用這些課程文件。

針對上述這些項目的情況，CLI 實際發展了一套按部就班的課程領導模式，分述如下：

一、學業方案的管理（academic program governance）

具體的方法與步驟依序為：

㈠選擇一種改革模式：學校領導者和教育人員致力於學業方案的改進模式，其發展的期間持續三至五年。

㈡選拔一位課程協調者：學業方案管理是學區的主要職責，並由學區來主導。選拔一位有力的領導者且在學區會議中重要且被看好的人擔任課程協調者。

㈢選擇指導委員會：指導委員會成員由教育局長指派，並代表整個學區

的教育人員，指導委員會是一臨時性的教育人員代表。

㈣準備課程政策：指導委員會委員接受先前所決定的模式概覽，並制定類似法令規章的課程政策文件，以澄清目的、權力和關係，課程政策必須經過教育局長與董事會同意。

㈤選擇課程協調委員會：課程協調委員會（Curriculum Coordinating Council, CCC）是根據模式的指導方針及新政策的公文條款選出，委員會成員是由學區教育人員的代表、學區教育委員會、社區和家長代表所組成。

㈥發展長程計畫：委員會發展全面性的計畫，闡明責任與時間表，長程計畫的時程通常是五年為一期。

㈦選擇學科領域委員會（Subject Area Council, SAC）：學科領域委員會由課程協調委員會的成員及來自許多不同學年與學校的代表所組成。負責指示課程協調委員會，運用教師發展之策略及可能需要的諮詢顧問，開始實施長程計畫。

㈧對學區任務修訂進行討論：課程協調委員會確認學區任務與願景是否周詳完備，並為學區所有人員、委員會成員及服務對象所認同與支持。在建立此任務聲明時，過程比結果重要。

㈨界定學生精熟（mastery）的意義：教師與其他教育人員必須持續討論此一主題，同時考量質與量的結果。

㈩發展計畫以擴大學習機會：每間教室必須針對沒有學會的部分提供補救矯正學習的機會，針對精熟學習的部分提供充實學習的機會。這些擴充方案必須加以計畫。

㈠學生進步情形報告的修正：將學生進步情形通知家長的方法，應能反映出協助學生精熟技能，並使所習得的知識達到可以接受的程度。

㈡決定評量：課程協調委員會決定評量的內容，除了個別班級的評量外，學區必須測量並闡明精熟的情況。

二、課程協調委員會繼續聚會以完成以下任務

㈠結合學區的任務：透過成員發展將學區的任務融入學校系統中，並定
期思考所有的決定。藉由任務聲明領導個人信念與專業實踐。

㈡統整成員的發展：成員發展應基於需求與模式的適時性。委員會必須
分析成員進步情形，每年都制定年度具體計畫。

㈢謹慎地監控進步：謹慎地監控進步以避免組織的功能障礙及教師的倦
怠感。

㈣學校行政人員促進實施過程：學校行政人員變得更加重要，因為他們
必須了解實施過程並面對日復一日的績效責任挑戰。因此，行政的領
導必須更重視互動性並促進所實施的新概念。

㈤進行認證：委員會必須檢討並採取行動以符合外部規定的評量和認
證。因此，必須組織行動以獲取所需的資料，透過分析及其他程序將
之融入學區的改進計畫中。

三、課程與教學

由學科領域委員會（SAC）執行，具體的方法與步驟依序為：

㈠學科領域委員會的起始過程：SAC 依此模式訓練，並擬定完成任務的
時間表。訓練必須是非常有焦點的，且聚會也必須是行動取向的。

㈡蒐集資訊：蒐集目前課程的資訊作為初始任務，並針對目前課程進行
初步分析。資訊來自問卷調查，並透過圖表的方式呈現。

㈢分析課程並確認問題：與教師會談，以澄清所蒐集的資訊，接著確認
目前課程的問題。為了更精確的研究，資訊必須有系統地加以組織。

㈣建立焦點領域及作決定：學科領域委員會為每個學年與課程建立一焦
點領域，並決定哪些主題是最重要的，可以縱向連貫其他層級的課
程，並檢查是否符合「標準」與「外部測驗」的要求。

㈤建立學科任務與目的：撰寫學科任務聲明，以使每個人都知道為何學
區要教此一學科，並將課程及各年級的焦點領域轉化成為書面課程及

年級目的。

㈥撰寫能力指標及構成要素：將教學主題轉化成為適切的書面能力指標，並與課程與年級目的連結。同時也必須列出每項能力指標的構成要素，以決定成功的規準。

㈦準備課程文件草案並送交核可單位：完成教師每日用於教學的課程文件。直到此一新課程實施並完成核可程序後才能成為正式方案，否則都只能算是草案。草案是由課程協調委員會與學區教育委員會核可。在草案核可後可視實際情況作小幅度的修正。

㈧規劃推展程序：包含訓練研討會、書面回饋單、學年與處室會議、有效的溝通方法。回饋單可提供有關適切性、可用資源、成功指標、訓練需求等資訊。

㈨進行新課程文件報告：為教導新課程的教師舉辦訓練研討會，並了解新的課程文件，教師有一個暑假的時間來熟悉新課程。而學科領域委員會也在此完成第一年的工作。

㈩發展教師教學設計的能力：教師為新課程中的每項能力指標，設計單元教學計畫，選擇有效教學策略以符合學生的學習需求。此為學科領域委員會第二年的工作開始。

⑾實施內部推展過程：負責設計新課程規準使教師能有效地運用。包含實施第一年所規劃的推展程序。

⑿調整課程文件並蒐集範例資源：調整課程以符合教師的回饋及推展的發現。並聯繫出版商和批發商送來並展示範例資源。

⒀課程協調委員會及教育委員會修訂課程文件，並將最後的草案出版。

⒁若有需要，學科領域委員會要求並協調特定學科的訓練：或許有必要進一步建議有關的成員發展活動，此取決於個別學區的狀況與學科領域委員會的決定。

⒂確認資源：視當地的設備、課程來選擇資源。如錄影帶、教科書、印刷品、戶外教學、電腦軟體、演講。

⒃根據課程協調委員會的指導方針準備評量，並對評量的實施提出建

議：學科領域委員會必須與各年級教師確認課程、教學與評量間的連貫。

綜合上述的 CLI 的課程領導模式可知，其非常重視不同層級間的學業課程的管理與領導，並著重彼此之間的連貫性。各層級的課程領導組織，如學區的課程協調委員會（CCC）、學區教育委員會、學科領域委員會（SAC）都各自有其任務與課程決定和發展的重點。從模式的選定，課程政策的制定，課程任務與願景的訂定，到成員的發展，學科領域課程文件的發展，課程的實施，評鑑與修正都有一個步驟一個步驟的具體作法。而此課程領導與管理的專業分工情形可從其課程管理的組織架構看出。一般而言，學區教育委員會所同意實施的教育計畫，交付教育局長執行，其下有負責人事、經費、設備等的「行政管理團隊」與負責課程、教學、學習、評量的「專業團隊」，而校長在學校中則必須同時擔負起行政管理與課程教學專業的雙重角色與責任。由此可看出，校長在學校層級中的課程領導角色的重要性。

本章小結

　　本章旨在針對美國課程領導的實施現況進行探究與分析。全章共分兩節，第一節為美國課程領導的發展背景；第二節為美國課程領導實施的現況。

　　首先，在美國課程領導的發展背景方面，先簡介美國地方分權的教育制度特色，接著探討其在課程政策現況上朝標準本位教育的課程政策、市場化導向與標準化的課程發展。最後，在課程權力的分配方面，則是州政府課程控制權增加，而學校和地方課程自主權則相對地降低。

　　其次，就美國課程領導實施的現況進行探究與分析。先就主要的課程領導者作一探討，發現美國主要的課程領導者在不同層級有不同的人員，上至教育局負責課程與教學的副局長或課程督學，下至學校教師都是可能的課程領導者；接著，就校長在課程領導中的角色與任務進行分析，發現美國校長在課程領導的角色與任務上是多樣而複雜的，朝向行政領導與課程管理功能的整合；最後，就校長的課程領導模式而言，則介紹「課程領導中心」所發展的「CLI」模式。

第六章
英國課程領導的實施現況

　　英國是由英格蘭、威爾斯、蘇格蘭和北愛爾蘭等四個區域所組成，但四個區域的教育制度並非全然相同。本章將以英格蘭和威爾斯的制度作為代表，探討英國課程領導的實施現況。全章亦將先透過對英國的教育制度特色、課程政策的現況、課程權力的分配等課程領導的發展背景作一分析，以對英國課程領導實施現況的形成原因作一全貌性的了解。其次，針對主要的課程領導者、校長在課程領導中的角色與任務、校長課程領導的模式等課程領導實施現況進行探究，以了解其課程領導的理論與實務的發展現況。全章共分為兩節，第一節為英國課程領導的發展背景，將先就英國課程領導的發展背景作一分析，除了有助於了解其教育制度的特色外，也有助於明瞭其課程政策的現況及課程權力的分配；第二節為英國課程領導實施的現況，將分析其主要的課程領導者、校長在課程領導中的角色與主要任務，以及其所建立的課程領導模式，以了解其在課程領導的實施情形。

第一節
英國課程領導的發展背景

壹、教育制度的特色

　　英國實際上是由英格蘭、威爾斯、蘇格蘭及北愛爾蘭四個地區所組成的「大不列顛與北愛爾蘭聯合王國」，其中威爾斯因為地理位置與英格蘭較近，且合併最早，所以，英格蘭與威爾斯的教育行政制度相同，蘇格蘭與北愛爾蘭則另有其制度特色（王如哲，民88；黃嘉雄，民90b；謝文全，民84）。因此，本節所探討的英國主要係指英格蘭與威爾斯。

　　傳統上，英國中央與地方是維持均權制（謝文全，民84），中央、地方與學校層級形成一種夥伴關係。自從一九四四年教育法案之後至一九八〇年代，英國中小學教育行政管理之運作，大體維持一九四四年教育法案所建立的體制。名義上，中央和各校「學校管理委員會」均對學校教育享有極大的管理權責，但實際上大都由各「地方教育當局」（LEA）管理，而有關課程與教學等教育內部事務，「地方教育當局」又授權由校長及教師作專業決定（黃嘉雄，民90b）。因此，一九八八年之前，官方所有課程控制權和決定權都集中「地方教育當局」手上，只是實際上「地方教育當局」並未有效行使這種權力，而將課程權力移轉到學校校長和教師手上（張文軍譯，1999）。

　　然而，一九八八年教育改革法案，則大幅縮減「地方教育當局」（LEA）的權責，擴充中央與學校的權責，改變了中央與地方均權的關係（張文軍譯，1999）。由此可見，英國近來的教育正朝集權與分權同步發展的方向進行，尤其是一九八八年教育改革法案之後，一方面增加中央「教育與就業部」（Department for Education and Employment, DfEE）（現

又改名為「教育與技能部」，Department for Education and Skills, DfES）的影響力，另一方面大幅削減「地方教育當局」的權力，並將權力直接下放至個別學校的學校管理委員會。如此打破了教育行政集權與分權二分法的傳統理念，並將兩種權力的劃分作了統合，即增加中央影響力的同時，亦努力為教育建立市場機制，鼓勵學校相互競爭，發展出自主管理的學校（王如哲，民88）。

綜合上述所言，英國現行教育制度的特色在於巧妙結合新自由主義的市場化機制與新保守主義的強力國家觀念（黃嘉雄，民90b），使得教師一方面必須面對繁重的科層權力之支配，面對持續要求效率、降低成本、更高測驗分數的管理主義（managerialism），另一方面則必須面對政府要求學校必須與經濟的需求相結合，造成競爭力、標準、卓越、基本能力等口號隨處可見（Apple & Beane, 1999）。

貳、課程政策的現況

一、國定課程增加政府的課程控制

英國自一九八八年教育改革法案頒布實施之後，也建立了國定課程架構，此一國定課程架構包含了三門核心學科：數學、英文、科學，以及七門基礎學科：歷史、地理、科技、音樂、藝術、體育、現代外國語。每一學科及學習方案都已發展一定的知識範圍、技能和理解。此外，已組織了緊密的規範性結構，因而每一學科都已建立達成目標（從 5-16 歲詳細劃分了十級的達成程度），並在四個關鍵期（7、11、14、16）分別規劃了評量活動，且為每個關鍵期設計了標準化評量作業（standard assessment tasks），學生必須參加全國性的統一考試（Marsh, 1992; Marsh, 1997）。

然而，正如 Elliott（1998, p.58）所指出的，當英國政府的課程決定制度從分權化轉向高度集權化時，其他先進的現代社會，特別是在歐洲，卻朝相反的方向進行。因為集權化與分權化這兩股不同的趨向，所代表的是

先進社會中，學校教育所處的社會經濟背景對轉型所作的不同回應，有些國家的課程政策反映出調和此兩股相對的趨向，英格蘭與威爾斯國定課程即是為了維持經濟再生與國家認同，所以，是兼顧新自由主義的市場機制與新保守主義的國家認同。

雖然英國的國定課程和國定測驗的產生是英國各種複雜勢力與影響力交互作用的結果，但很明顯地國家控制仍居於上風。國定課程在英國現在是相當明確的，且具有相當的規範性，且國家經常運用經費補助的手段來達成國家控制的目的（Apple, 2000）。

綜合上述所言可知，英國為了增加中央的影響力，政府即透過訂定統一的國定課程及實施全國性的考試與測驗，來對學校的課程與實施績效進行控管。儘管這其中的控管方式是屬於政府訂定規則與獎勵標準，而將權力下放至學校，但仍可看出現行的英國課程政策中，政府透過國定課程與統一考試的手段，達成增加政府對課程控制的目的。

二、市場化與定期視導，增加責任控制

在英國政府的教育報告書中通常充斥著競爭、效率、效能和企業等詞彙。除此之外，也利用「所有權」（ownership）及「增能」（empowerment）讓上述的詞彙漸漸融入這類術語中。只是這種強力的中央控制如何促使地方與個人增能？事實上，政策文件中與「效率」有關的論述是受到經濟準則所驅使（Hartely, 1997, p.3）。這正如 Apple（2000, p.57）所言的：「競爭、市場及選擇居於一端；績效責任、表現目標、標準、國定測驗和國定課程居於另一端，此兩者表面看來是對立的論述，卻創造了眾聲喧嘩的環境，難以再聽到其他任何的聲音。上述的這些傾向實際上彼此增強並有助於將保守的教育立場鞏固到日常的生活中。」

此外，在新自由主義的改革中至少有兩股動力在運作，一為自由市場，一為增加監督（Apple, 2000）。也因為在這樣的改革環境之下，英國的課程政策中一方面強調市場機制，透過辦學資訊公開，讓家長有選校權，另一方面學校的辦學成效必須面臨市場競爭的考驗，由「教育標準

局」（Ofsted）對學校進行定期的視導評鑑。且這種視導評鑑由以往只重視導的諮詢、建議或支持的功能，轉而強調績效責任的壓力（黃嘉雄，民90b）。

綜合上述所言可知，英國的課程政策中受到新自由主義與新保守主義的影響，一方面必須顧及市場化的需求與機制，一方面則需要顧及績效責任的控管，因此，課程的政策一方面必須增加多樣性與選擇性，另一方面又必須提升課程實施的績效與責任。

參、課程權力的分配

一、中央課程職權的加大

英國在一九八八年教育改革法案之後，教育與科學部終於控制了中小學教育科目、學習計畫、學業目標和評鑑的程序（張文軍譯，1999）。尤其實施了國定課程之後，更擴增了中央對學校課程的控制權，並大幅削減各「地方教育當局」的權責，要求公立學校教導規定的國定課程，並符合來自中央的視察規準（Whitty et al., 1998），同時，也推動學校自主管理政策，讓各校在落實國定課程精神的原則之下得調整「地方教育當局」的課程政策。所以，現行課程權力的分配係「中央教育與就業部」一方面增加其對學校課程的影響力，一方面將課程的權力下放到學校管埋委員會，要求學校管理委員會必須參與學校課程發展計畫以形成或修正地方課程政策，以達到國定課程的目標（黃嘉雄，民90b）。

二、地方與學校的課程自主性減少

英國的中央政府透過視察的機制，運用額外的影響力，對學校及教師的工作進行高度的控制，此外，幾乎完全從政府而非專業的觀點來增加教育系統的績效責任。所以，表面上主張信任教育專業，但實際上中央政府卻是降低教育專業人員的自主權，而增強自己的權力（Whitty et al.,

1998）。尤其在國定課程實施後並配合統一的定期評量，使得地方與學校
必須有效實施國定課程，促進學生精神、道德、文化、心靈和身體之發
展。不過在國定課程的架構下，各校僅能擁有極有限之課程自主權，因而
課程的自主權與決定權較以往減少（黃嘉雄，民90b）。所以，英國在實
施國定課程之後，對教師產生以下的影響（Mash, 1997, p.82）：㈠增加教
師工作的技術性要素；㈡標準化與常態化的考驗；㈢逐漸加重直接形成班
級實際品質、特質和內容的方法。如此使得教師無法增能（disempower-
ing），結果導致自主性的喪失。但令人好奇的是，在英國這種「由上而
下」的命令（top-down mandates）引發一些批評或不悅之後，許多英國的
教師逐漸調整，也支持這種由上而下的模式。因為極佳的教科書內容、令
人印象深刻的教材、完善的教學方法論已經在課程中發展，並融入課程之
中（Dimmock & Lee, 2000）。這樣的情況，使得英國的國定課程即使招致
批評但卻也漸漸為教師所認同。

綜合上述所言可知，英國在國定課程實施之後，「地方教育當局」的
課程權力受到大幅度刪減，法律規定地方教育當局的責任在要求學校課程
符合國定課程的相關規定。然而，學校在中央教育與就業部卻又授權學校
管理委員可以根據各校的特殊性修改「地方教育當局」的課程政策。由此
可知，地方教育當局的課程權力被刪減得最多，而學校在國定課程的架構
下發展自己的課程政策。雖說國定課程的實施，有賴中央、地方及學校三
方面的配合（謝文全，民 84）。但實際上，英國在國定課程實施之後，地
方與學校的課程自主性明顯減少。

第二節
英國課程領導實施的現況

針對英國課程領導實施的現況，茲就主要的課程領導者、校長在課程
領導中的角色與任務、校長的課程領導模式等三方面加以說明。

壹、主要的課程領導者

英國一直到一九八〇年代早期，校長仍被視為是學校中的主要領導者，因而英國「教育科學部」就認為在任何狀況下校長的領導都是最重要的。皇家督學（HMI）也充分支持「校長的領導決定整個學校教育的品質」之主張。所以，校長居於倡導學校改革、發展與改進的最佳地位（Field et al., 2000, pp.13-14）。

然而，課程發展就改進教學的意涵而言，校長在這方面所花費的時間並不多。所以，曾有研究者檢視二十五位小學校長的日誌發現，沒有證據可以支持校長可以實現課程發展者的角色（Harrison, 1995a, 1995b）。此外，由於「課程」（curriculum）是一廣泛的概念，因而課程領導是由幾項要素所構成，包含目標、內容、教學型態與策略、資源及其管理、評量記錄、管理與行政、學生福祉與指引、家長及其他機構的連結、課程的變革、發展、革新與更新、學校發展計畫，如此廣泛的任務與工作，更需要相關人員的參與才能成功（Morrison, 1995）。

事實上，在英國小學學校的成員大致上可分為三個團隊：一是由校長所領導的資源與財務團隊；一是由副校長所領導的課程團隊；一是由資深教師（senior teacher）所領導的成員團隊。學校檢核每位學童的學習以幫助測量學生的進步，每位教師設定學生進步的目標，此一檢查的資訊有助於測量其整年的進步。而為了確保品質，三個團隊的領導者彼此互相檢討（DfEE, 2000）。

而為了藉由支持並改進團體與個別教師的工作以幫助學校改進，英國「教育及就業部」在二〇〇〇年九月就訂定了一套「表現管理架構」（performance management framework），將焦點置於更有效的教學和領導，以使學生、教師和學校同時獲益。在此「表現管理架構」中，教師在不同類型的團隊中工作（如課程團隊），校長則可能是在小型學校中作為所有學校成員的團隊領導者，或者是在大型學校中作為高階管理團隊的團

隊領導者（DfEE, 2000）。

此外，為了分擔校長繁重的行政工作責任，英國的國小副校長（deputy headteacher）常被賦予課程領導者的職責，以進行更好的溝通、協調、組織與領導課程的工作（Morrison, 1995）。

除了副校長在課程領導上所扮演的重要角色之外，課程協調者與學科領導者（subject leaders）也是英國學校課程的重要領導者。根據 Gadsby & Harrison（1999, pp.ix-x）所指出的，國小教師不可能成為他們所需教導的每一課程層面的專家，那麼他們可以向誰尋求協助？若假定可以從校長那裡得到支援的話是不切實際的，因為英國在一九八八年教育改革法案之後，校長所必須擔負的責任較以前大得多。事實上，在過去二十年來，透過課程協調的政策，國小的課程領導功能已逐漸增大班級教師的共同參與。所以，英國以「學科領導」（subject leadership）這個詞來涵蓋並結合教師在小學課程中，擔負某一學科責任時所必須扮演的兩種主要角色：㈠協調：強調和諧、合作、連結並建立例行公式和共同實踐的角色；㈡學科領導：強調提供資訊、提供專門技術與指導、引導學科發展、提升水準的角色。

綜合上述所言可知，英國的主要課程領導者實際上包含了校長、副校長及由教師所擔任的學科領導者或課程協調者。其中副校長的確可分擔校長在課程領導方面的部分職責，而學科協調者則被視為是由校長授權以擔負起學科管理的責任。校長仍有管理課程的全部責任，包含主要協調、監控、評鑑（Gadsby & Harrison, 1999, p.9）。因此，校長在課程領導中仍扮演著舉足輕重的角色，只是英國近來強調校長在維持其學校中活動統馭的角色時，更應懂得授權，放手讓成員去做，並對成員有信心，以建立同僚合作領導的模式（Morrison, 1995）。

貳、校長在課程領導中的角色與任務

一、校長在課程領導中的角色

Gadsby & Harrison（1999, p.15）指出，英國校長被視為是整個學校課程的領導者，協調或綜理用人、資源、時間以使所有學生能充分取得課程。在一所有效能的學校中，校長能正面關心以維持品質和水準的改進，力求所有學生的機會均等，並使政策的發展和資源的利用可以達到預定的目標。此外，正因為校長沒有足夠的時間可以直接進行學科課程本身的管理，因此，課程協調者也有其領導及管理的功能，他們必須負起學校課程與組織層面的責任，因此管理完善的學校中這些責任應是明確界定且能有效授權。

由此可知，校長在課程領導方面的角色應是決定並組織詳細的課程方案、評量的安排和資源的運用，以符合法令及學校管理委員會所訂之課程政策。監督日常的課程實施，包括訂定教與學的標準（黃嘉雄，民90b）。同時，也必須與學科領導者間發展專業關係，充分支持學科領導者，其方式包括道德上的支持、經費和資源的支持、課程管理的時間等方面的支持（Bell & Ritchie, 1999）。

二、校長在課程領導中的主要任務

提供專業學校領導以促使學校成功與改進，確保所有學生的優質教育並改進其學習和成就水準，校長必須領導學校中的專業，並與主管機關合作，提供學校的願景、領導和方向，並確保這些願景、領導與方向能有效加以管理與組織以符合學校的宗旨與目標。同時校長也必須營造學校正面積極的風氣，有效的使用人員、設備和資源，為課程及其評鑑準備必備要件及模式，協助教師採用有效的教學與評量方法（NCSL, 2002a）。

根據英國「教育與就業部」所訂的校長職權中，校長在課程方面的主

要職權包括：㈠對平常的管理和課程的實際運作負起責任；㈡取消或改變國定課程以求課程適用於個別學生；㈢確認課程政策的實施能有效貫徹，並使國定課程及其評量程序得以確實實施（黃嘉雄，民 90b）。

此外，在國定課程中所訂定的學科結構，意味著小學必須採用中學的模式增設學科領導者，校長已經被迫將權責移交給學科領導者（Field et al., 2000）。因而校長的工作重點也已改變，通常將校長的課程管理權收回，而讓校長朝向掌管如財政管理等領域的工作。其中最特別需要校長去做的反而是尋求各種管理方式，同時管理學科領導者和班級老師。不過，如此常導致校長與學科領導者間的緊張關係。因此，校長必須撥出時間與學科領導者共同澄清優先順序並對於該做什麼有所共識。此外，校長需要進一步判斷如何提供個別學科領導者支持，並隨情境的不同而決定支持的類型（Bell & Ritchie, 1999）。總之，校長了解學科的需求，利用學科中有關成就和發展優先順序的資訊，以作更周延的決定並造成整體學校及其學校宗旨能有更大的改進（TTA, 1998）。由上述的狀況可知，校長與學科領導者間應發展良好的互動關係，亦是校長課程領導中的重要任務之一。

參、校長的課程領導模式

英國雖然並無針對校長課程領導發展特定的模式，但仍可從其校長相關的培育制度、學科領導的發展與標準等，看出其在校長課程領導方面的發展現況。因此以下將從其校長培育制度及學科領導的角度來探討此一主題。

一、校長的培育制度

針對校長的培育制度，英國則訂定了「校長的國家標準」（National Standard for Headteacher）（NCSL, 2002a），設計來培育有經驗的教師成為校長的「校長的國家專業認證」（National Professional Qualification for Headship, NPQH）（NCSL, 2002b, 2002c）。此外另有兩個主要的國家發展

方案，一是「校長領導和管理方案」，用以支持誘導新任校長的專業發展機會；另一則是「在職校長領導方案」，以當地工作坊（workshop）的形式探究領導型態及其對學校的影響。校長必須了解如何分配領導權責，因而必須省思學校中學科領導者經驗的多樣性，幫助這些學科領導者發展一般的技能，如激勵成員並組織成員的工作；提供扮演領導角色所需要的個殊技能，並能融入學科領導者的國家標準（NCSL, 2002d）。以下分別就「校長的國家標準」、「校長的國家專業認證」及「國家學校領導學院」所發展的「領導發展架構」加以說明。

(一)校長的國家標準

英國訂定了「校長的國家標準」，在這項標準中設定有關校長領導所必須具備的知識、理解和技能，其內容主要包含了五大部分，現就其與校長課程領導角色較有關聯的部分，分述如下（NCSL, 2002a）：

1.校長的核心目的

為了提供專業學校領導以促使學校成功與改進，確保所有學生的優質教育並改進其學習和成就水準，校長必須領導學校中的專業，並與主管機關合作，提供學校的願景、領導和方向，並確保這些願景、領導與方向能有效加以管理與組織以符合學校的宗旨與目標。與主管機關合作，校長必須負責持續改進教育的品質、提升水準、確保所有學生教育機會均等、發展政策與實踐，並確保資源能有效的使用以達成學校的宗旨與目標。此外，校長也必須與他校、政府機構、大學、企業等合作共同建立並維持較廣泛的學校社群。並能建立有生產力且秩序良好的學習環境、學校行政組織與管理，進而能對主管機關負責。

2.校長領導的主要結果

有效能的校長領導將導致：

(1)在學校方面：

　①學校具有正面積極的風氣，以反映學校致力於高成就、有效的教學和學習並有良好的關係；成員、主管機關首長和家長對學校的

領導與管理深具信心；成員和主管機關首長認可校長在工作上的績效及學校能成功發展與實施政策；學校的生活與課程能有效提升學生的精神、道德、社會和文化的發展，並讓學生準備過成人的生活；在嚴格的檢討下維持學校效能，並連結社區以有助於學生學識及個人的發展。

②有效的使用人員、設備和資源；有效的經費控管，並有嚴謹的經費發展計畫，以改進教育成果；對所提供的經費能做最有價值的利用。

(2)學生方面：能不斷進步並超出預期的成就；能顯示其在讀寫算及資訊科技方向的改進；了解活動的目的和順序；能充分準備測驗與考試；熱中於學習學科，並有高度的動機學習更多；透過他們的態度和行為，致力於維持有目的的工作環境。

(3)教師方面：能獲取任教學科的知識和理解；對學生設定高度期望；對任何教學內容及學生都能採取最有效的途徑；適當的教學速度，有效地利用時間與資源；定期評量學生的作業，並透過設計一致且有挑戰性的作業，以增強並拓展學生的學習與成就；了解規矩和紀律的重要性；系統性的監控、評鑑、支持教師的工作。

(4)家長方面：樂於參與學校事務，致力於小孩的學習、了解並支持孩子的學校作業，並充分掌握孩子的成就和進步；知道如何支持並協助孩子的進步。

(5)主管機關首長：實行其法定的責任並讓學校為其所提供的教育品質及學生所達到的水準負責。

3.校長所應具備的專業知識和理解

(1)有關優質教育的提供及有效能學校的特質、提升學生成就的策略。

(2)達成有效讀寫算能力的教學與學習之策略。

(3)資訊和溝通技術應用至教學、學習和管理。

(4)如何利用比較資料、學生先前成就的資訊，以建立標竿並設定改進目標。

⑸為課程及其評鑑準備必備要件及模式。

⑹有效教學與評量的方法。

⑺政治、經濟、社會、宗教、科技的影響。

⑻領導型態和策略及其對校內不同脈絡的影響。

⑼管理:包含聘用規定、均等機會、人事、外部關係、財政。

⑽國家政策架構和政府補充角色和功能。

⑾教育法令架構及其對校長領導任務的重要性。

⑿地方、國家及專業組織的資訊和指導文件之意涵。

⒀國家、地方、學校層級的管理。

⒁有助於專業及學校發展的視導及研究資訊。

⒂教導學生有關責任、機會、職責、公民權的策略。

⒃教導學生種族及文化多樣性的策略。

4.校長所應具備的技能和特質

⑴領導技能:有能力領導並管理人員朝共同目標邁進,所以,校長應能隨不同情境使用合宜的領導型態,並必須具備專業的領導知能。

⑵決定的技能:研究、解決問題及作決定的能力。

⑶溝通的技能:具有立論清晰並了解他人觀點的能力。

⑷自我管理的技能:能有效規劃時間並組織自我的能力。

⑸特質:個人影響力、對新環境及新觀念的調適能力、活力、自信、熱忱、智慧、可靠、承諾。

5.主要的校長領導領域

⑴學校的策略方向和發展:能與主管機關合作發展學校的策略性觀點,基於地方、國家及國際的脈絡背景,分析規劃未來的需求與發展。

⑵教學和學習:與主管機關合作,尋求並維持全校有效的教學和學習,監控並評鑑教學的品質及學生成就水準,利用標竿並設定改進目標。決定、組織並實施課程及其評鑑,加以監控並評鑑以確認改進的行動領域。

⑶領導和管理成員：領導、激勵、挑戰並發展成員以尋求改進，激勵
成員不斷進行專業發展。

⑷有效率且有效能地分配人員與資源：有效管理並組織設備和資源以
確保其符合課程的需求。

⑸績效責任：校長必須向主管機關、學生、家長、社區人士、說明學
校的效率與效能。

㈡校長的國家專業認證

有關英國「校長的國家專業認證」是在一九九七年為了培育有經驗的
老師成為校長所制定的一套實際的專業認證系統，此套系統是以「校長的
國家標準」作為基礎，專為學校中實務的教師所設計，並由「國立學校領
導學院」（NCSL）主導，主要吸取教育制度內部與外部的最佳領導與管
理策略，並隨時更新修正，主要的焦點集中在學校改進上，並設定嚴格的
標準，讓教育專業人員基於支持性的自我研究追求其領導和管理能力的發
展。而「校長的國家專業認證」主要涵蓋了五項「校長的國家標準」中所
提出的領域，包括：1.學校的策略方向和發展；2.教學和學習；3.領導和
管理成員；4.有效率並有效能地分配人員和資源；5.績效責任。參加「校
長的國家專業認證」之校長候選人將會有以下的收穫：1.學習新觀念和新
策略，並受到鼓勵將他們學習的知識應用到學校中；2.致力於現行學校改
進的優先事務上；3.藉由發展課程領導技能以獲得支持來實現他們現在的
角色；4.與他校的同仁建立有用的網絡（NCSL, 2002b）。

㈢領導發展架構

有鑑於學校領導者可以激勵成員、學生及家長改變他們的生活，因而
學校領導者的熱忱、活力和技能是教育轉型的核心，所以，堅信領導的技
能和屬性可以透過學習加以發展。因此，英國在 Nottingham 大學成立了
「國立學校領導學院」（National College for School Leadership, NCSL），
並發展了學校領導者「領導發展架構」作為學校領導者專業發展與學習的
參考，以提升學校領導成為世界級水準。在此一領導發展架構中主要包括

十項學校領導的提議：1.學校領導必須有目標、全面性和價值導向；2.必須包容獨特而全面的學校脈絡；3.必須倡導正向的學習觀；4.必須能以教學為核心；5.必須能充分發揮整個學校社區的功能；6.必須發展學校成為學習社群以建立學校能力；7.必須是未來與策略導向；8.必須經由實證和革新的方法來發展；9.必須提供支持並讓政策的實施可以連貫；10.必須在大學的協助下針對如何領導學習進行對話（NCSL, 2002d）。其中在此套原則中鼓勵領導者必須有強烈的價值基礎並對學校的未來感到樂觀，對學校的專業發展系統和過程充分了解以確保對學校和學生產生最大的影響，並在教學、個人、人際、組織、策略等適當的技能領域提供專業發展進路（route），確保這套國定的領導發展架構可以遍及其領導發展工作，最後也能提供國家的焦點又能兼顧個殊的脈絡，以確保在此架構中的經驗是統整的、鼓舞人心的、革新的、轉型的。此外，在此套發展架構中，鼓勵領導者獲取基本的管理知識、技能和理解，並提供學科及專家領導者準備。

二、學科領導標準

　　自從一九八八年教育改革法案所引介的國定課程對校長作更多的要求，促使校長必須將注意力轉向教師以尋求教師的支持，國定課程中的學科結構也意味著小學必須增設「學科領導者」，校長已經被迫將權責移交給學科領導者（Field et al., 2000）。由於有效的課程領導和協調旨在隨時提供學校中學童最佳的學習機會（Bell & Ritchie, 1999）。因而，自一九八九年以來，英格蘭和威爾斯的小學師資培育課程中即要求師範生準備好並在認證時可以發展課程領導的角色，以領導某一學科領域中的其他同事。因為小學教師不再只是負起自己班級的單一責任，而是必須具備某一學科的專門知識和專門技術。一位教師同時也需要溝通、領導和勸說的技能（Davies, 1995a, 1995b）。

　　為了達成上述的目標，英國「師資培訓局」（Teacher Training Agency, TTA）在一九九八年就曾發展一套學科領導者的全國性標準。此套國家標準係針對學科領導者、校長等對象所發展的，其主要宗旨在於（TTA,

1998, p.1）：㈠在專業的關鍵點上為教師陳述明確的期望；㈡幫助教師在不同專業關鍵點上，計畫並監控他們自身的發展、訓練、表現，並設定明確和相關的目標以改進他們的效能；㈢確認每一關鍵點上的焦點都集中在改進學生成就及其教育品質；㈣對教師的專門技能和成就提供專業認可基礎；㈤協助專業發展的準備者規劃並提供高品質、相關的訓練以滿足個別教師和校長的需求，善用其時間並讓學生有最大的收穫。

㈠學科領導的成果

有效的學科領導將獲致以下的結果（TTA, 1998, p.5）：

1. **對學生而言**：可以持續改進其對二相關學科知識技能的了解；並了解學科的主要觀念；能展現出改進其讀寫算和資訊科技的技能；了解活動的目的和順序；充分準備學科的任何測驗與考試；對學科總是很熱中並有高度動機加以持續研究。

2. **對教師而言**：如團隊般一起合作；支持學科的宗旨並了解如何將之與學校宗旨加以連結；參與政策與計畫的形成並加以應用至班級中；致力於改進教學和學習的品質；對學科充滿熱忱以增強學生的動機；對學生有高度的期望並基於對學生的妥善了解及學科的進展概念，以設定實際但卻有挑戰性的目標；善用引導、訓練和支持以提升他們的學科知識和理解，並發展教學的專門知能；考量相關研究和視導的發現；有效地使用學科特定的資源；選擇適當的教學和學習途徑以符合學科特定的學習、目標和學生需求。

3. **對家長而言**：能充分了解其孩子的學科成就及進一步改進的目標；了解在學習該學科時對其孩子的期望；了解如何協助並支持其孩子學習該學科。

4. **對校長而言**：了解學科的需求；利用學科中有關成就和發展優先順序的資訊以作更周延的決定，並達到整個學校及其宗旨更大的改進。

5. **對其他校內人員及社區人士而言（包含技術及行政人員、外部政府**

機構、工商企業代表）：能充分得知學科成就及優先順序；能知道
如何適當地扮演有效支持學科教與學的角色。

㈡學科領導者的任務與工作

Gadsby & Harrison（1999, p.21）指出，小學課程協調者的十項任務，
主要包含：1.與校長溝通；2.實行課程領導；3.與成員溝通；4.組織資
源；5.建立並維持整個學校的持續性；6.組織在職訓練課程；7.作為校長
與成員間的聯絡人；8.建立記錄系統；9.激發成員動機；10.參與課程發
展。

　　綜合上述所言可知，英國在校長的培育與專業認證上愈來愈重視校長
領導學校提供高品質的教育、教材與生活環境，促進學生學習進步，增進
老師的專業成長與教學效能，並加強家長與社區的參與，有效整合及利用
資源。而為了達成這些目的，校長在專業知識和理解上必須能不斷成長與
充實。尤其在課程、教學和學生的學習方面更是專業校長必須重視的重要
面向。此外，由於國定課程的學科架構，促使學科領導的興起，校長不可
能精通所有學科，而必須授權學有專長的教師去領導與管理各學科的發
展，所以，學科領導也成了英國課程領導中的特點之一，並已訂定了學科
領導的國家標準。然而，校長的支持是學科領導成功與否的重要關鍵，學
科領導者與校長之間必須有良好的互動關係，以便學科領導者所代表的學
科得以在學校發展中取得適當的優先性。同時，校長也應撥出時間與學科
領導者共同澄清學科的優先順序並對該做什麼達成共識。校長需要進一步
判斷如何提供個別學科領導者支持，並隨情境的不同而決定支持的類型，
更重要的是校長必須展現他們對學科領導者工作價值的重視，允許學科領
導者發展自身型態和實踐的能力、願景和信心。而學科領導的目的在改進
學生學習經驗的品質，面對績效責任和國定課程的要求，對學科課程進行
適當的領導與管理。學科是整體課程的一部分，因而校長能掌握並了解學
科領導者的工作，並加以支持引導，將是有效提升校長課程領導成效的方
法。

✿ 本章小結

　　本章旨在針對英國課程領導的實施現況進行探究與分析。全章共分兩節，第一節為英國課程領導的發展背景；第二節為英國課程領導實施的現況。

　　首先，在英國課程領導的發展背景方面，先簡介英國中央與地方均權的教育制度特色，接著探討其在課程政策現況上朝國定課程增加政府的課程控制、市場化與定期視導增加責任控制的方向發展。最後，在課程權力的分配方面，則是中央課程職權加大，地方和學校的課程自主權減少。

　　其次，就英國課程領導的實施現況進行探究與分析。先探討其主要的課程領導者，發現英國主要的課程領導者包括校長、副校長及由教師所擔任的學科領導者或課程協調者；接著，就校長在課程領導中的角色與任務進行分析，發現英國校長在課程領導的角色與任務，在於決定並組織詳細的課程方案、評量的安排和資源的運用，以符合法令及學校管理委員會的課程政策，另外必須和學科領導者發展專業關係，給予學科領導者必要的授權；最後，就校長的課程領導模式而言，英國雖無針對校長課程領導發展特定的模式，但從其校長相關的培育制度、學科領導的發展與標準仍可看出其在校長課程領導方面的發展現況。

第七章
澳洲課程領導的實施現況

　　澳洲亦是一地方分權的國家，州政府擁有極高的教育主導權。本章針對澳洲課程領導實施現況的探討，亦將先透過對澳洲的教育制度特色、課程政策的現況、課程權力的分配等課程領導的發展背景作一分析，以對澳洲課程領導實施現況的形成原因作一全貌性的了解。其次，針對主要的課程領導者、校長在課程領導中的角色與任務、課程領導的模式等課程領導實施現況進行探究，以了解其課程領導的理論與實務的發展現況。全章共分為兩節，第一節為澳洲課程領導的發展背景，將先就澳洲課程領導的發展背景作一分析，除了有助於了解其教育制度的特色外，也有助於明瞭其課程政策的現況及課程權力的分配；第二節為澳洲課程領導實施的現況，將分析其主要的課程領導者、校長在課程領導中的角色與主要任務，以及其所建立的課程領導模式，以了解其在課程領導的實施情形。

第一節

澳洲課程領導的發展背景

壹、教育制度的特色

　　依澳洲聯邦憲法規定，教育的權責主要是屬於各州（王如哲，民 88；黃嘉雄，民 90b；Whitty et al., 1998）。因此，一九七〇年代早期以前，澳洲各州政府具有州集權的特質，課程大部分由州政府決定，由州教育廳規範課程、人事程序和學校組織。校長則扮演州教育廳代言人的角色，執行州的政策。此種州政府教育廳訂定了中小學行政規章和課程細則，視導各校，分配經費，遴派校長，決定校內組織，呈現明顯的州集權色彩（黃嘉雄，民 90b）。

　　自一九七〇年代以後，聯邦政府也巧妙運用聯邦經費補助作為手段，透過聯邦與各州間教育部門的協調性組織來積極影響全國的教育方向，只是基於憲法上的規範，聯邦政府仍無法干預州的教育，聯邦所制定的教育目標與課程架構對各州也無法律上的強制性（黃嘉雄，民90b）。所以，即使聯邦政府特別在高等教育及學校課程內容等兩方面有集權化的趨向，但一九八〇年代以後，一連串由州政府所發起的分權化改革運動，特別是學校本位管理或自我管理學校運動，更是反對這種聯邦集權作法的回應（Whitty et al., 1998）。由此可知，澳洲教育的制度主導權還是在州政府，由州教育廳來決定教育政策及實踐，並將一些重要事項，如課程、學生評量、教師任用、專業發展、資源分配及使用原則授權給個別學校，聯邦政府對學校教育並無直接的影響力（王如哲，民88）。

　　綜合上述可知，澳洲的州教育廳仍具有教育主導權，且將一些教育的決定權授權給學校，但面對一九八〇年代以來世界性的教育改革運動，仍

讓教育系統經歷了教學實踐與課程領域的改革；更多利害關係人參與教育事務，並藉由更加強調績效責任、合理性與自我管理來合理化科層體制，以及增加政治與教育系統的改革（Dinham et al., 2000）。因此，面對教學與課程的改革，增加家長與社區人士的參與，加強績效責任與自我管理，是未來澳洲教育所必須面對的潮流與趨勢。

貳、課程政策現況

一、發展全國課程綱要與指引，仍無法加強政府的課程控制

　　雖然傳統上，澳洲學校課程決定權在州政府，然而聯邦政府卻仍常透過各種方式試圖影響學校的課程。例如在一九七四年成立「課程發展中心」，負責研編學校課程和相關教材，以供各州和學校參考。一九八〇年代由於提升國家競爭力的考量，課程內容標準化及課程決定中央化乃成為聯邦和各州改革的方向（黃嘉雄，民 90b）。因此，一九八九年「澳洲教育委員會」（the Australia Educational Council, AEC）結合州及聯邦教育部建立全國性的學校教育目標，近年來，更採取一連串步驟發展更共同的學校教育目的及學校課程型態。這項工作肇始於建立全澳共同一致的國定學校教育目標。接著再透過州及領土領域間合作發展國定課程聲明（statement）及八大學習領域指引（profiles），而這些文件所代表的則是澳洲學校課程目的之全國性共識。然而此國定教育目標卻因為較屬保守的與一般性的性質，加上缺乏表現指標以有效連結八大學習領域，所以不易確認國定目標是否已經達成。此外，不同學習領域的試辦與實施速率不一，不同州與領土領域對不同學習領域的著重點也有所不同。這些學習領域或許提供教師、學生和家長共同的語言以連結國定目標，也或許增加大眾對學校績效責任的要求，造成加諸教師身上的壓力變大，但改革卻是很表面。所以，論者也認為此一國定教育標準與目標只有一般的影響力，並被視為

是缺乏活力且平凡無奇（Mash, 1997, pp.185-187）。

由此可知，雖然澳洲的聯邦政府試圖發展全國性的教育目標、課程綱
要與學習領域，然而終究因為地方分權的傳統，主要的課程決定權仍在州
政府，造成此項國定課程的改革，仍無法達成中央政府控制學校課程的目
的。

二、州政府仍居於課程決定的主導地位

儘管澳洲的聯邦政府與州政府合作發展了全國性的課程綱要與學習領
域指引，但仍無法有效掌控學校的課程決定權。以澳洲居於主導地位的
Victoria 州為例，該州的州政府即增加其對課程的直接控制權，所以，Vic-
toria 州已發展一套「課程與標準架構」，以決定課程內容及跨學科的評量
要件（Whitty et al., 1998）。

由此可知，在澳洲國定課程的發展仍然很慢，且在各州的實施仍猶豫
不前，由於各州主張他們擁有控制課程內容與公共考試的憲政權利，同時
各州有權決定課程改革的速度（pace）與本質。儘管一九九一年所展開的
「國家教與學的品質計畫」，使得各州在一九九九年同意在課程的主要階
段中進行標準化的評量（Dimmock & Lee, 2000）。但澳洲這種在課程政策
上由州政府居於主導地位的情況仍是相當明顯。

參、課程權力分配

一、州政府擁有主要的課程控制權

目前大部分州政府所屬的學校正朝向自主管理學校（self-managing
schools）發展，將職責委付給學校的範圍將可能進一步擴大（王如哲，民
87）。但州政府仍在課程方面朝更集權的方向發展，也擔負起幫助學校發
展並實施成功的課程改進策略之任務，以 Victoria 州為例，該州就成立課
程研究委員會制定頒布了「課程與標準架構」，作為課程實施的依據，並

發展學生學習評量制度，以評估學校課程實施與學生學習的績效責任。所以，此一課程與標準架構是學校安排課程內容的依據，也是明示學校教育目標、診斷學生成就、評估學校績效的規準（黃嘉雄，民90b）。因此，澳洲的州政府相較於聯邦政府與學校而言，擁有較主要的課程控制權。

二、學校只享有部分的課程控制權

雖然各州訂有課程標準，但學校在發展特色、經費預算、校長聘任、教師人事、課程實施和日常運作管理上仍是由學校所主導。亦即學校必須實施州定的課程標準，但在課程計畫、組織、各學習領域教學時間的分配，學科的範圍等方面，學校仍有決定權與控制權。因此，學校的課程控制權實際上是屬於實施州課程架構的決定權，學校在實施這些權力時仍必須符合州政府所訂定的績效責任架構，所以，自主的空間仍然有限（黃嘉雄，民90b），由此可知「州課程標準」、「評量」與「績效責任架構」的彼此配合實際上控制了學校的課程內容與實施，而學校的自主範圍主要還是在人事與經費方面。

第二節
澳洲課程領導實施的現況

針對澳洲課程領導實施的現況，茲就主要的課程領導者、校長在課程領導中的角色與任務、課程領導模式等三方面加以說明之。

壹、主要的課程領導者

根據 Brooker et al.（1999）針對澳洲的課程領導所作的研究指出，課程領導被視為是教師在多面向的教與學脈絡下所採取的任何創舉，以增進更有效的教與學。這樣的觀點源自於贊同將教師置於課程決定的核心地位，

且將教師視為課程決定者的角色。同時根據他們的研究及另一份由 Macpherson et al.（1999）所進行的調查研究都認為，重要的利害關係人（stakeholders），包括教師、家長及學生，在課程領導中都有其重要的地位與角色。

　　Dimmock & Lee（2000, pp.345-46）在其所做的泛文化觀點的學校本位課程領導的研究結果中，針對香港及澳洲的課程領導進行比較發現，校長與副校長直接參與課程領導與管理的程度很低，且其參與都在促進學生學業的表現，倒是「資深教師」（senior teacher）（處室主任及學科協調者），透過與其他教師間直接的連結，而擔負著主要的課程領導責任。此項研究結果與 Dinham 和 Scott 所進行的國際性的研究有類似的結果，Dinham 和 Scott 以澳洲、紐西蘭、英格蘭的教師為研究對象，進行不同職務的教育工作者健康狀況的比較研究，結果發現校長是所有學校階層中壓力最小，滿意度最高的人，其次則是副校長，第三則是教師，但居於校長與班級教師間連結地位的科室主任（heads of department）則是壓力最大的人員，因為科室主任必須符合自身教學的要求，同時也必須扮演各種不同的角色，包括成員視導與發展、課程領導、學生常規及福利、學校行政、自身的專業發展等重要的職責（Dinham et al., 2000）。

　　然而，根據 Elliott et al.（1997）的調查研究指出，只有大約三成左右的教師認為自己參與課程領導的活動，因為多數班級的老師都視自己只是課程的實施者而已，因而都貶抑他們在這方面努力的價值。反倒是有八成五的行政人員認為自己常常參與課程領導的活動。

　　由上述的研究發現可知，在澳洲校長、教師、學生、家長都可能是課程領導者，而教師在課程領導中的地位更是受到重視，尤其是資深教師、處室主任或課程協調者更是被視為必須擔負起主要的課程領導的責任。只是實證性的調查中，大多數的班級老師不認為自己有投入課程領導的工作，倒是行政人員（校長和副校長）自認為自己時常參與課程領導的活動。

貳、校長課程領導的角色與任務

一、校長角色的轉變

　　根據澳洲 Victoria 州在一九八〇年代所進行的教育改革中，其中就重新界定校長的角色，規定校長必須扮演雙重角色，既是執行教育廳政策的代表，同時是「學校審議委員會」（school council）決策的執行者，須向「學校審議委員會」負責。此外，也必須與校內教師分享權力，合作參與決定（黃嘉雄，民 90b）。

　　在「未來學校」（the schools of the future）的架構下，學校審議委員會的組成亦有所調整，除增加教師代表外，並規定校內需成立「行政委員會」及「課程委員會」，作為校長校內重要行政與課程規劃的諮議性組織，但校長對行政與課程委員會的諮議有最後的決定權（黃嘉雄，民 90b；Whitty et al., 1998）。然而，校長因已改由學校審議委員會選聘，校長因此也漸漸變為偏學校審議委員會執行者的角色。

二、校長課程領導的主要任務

　　根據澳洲新南威爾斯教育與訓練廳（Department of Education and Training）所訂定的「學校領導和管理認證」（Certificate of School Leadership and Management, CSLM）中，針對課程領導者培育的部分包含了以下幾項重點（NSW Department of Education and Training, 1999a）：

　　㈠批判地評鑑個人在課程領導方面的實踐。

　　㈡確認能培養合作性學校課程領導實踐的過程和結構。

　　㈢利用一套策略以透過改進課程領導實踐達到改進教與學的目的。

　　而為了使學校領導者可以基於課程的實踐以促進有效能的學校，則校長必須在課程領導方面有以下的作為（NSW Department of Education and Training, 1999b）：

㈠界定課程：讓自己能對課程的要素有明確的了解。

㈡課程組織：能有效連結個人的課程哲學和課程領導的哲學。

㈢良好的課程領導結果：能有效應用有關的新知識架構，以提升課程領導結果。

㈣促進並領導課程改進：能展現對團隊建立與教師專業所有權的知覺，以作為領導課程改革的主要面向。

　　而校長為了能順利進行課程領導，必須採取以下兩項策略領域，分別為：

㈠領導和文化：主要係採策略性的領導，其具體作為包括：

　1.基於學生學習成果的利益，能接納並順應改革。

　2.發展合作性的架構，以促進學校內的革新。

　3.持續尋求能支持學校計畫與方向的相關資料。

　4.將學生的學習結果與系統的優先性相連結。

　5.挑戰現狀以便增加有效改革的機會。

㈡學習和教學：主要包括教育領導與教育管理的領域，其具體作為包括：

　1.與他人合作，設計、發展並實施計畫和政策，進而將教育廳的願景融入學校的政策與班級的實踐中。

　2.確保教與學的計畫能反映學校的政策與實踐。

　3.致力於設計符合社會正義的學校課程，並適合於他人的需求。

　4.發展並實踐持續改進的過程。

　　採取上述的作為與策略，校長必須將這些作為應用至學校中，發揮自己的角色以實施課程計畫，並完成以下的課程領導工作：

㈠與學校同仁商議，共同為學校發展一份課程管理行動計畫。

㈡與學校同仁商議，設計並發展一份訓練及發展計畫，以向同事介紹新學年的新課表。

㈢發展一系列的策略，用以創制一種團隊的途徑，以實施整個學校的課程。

㈣準備一份整體學校課程哲學的評鑑，並向同仁報告。檢視課程宗旨、
　內容、教學方法、評量及學生成果間的一致性。

㈤概述將用以讓他人投入資訊蒐集及分析的方法。並將之適切應用至調
　查學校有關的需求。

　　綜合上述所言可知，校長在課程領導中，必須有效界定課程，組織課
程，並能提升課程領導成果，促進課程改進與革新。因此，必須採取領導
作為，塑造合作創新的學校文化，並能有效管理與領導，發展優質且合適
的教材，提升教學與學習的成效。

參、課程領導模式

一、「促進有效教學與學習的課程領導模式」之理論背景

　　有關澳洲的課程領導模式，Brooker et al.（1999）、Elliott et al.
（1997）、Macpherson et al.（1996）等幾位澳洲昆士蘭科技大學的學者，
針對課程領導進行一系列的研究，並建構「促進有效教學與學習的課程領
導模式」，此一模式強調學校中的課程領導過程是很複雜、微妙並融入許
多不同的權力勢力，造成某些想成為課程領導者的教育人員會被排除在
外。加上現今都從組織的觀點，及「從上而下」來看課程領導，而非從個
人的取向，及由內而外或由下而上的觀點來看課程領導。因此，此一模式
是基於課程作為一種探究領域的觀點來了解課程領導，並採「從內而外」
而非「從上而下」的政策形成、解釋與實施的觀點來支持教師作為一位課
程領導者。基於這樣的背景與基本立場，此一模式對課程領導的發展提出
了三項命題：

㈠有關教師思考有效教學與學習

　　首先，對課程領導而言，提升教師質疑並重建他們實踐的能力與理解

是很重要的。其次，即使在不同的脈絡下會有不同的願景，仍必須擁有共同的課程領導願景。如此，教師可以知覺原則和實踐間的一致與不一致的程度，有效的課程領導強調這些一致與不一致的程度並伴隨著適切的策略行動。再者，教師對課程改革的本質和來源有其基本立場與圖像，課程領導必須對這些圖像有所回應。最後，教師能根據他所支持的圖像以回應課程改革與領導，將可能導致實踐的堅定、實踐的批評、實踐的重建，小幅度的實踐改變或沒有改變，但課程領導可以增強這樣的回應。

㈡有關校內或學習環境內的社會氣氛

學校的改革對社會關係有正面影響，包括增進信任、強化共同的教學與學習觀、增加合作承諾、教學和學生學習品質的提升；且正向的互動可以強化各種不同次級團體的社會關係。

㈢有關學校的組織結構

首先，學校管理委員會對學校的改革有重大的影響，專業發展也有重大影響，教師的支持團體也是一種有用的課程領導形式。

二、「促進有效教學與學習的課程領導模式」之內涵

學校建立「促進有效教學與學習的課程領導模式」，所必須考量的因素如下所述：

㈠學校課程環境

1.學校課程架構

主要包括堅強而前後連貫的願景聲明、以學習者和學習為中心、教師成為學習環境的一部分、整體的課程觀、學生文化和社會背景的了解、學校和各處室對政令的知覺。

2.社會脈絡

主要包括合作式的環境、參與式的決定、正向的焦點、友善的團體、合夥的團體、對他人創作的認可。

3.組織結構

主要包括分權式的委員會結構、行政支持創新、眾所周知的課程決定過程、課程探究與論辯的機會、外顯的決定過程、協助移除限制、參與課程決定的機會、開放的溝通網絡。

㈡中介因素

每所學校在上述的學校課程環境要素間都會有獨特的融合，在這些要素間形成不同的交互作用。這些要素的結合，以心理的和人際的因素最為顯著，在此稱之為中介因素。中介因素鼓勵教師採取特殊的課程創新。依此，中介因素促使教師跳脫現有的實踐而進入新的課程領導實踐領域。這些因素包括：

1.自信、自由、參與、開放、自我價值、個人主體性。

2.增能的感覺、鼓勵、責任、承諾重新建構、信任、樂於冒險。

㈢結果因素

透過這些因素的存在與應用，教師能夠參與課程領導活動，並能產生持續的改革，其具體結果包括：

1.能以教師需求為基礎，確定教師能對計畫產生認同。

2.訂定學校及各處室所需要創新的政策。

3.能創新並導致課程改革或持續轉化課程的政策與實踐。

綜合上述這些影響課程領導模式的因素可知，課程領導必須同時兼顧學校的課程環境、教師個人的人際與心理特質，可以看出澳洲所建構的課程領導模式是除了考量明確的課程結構與圖像之外，同時也重視學校組織結構、成員人際與社會互動、成員心理特質等須由領導者加以規劃與引導的領導面向。是故，仍可明顯看出課程領導中課程理論的面向和領導理論的基礎。

總之，澳洲此一「促進有效教學與學習的課程領導模式」，雖然主要的課程領導者設定為教師而非校長，然而其重視學校課程結構、社會脈絡及結果等學校課程環境，經由教師心理及人際等中介因素產生互動，提升

課程領導的結果，整套模式雖然仍持續在考驗與修正中，無論是否將校長視為主要的課程領導者，事實上對於校長實施課程領導而言仍有其參考價值。至少看出教師進行課程領導的優勢與劣勢，進而加以配合與引導。

本章小結

　　本章旨在針對澳洲課程領導的實施現況進行探究與分析。全章共分兩節，第一節為澳洲課程領導的發展背景；第二節為澳洲課程領導實施的現況。

　　首先，在澳洲課程領導的發展背景方面，先簡介澳洲州教育廳主導教育權並將一些教育決定權授權給學校的教育制度特色，接著探討其在課程政策現況為發展全國課程綱要指引，仍無法加強政府的課程控制，且州政府仍居於課程決定的主導地位。最後，在課程權力的分配方面，則是州政府擁有主要的課程控制權，而學校則只享有部分的課程控制權。

　　其次，就澳洲課程領導的實施現況進行探究與分析。先就主要的課程領導者作一探討，發現在澳洲校長、教師、學生、家長都可能是課程領導者，而教師在課程領導中的地位史是受到重視，尤其是資深教師、處室主任或課程協調者都是主要的課程領導者；接著，就校長在課程領導中的角色與任務進行分析，發現澳洲校長在課程領導的角色與任務上是承上啟下的，執行「學校審議委員會」的決議，並與教師分享權力。在課程領導任務上則必須能界定課程、組織課程、有良好的課程領導結果、能促進並領導課程改進；最後，就課程領導模式而言，則介紹「促進有效教學與學習的課程領導模式」的理論背景與內涵。

第八章
加拿大課程領導的實施現況

　　加拿大亦是一地方分權的國家，最特殊的是其在中央聯邦並未設有任何的教育部門。各省或區域擁有極高的教育主導權。本章針對加拿大課程領導實施現況的探討，亦將先透過對加拿大的教育制度特色、課程政策的現況、課程權力的分配等課程領導的發展背景作一分析，以對加拿大課程領導實施現況的形成原因作一全貌性的了解。其次，針對主要的課程領導者、校長在課程領導中的角色與任務、課程領導的模式等課程領導實施現況進行探究，以了解其課程領導的理論與實務的發展現況。全章共分為兩節，第一節為加拿大課程領導的發展背景，將先就加拿大課程領導的發展背景作一分析，除了有助於了解其教育制度的特色外，也有助於明瞭其課程政策的現況及課程權力的分配；第二節為加拿大課程領導實施的現況，將分析其主要的課程領導者、校長在課程領導中的角色與主要任務，以及其所建立的課程領導模式，以了解其在課程領導的實施情形。

第一節

加拿大課程領導的發展背景

壹、教育制度的特色

　　加拿大是一具有雙語主義、多元文化主義、強烈地方主義的國家。在憲法上賦予各省訂定管理教育法律的權力，聯邦政府全不干預。因此，屬於極度地方分權的國家（王如哲，民88；謝文全，民84）。加拿大並未設有聯邦教育部門，僅由各省及區域聯合設立一協調性的機構：「各省教育廳長聯席會議」（Council of Ministers of Education），提供各省教育廳長共同合作的機會，並能諮詢有關相互利益的重要教育事務，協調溝通各省與區域的教育制度方案。而各省教育廳透過教育或學校法案，以及入學規定來控制學校的課程內容、學校經費額度、教師必須具備的資格與訓練、學生的測驗標準及評量方法、維持學校運作與管理結構、學校委員會的設置、課程教材的設計與分配（王如哲，民88）。

　　加拿大教育的核心觀念在於進步主義或兒童中心教育，但目前亦有回歸基本的想法，旨在確保運用兒童中心的教育時，亦擁有足夠與充實的核心科目與技能，且不會忽視標準，因此，過去幾年來傳統的或教師主導的教學模式已重獲重視，並反映在各省發展核心學習課程的趨勢上，選修科目較少，在某些學習科目上有大規模的省級測驗（王如哲，民88）。由此可知，雖然加拿大在教育制度上有一些調整，然而仍堅持維持入學機會均等、教育機會均等與文化多元主義的傳統。

貳、課程政策的現況

一、強調標準與績效責任的課程改革，重視資訊科技與家長參與

根據「各省教育廳長聯席會議」在一九九八年由各省與區域所提出的教育報告中指出，整體加拿大的教育有以下幾個趨向（Council of Ministers of Education, 1998）：

㈠針對所有層級的教育進行持續性的改革與檢討：課程改革焦點集中在「標準」、「績效責任和報告」、「重建和管理」三大重要優先項目。因此，更周延的行動計畫焦點集中於外顯的結果、表現的測量、目標或標準。

㈡蒐集更多有關教育系統運作的資訊：為了回應更多績效責任的要求，再度強調必須向大眾報告朝向改革方向與目標進展的情形。

㈢持續增加地區與全國性的合作：各省或區域都組成合作性的組織，如西加拿大協定（the Western Canadian Protocol）、亞特蘭大省教育基金會（the Atlantic Provinces Education Foundation）等。

㈣教育中的夥伴：各省與區域持續建立教育機構、家長、社區組織、私人企業間的連結，許多的夥伴重點在於將資訊科技統整至教育系統中，或者是幫助學生將所學更順暢地轉化至工作場所。

㈤增加教育經費：各省及區域增加教育經費大多有其特殊目的，如將經費用於學習遲緩的學生、用在高科技的課程、降低班級人數。

㈥繼續將焦點集中在資訊科技：持續將資訊統整到課程，提高學生擁有電腦的比率，並促進私人企業的合夥關係。

此外，在中小學的教育上則有四大趨向：

㈠增加家長及社區參與決定：在許多省都設有學校諮議委員會，就常規、行為準則、課程目標、預算優先順序、學校設備的使用提供建議

給校長。

㈡以學校為焦點檢討：告知社區及家長學校具體事項的檢討。並設定改進學習的優先順序，最後檢討學校及學生近年來的表現。

㈢持續強調學生成就的評量：大多數的省及區域都有測驗方案，並參與全國性或國際性的評量計畫。

㈣學校常規：將正向且免於混亂的學校學習環境列為最優先考慮。

綜合上述的現況可知，加拿大現今課程與教育改革的趨向是朝向標準與績效責任，重視資訊科技投入大量經費改善學校資訊科技設備，並將之統整至課程中；強調家長與社區的參與，以評估並建議學校課程的目標與發展、設備的使用與管理等方面的事務。同時，也重視區域性與全國性的合作，其中區域性的合作，如由曼尼托巴省、薩克其萬省、亞伯達省、英屬哥倫比亞省、育空和西北兩個區域所共同簽定的「西加拿大協定」，合作發展K-12年級的共同課程架構及數學、語文和國際語言等學科的學習結果，而全國性的合作則有「全加學校課程合作協定」（SSTA Research Center, 1999）。最後，各省在某些特定階段多訂有省級的評量（例如亞伯達省在 3、6、9 年級就有全省性的成就測驗），以了解學生學習品質與成就，並作為考核學校績效責任的重要參考依據。

二、全加學校課程合作協定的發展

由於加拿大沒有聯邦教育部體制，憲法也將教育權力完全託給各省，因此加拿大的教育是屬於省的權責（Council of Ministers of Education, 1997a），然而為了分享共同的教育目的，一九九五年二月，「各省教育廳長聯席會議」正式通過「全加學校課程合作協定」（Pan-Canadian Protocol for Collaboration on School Curriculum），此一協定承認教育是省及區域的職責，然而也認為合作性的交互管轄有助於改進國家的教育品質，為了維繫此一協定，參與的省及區域都相信：㈠分享人力與財政資源，有助於提升課程發展過程中的品質與效率；㈡認為共享多數的教育目的，有助於確保以和諧的方式達成目標；㈢所有學生應有公平而均等的教育機會，並

增加入學機會；㈣承認並尊重法語和英語的獨特特質（Council of Ministers of Education, 1997a, 1997b）。基於上述的立場，「全加學校課程合作協定」的合作目標主要在於：確認課程結果與相關標準、提供英語課程、提供法語課程、評量學生表現、應用科技到課程中，並採用遠距教學、建立不同省與區域間電子化資訊交換方法。並採以下作為：為某一年級或學校層級制定願景聲明及學習方案的廣泛目的；制定某一學年或學校層級學習方案的課程目標；擬定方案要素、學習活動、教學策略，資源材料、形成性評量策略、總結性的評量和工具（Council of Ministers of Education, 1997a）。

　　綜合上述可知，為了分享教育與課程目標，共享人力與經費資源，提升教育的品質，所以，這種全國性的學校課程合作協定可說是加拿大這種極度地方省及區域分權制度下一種很特殊的課程政策，然而自一九九五年推行至今仍持續在進行中，可見亦是加拿大目前主要的課程政策之一。

三、各省與區域獨立發展課程

　　雖然上述「全加學校課程合作協定」，以及區域性的合作如「西川拿大協定」及「亞特蘭大省教育基金會」，有助於各省與區域在課程發展過程中的合作與效率的提升。然而因為加拿大強烈的地方主義色彩，事實上在每個省與區域均已發展出各自的教育結構與機構，反映出相當遙遠的地理環境及各地區的文化與歷史遺產，各省教育廳與區域都頒布課程指南以規範教育內容（王如哲，民 88；Council of Ministers of Education, 1998）。

　　舉例而言，在英屬哥倫比亞省，已經發展出新的課程架構範圍是橫跨了十二個年級的學校教育，新的課程架構由四個部分所組成（Marsh, 1992）：

　　　‧人文：英文、社會、法語（作為第二外國語）、健康。

　　　‧科學：數學、科學、環境、科技。

　　　‧實用藝術：體育、工藝教育、商業教育。

　　　‧美術（fine arts）：音樂、視覺藝術、戲劇、舞蹈。

薩克其萬省也自一九八〇年就開始針對 K-12 年級的學校教育進行檢討，並在一九八四年提出檢討報告，並做成十六點建議形成教育改革的藍圖，進而發展出薩克其萬省的核心課程架構，此一核心課程架構主要包含兩個要素，分別為：「必修的學習領域」及「共同的重要學習」。其中「必修的學習領域」主要包括七大學習領域，分別為：藝術教育、健康教育、語文、數學、體育、科學、社會等；而「共同的重要學習」主要包括：溝通、批判與創造性的思考、獨立學習、算術、個人和社會價值與技能、科技的能力。當然，此一課程架構允許教師對已獲批准的課程進行調整以適應學生學習需求的多樣性。這些調整包括：調整課程、教學和學習環境，以使教育方案與所有學生產生關聯（SSTA Research Center, 1999）。

綜合上述所言，儘管有全國性與區域性的課程合作協定，但實際上加拿大各省及區域還是都獨自設計並發展省的課程架構或指引，各省及區域的課程架構中所包含的課程內容或許有相似之處，例如都強調績效責任、標準、教育品質與評量、家長的參與，然而除了名稱有所差異外，事實上各省都有針對其省及區域與特色，發展具有特色的課程，或有不同的教育與課程的重點，例如有的省特別強調資訊科技，有的省則特別重視多元文化或原住民教育。基本上述兩省的課程發展與設計只是加拿大多樣教育制度中的兩個例子，由這兩個例子中可以看出其所發展的課程方案有其共同相似之處，但也有相異獨特的地方。如此顯示出各省與區域的獨特性。

參、課程權力的分配

傳統上，加拿大的課程權力主要還是在各省政府的教育廳，中小學的課程通常由省教育廳制定，但留給學校相當大的自由，以便調整廳訂的課程，適應各地方的個別需要，此外，中小學的教科書亦是省教育廳所核定。所以，在課程與教學中，就課程設計發展而言，主要是省教育廳與地方學區的主要職責，課程的核准仍是省教育廳的主責，但就教材的選擇而言，則主要是學校層級權責（謝文全，民84）。

　　綜合言之，省教育廳在課程方面的權力主要包括：負責督導中小學、課程教材的設計與分配、學校結構與行政管理、評量方法及學生測驗的標準、新課程內容與教科書、學校獎助政策與額度等項目。各省教育廳都頒布課程指南以規範教育內容，有些省教育廳則會只頒布課程指南，並讓課程的細節部分交由地方學校委員會指導發展（王如哲，民 88）。以薩克其萬省為例，過去都由省教育廳發展課程接著就直接在班級中實施。傳統上學校委員會很少參與制定課程架構及決定學校課程內容。但一九九五年的「教育法案」則賦予學校委員會更多控制學校課程的權力。例如，學校委員會可以規定並核准教學科目，也可規定並核准教科書及其他學習資源材料。由此可知，由於傳統上薩克其萬省的學校委員雖然會發展有關交通、社區與家長參與等教育政策，但並沒有發展有關開展學生知識、技能和態度的學校課程政策。所以，近來許多學校委員會則主張必須發揮適當的領導角色，以發展並實施學校課程的政策。因此，學校委員會希望能有權也有責可以發展並實施學校課程，同時也希望能在省核心課程架構下，擁有做地方性決定的機會（SSTA Research Center, 1999）。上述這種情況在一九六〇年代以來曾是如此，亦即一些省的教育廳將一些核心的管制權力，諸如：課程發展與評量，讓予地方學區主管部門，但一九九〇年代之後有些省又重新集權（王如哲，民 88）。

　　由上述加拿大課程權力的分配情況可知，省政府教育廳還是居於課程設計發展與核准的主導地位，學校則在教材選擇中擁有較大的控制權。然而，由省教育廳來主導發展學校課程似乎仍是加拿大各省的普遍作法，只是省教育廳在制定課程架構時，仍會保留一些彈性調適的空間，諸如選擇教科書與其他學習教材，讓學校能依不同地區與學生需求，做適當的調適。

加拿大課程領導實施的現況

針對加拿大課程領導實施的現況，茲就以下幾方面分述如下：

壹、主要的課程領導者

根據 Clifford et al.（1992）針對加拿大亞伯達省校長課程領導所作的研究指出，校長課程領導方面的典範主要有兩種：一種是現行最常採用的方式，即監督課程能否有效地加以傳遞；另一種則是對現行典範的種種議題提出各種質疑，包括：質疑學校的目的是為了什麼？又是為了誰？質疑有關學生在課程決定中發聲的權利？質疑學校所提供的學習是否為重要的學習？在此兩種不同的課程領導典範下，校長所應採取的課程領導作為是有很大的差異的，一種是監督並確認教師是否了解省教育廳所制定的課程和學習方案，並監督這些規定的課程是否能以有效的方式加以忠實地實施。而在這種課程領導的典範下，校長仍有兩種不同的作法，一些校長認為他們應比教師更了解課程，以確保這些課程可以有效而忠實地加以實施；而另一些校長則是認為他們的權威應在於有效地管理人員，而將課程工作的一切，授權給教師，因為教師才是最有資格指揮課程工作的人。另一種課程領導典範則強調其注意力轉變至學生的生活經驗，校長的責任在於參與真實的教育對談，因而校長應是與教師一起計畫並分享的同事。

然而，正如 Newlove（1999）的研究所指出的，雖然加拿大的校長知覺到自己是學校的課程與教學領導者，但卻為了無法提供更多時間領導課程與教學領域而感到沮喪，許多研究報告也顯示校長投入很少時間於學校的課程議題上。此外，校長終究無法成為每一學科領域的專家，所以當他們無法跟上每一專門課程的步調時，他們在進行課程領導時就會受到質

疑。雖然如此,校長卻仍被期望應於新課程在學校實施前,先了解所有的
課程改革。不過,某些採取課程傳統方式的校長也承認課程領導的工作對
任何人而言都太過沈重,所以,有必要將課程領導的責任授權給特定學科
的教師、處室主任、課程顧問、教育廳人員,尤其是授權給學校的優秀教
師,這些優秀的教師常被校長視為是課程專家,也充分給予這些教師較大
的自主性,充分支持並給予較少的干預。然而,相對地,校長在某些教師
無法有效工作時,也必須加以處理(Clifford et al., 1992)。

　　綜合上述兩種課程領導典範而言,加拿大的校長仍被視為是主要的課
程領導者,只是持不同的課程領導典範的校長,在課程領導的作為與重點
上有所不同而已。但畢竟學校的課程領導應是所有人員共同的責任,不可
能由單一個人來承擔所有的課程領導責任。所以,校長作為主要的課程領
導者,有必要進行合作式的領導,校長必須針對不同專長與特質的教師進
行適當的授權,指派領導的教師,並與課程專業組織合作,提供相關課程
問題的諮詢服務,幫助教師解決課程發展、設計與實施的問題,讓教師可
以有效實施省教育廳所規定的課程,同時也能針對班級的特性與需求,調
適並創制課程。

貳、校長在課程領導中的角色與任務

一、校長課程領導的角色

　　由於課程事務長期以來被校長視為是與行政事務分離的。所以,即使
有少部分的校長設法解決重要的課程問題,但絕大多數的校長似乎仍對課
程與教學欠缺強烈的關注。傳統上,加拿大的校長主要工作在於與成員合
作並管理成員。因此行政的對話就是管理的對話,如人力資源的管理、教
學的管理、課程實施的管理。但新興的課程領導典範使得校長不再以上述
的方式設定他們的工作界限,反倒是透過與教師的合作,將教育興趣投注
在孩童的日常經驗,因此管理的議題(如計畫、課表、常規政策、資源分

配）成為學習的議題。控制逐漸由對話、問題提出與問題解決所取代。校長在課程事務上應有更多對話、問題提出與解決的特殊專門技術（Clifford et al., 1992）。

綜合上述兩種不同的校長課程領導方式可知，在傳統形式的課程領導中，校長的主要課程領導角色是監督者、管理者、評鑑者與指導者，負責監督、管理、評鑑與指導教師實施課程。但在新興的課程領導典範中，校長有必要和教師合作、對話、提出問題並解決課程問題。如前所述，加拿大的課程主要是由省教育廳所制定發展，學校有必要加以有效的實施，但省教育廳所制定發展的課程仍保留部分的自主權供學校教師進行調適。因此，校長在課程領導中的角色除了監控、評鑑教師是否有效實施省教育廳所制定的課程與學習方案外，更應與教師合作共同解決學校課程發展與實施的問題。因此，校長成為改革的帶動者、回應者和倡導者，作為支持教師資源的行動者，有效率的時間管理者，幫助教師澄清他們對課程與教學的理解（Newlove, 1999）。

二、校長課程領導的主要任務

Newlove（1999）的研究指出，校長擔任課程領導者時，其主要十項活動包括：

㈠創造良好氣氛：降低壓力情境，參與班級活動。

㈡建立目的與目標：將學校的任務轉化為班級的目標，透過參與式的目的設定溝通信念，維持全球的觀點。

㈢提供課程專家的意見與資源。

㈣支持教學：承諾合作以改進教與學，並促進教師非正式的對話，投入持續的教學歷程，協助設計學習方案，規劃班級課表，進行課程研究或與顧問和其他課程專家合作。

㈤促進專業發展：和師生一起利用慎重、回饋和人文主義途徑，提供持續性的專業發展方案，分享教師彼此的喜樂。

㈥與各式各樣的人合作：與教師、家長、資源老師合作。

㈦堅定信念和採取行動：相信所有學生的潛能，成為改革的帶動者、回應者和倡導者，作為教師資源的行動者，有效率的時間管理者，幫助教師澄清他們對課程與教學的理解。

㈧給予教師專業發展的選擇，並確認他們定期的參與。

㈨評鑑：監控並討論學生的標準化測驗結果。

㈩充實知識：熟悉所有課程的基本哲學，並知道經歷改革時如何支持其他人。

　　此外，根據加拿大薩克其萬省在一九九五年所公布的「薩克其萬省教育法案」（the Saskatchewan Education Act）可知，校長應擔負起一般組織和行政的職責、監督學校、課程及專業人員，並發揮行政功能以作為學校、教育委員會和教育行政機關間的聯絡人。因此校長應發揮以下的領導功能（Renihan & Leonard, 2000）：

㈠組織由教育委員會所核准的課程方案與教學。

㈡在與教師商議後，再分派每位教師的職務。

㈢規定職員的責任與功能。

㈣對所有成員、學校修繕與設備作一般性的監督。

㈤當學生在校或參與學校活動時，對學生的福祉與良好秩序實施一般監督。

㈥提供領導以增強成員的專業發展。

㈦與大學合作進行教師在職訓練。

㈧與教師合作一起進行持續性的計畫方案，並評鑑有關目標、課程教學和學校教學方案的效能。

㈨從學生責任的觀點界定並規定學校的標準，給予師生方向以維持良好秩序、和諧與學校效率。

㈩管理任一學科的測量，使其適當並與本教育法案一致。

㈡與教師商議共同建立即將用以評鑑學生進步的程序與標準、發展，向家長報告學生進步情形的程序，並建立學校與家長間的互利互益的溝通管道。

㈤與教育指導官員聯繫並建議有關學校及師生福祉的所有事宜，並向教育指導官員和教育委員會報告學校情形，並領導促進大眾參與改進學校教育的計畫。

綜合上述的校長課程領導的主要功能與任務可以發現，兩者之間有許多相似與重疊之處。綜合言之，校長的領導功能主要以課程、教學與學生的學習為主要焦點，所以，必須採取領導行為進行課程發展、教學改進與學生進步，並配合經費與設備的管理、社區公共關係的建立與家長的參與，以充分支援學校的課程發展、教學改進與學生的學習。同時，校長必須尋求不同層級專業機構與人員的支援，提供並引導成員進行專業成長與進修，以有效實施課程。最後，校長本身則必須了解所有課程的基本哲學和基礎目標，並透過個人閱讀、大學課程、撰寫地方課程文件、傾聽教師、同儕、顧問、局長，參與專業發展機會、行政人員的會議，並觀察班級教師。

參、校長的課程領導模式

Newlove（1999）指出，由於大學中有關教育行政的課程中，常常省略「課程」這項要素，造成許多校長並沒有將課程管理視為其教育行政工作的重要議題之一。因而在校長培育課程中，除了行政管理的課程外，同時也必須強調課程發展、設計、實施、評鑑等方面的課程。Renihan（1999）就指出在校長培訓中，現今最常被建議的九項領域為：一、監督技巧；二、人際關係（個人和公共）；三、時間管理和組織理論；四、心理學和諮商技巧；五、溝通技巧；六、領導模式；七、課程發展與實施；八、預算和經費；九、教育法案及其合法意涵。

除了在校長培育過程中必須強調課程領導的知能外，有關加拿大校長的課程領導模式，自一九八○年代中期以後加拿大薩克其萬省教育廳發展了核心課程方案中新課程發展的四個時期，此四個時期構成所謂課程發展的「DIME 模式」。而通常校長都參照 DIME 模式的四個時期來實施學校

的課程與教學領導。透過不同的課程定義、參照 DIME 模式、對學校目的之不同信念，提供校長各種不同的課程取向（Newlove, 1999）。以下茲就 DIME 模式中四個發展與實施階段說明如下（SSTA Research Center, 1999）：

一、發展（Development）：主要是撰寫並試驗課程

一九八〇年開始，薩克其萬省教育廳投注大量心力重新撰寫K-12年級的課程，以求這些課程能與核心課程的架構相符。這些課程的改寫大都由教師執筆，有時會請教育人員或學術人員所組成的諮議委員會來協助。有些課程是完全由薩克其萬省所獨立完成的。而某些學習內容則是和「全加學校課程合作協定」或「西加拿大協定」所聯合完成的。在課程發展完成後，試驗也是課程發展的一部分。因此，在課程最後定案前會先對適當的年級或年齡的學生進行試驗。

二、實施（Implementation）：主要是傳遞課程給學生

雖然省教育廳會詳述課程內容，但學校部門則是擔負起實際實施課程的責任，並確保學生在班級中的經驗可以反映書面課程的意圖。在實施課程的過程中，省教育廳所提供的支持包括：提供教師在職訓練、提供支持課程實施的資源材料清單，學校則必須確保學生達到預期的學習成果。新課程的實施與學校委員會有密切關聯。因為新課程意謂著教師必須學習新的內容與新的教學方法。同時也意謂學校委員會必須分配經費以採購書本、材料與設備。

三、維護（Maintenance）：維持課程不斷更新

在此課程發展階段強調的是保持課程及相關文件的更新。這包括修訂舊課程及資源材料清單、更新行政公報等。大部分的維持活動是透過「常青課程」（evergreen curriculum）加以完成。此「常青課程」是由省教育廳網站所維護，在此網站上有超過六十份的課程指引、參考書目及補充教

材，同時也提供各學科領域的討論群並連結至相關網站。透過網站的更新使課程與教材得以維持「常青」。

四、評鑑（Evaluation）：正確評鑑課程實施成效

薩克其萬省訂有「薩克其萬省課程評鑑方案」用以評鑑新課程。依此方案，檢核各課程領域，以確認課程的目的是否已經達成，並確認新課程是否如預期的加以實施。迄今，已有一至五年級的「科學」、七至九年級的「健康」、五、八及十一年級的「數學」、七至九年級的「社會」，及一至九年級的「藝術」等課程完成評鑑。

此外，尚有兩種學生評鑑方案可以提供有關課程效能的間接資訊。分別是：「省學習評量方案」（Provincial Learning Assessment Program, PLAP）及「學校成就指標方案」（School Achievement Indicators Program, SAIP），前者代表的是省級的學生評量方案，後者則是全國性的學習評量方案。然而兩種學生評量方案因為無法與薩克其萬省的核心課程架構的目標完全契合或連結，所以只能提供間接的課程成效資訊。

綜合上述薩克其萬省的「DIME」課程領導發展模式，校長必須在課程發展過程中，從發展、實施、維護到評鑑四個不同的階段，分別採取適當的課程領導作為，針對學校的特性，進行新課程的發展，教學的改進，經費與資源的管理，隨時更新課程內容與文件，並評量課程實施成效與學生的學習，以求達成課程的目標，並符合教師和學生的需求。

本章小結

　　本章旨在針對加拿大課程領導的實施現況進行探究與分析。全章共分兩節，第一節為加拿大課程領導的發展背景；第二節為加拿大課程領導實施的現況。

　　首先，在加拿大課程領導的發展背景方面，先簡介加拿大雙語主義、多元文化主義、強烈地方主義的教育制度特色，接著探討其在課程政策現況為強調標準與績效責任的課程改革，重視資訊科技及家長參與；全加學校課程合作協定的發展；各省及區域獨立發展課程。最後，在課程權力的分配方面，省政府教育廳還是居於課程設計發展與核准的主導地位，學校則在教材選擇方面擁有較大的控制權。

　　其次，就加拿大課程領導的實施現況進行探究與分析。先就主要的課程領導者作一探討，發現在加拿大，校長被視為主要的課程領導者，只是持不同課程領導典範的校長在課程領導的作為與重點有所不同；接著，就校長在課程領導中的角色與任務進行分析，發現加拿大校長在課程領導的角色除了監控、評鑑教師是否有效實施省教育廳的課程方案，更必須與教師共同解決課程問題。在任務上則必須採取領導行為進行課程發展、教學改進與學生進步，並配合經費與設備的管理，發展公共關係。尋求不同層級專業機構與人員的協助；最後，就課程領導模式而言，則介紹加拿大薩克其萬省所發展的由課程發展、實施、維護到評鑑的「DIME」之內涵。

第九章
主要國家課程領導的
比較與趨勢

　　本章針對前四章所論述的美、英、澳、加等四國的課程領導的實施現況加以比較分析，以明其異同，並歸納出一些課程領導的發展趨勢。為了行文簡便，文中的「主要國家」或「各國」係指美、英、澳、加等四國而言。全章共分兩節，第一節為主要國家課程領導的現況比較，將就課程領導的發展背景與課程領導實施的現況進行比較分析；第二節為主要國家課程領導的發展趨勢，將就比較分析的結果歸納整理主要國家課程領導的發展趨勢。

主要國家課程領導的現況比較

壹、主要國家課程領導發展背景的比較

就各國在課程領導背景之比較，如表9-1所示。根據表9-1中所列舉的各國教育制度的特色、課程政策的現況、課程權力的分配等三個項目，茲將其重要的發現分述如下：

一、就各國教育制度的特色而言

各國在傳統教育制度的特色中均屬地方分權的傳統，但近年來由於學生學業成就的低落、家長與民間企業要求改革的呼聲日高，加上為了提升國家競爭力，增進學校的效率與效能，提高學生的學習品質，使得各國在一九八〇年代都進行一連串的教育改革。而各國所進行的教育改革主要集中在課程與教學領域，尤其在課程改革方面更是如此。然而各國雖然在傳統上多屬地方分權的特色，但中央聯邦政府都試圖建立全國性的課程，其中美國雖然尚未有全國性的課程，但各專門學科的專業組織，已陸續發展出該學科的全國性課程標準，英國一九八八年就開始實施國定課程，明定學校的課程架構與科目，澳洲也發展了全國性的課程架構，加拿大亦發展了全國性的學校課程合作協定。只是這些國家因為有其地方分權的傳統，所以，中央聯邦政府即使想要取回這些決定課程的權力，大都只能靠經費補助或道德勸說的方式，實際上並無實質的約束力。各國中似乎只有英國是能夠明確地規範並實施國定課程，其他國家實際上還是無實質的國定課程。

此外，即使各國中央聯邦政府，或多或少，或明或暗地想增加一些教

育主導權，但卻因為受到教育制度的傳統與特色之影響，加上各國地方的州或省仍極力抗衡，或因地理幅員遼闊、文化與需求有所差異，州或省仍擁有掌管學校教育的主要權力。因此各國中除了英國的地方教育當局的權力在一九八八年的改革法案中大幅遭到削減，並將大部分的權力集中在中央政府或下放至學校層級外，其他國家大致上仍維持州或省主導的地方分權制的教育特色。

二、就課程政策的現況而言

　　各國都傾向在連續目標的詳盡架構下來規定課程，而非簡單地以課程指引來規定學科內容或所應包含的學科。同時透過在不同階段對每一學科進行一連串的標準化評量來達到監控的目的。所以，即使在學校本位管理趨勢之下，下放至學校的權力大多是經費、人事方面的自主管理。至於課程則配合評量或測驗，逐漸朝集權化的方向發展。學校在課程方面即使有些自主的空間，仍是在國定課程或地方政府所訂定的課程架構或標準的規範與指引之下，進行部分彈性的調整。

　　綜合上述所言可知，各國現行的課程政策都朝向中央或地方集權的方向發展，透過訂定標準化課程與測驗，並重視績效責任的評鑑，同時配合市場導向、消費者主義的理念與作法，造成學校方面的課程自主權相較於以往是較為縮減的。易言之，各國的州或省都制定標準化的課程與架構，配合視導制度及全國或全省性的標準化測驗，達到控制學校課程並評估績效責任的目的。所以，此種結合市場選擇機制，並透過視導與考試的手段，達到國家控制的目的，其實是一種新自由主義與新保守主義結合的結果，似乎可以看出是各國課程政策發展的普遍方向與作法。

三、就課程權力的分配而言

　　各國的課程權力除了英國以外，主要仍是集中在州或省等地方層級，由州或省來制定各自的課程標準或架構，並配合全州或全省性的測驗與考試來考核學校的表現，作為績效優劣評估的標準。中央聯邦除了英國因為

實施國定課程，所以擁有較大的課程權力外，其餘各國的聯邦在課程權力上都不及州或省政府，聯邦在課程上想取得主導權大都只能採取經費補助或道德勸說，較少有實質的強制力或約束力。而學校在課程控制方面的權力相對縮減，即使是擁有課程的決定權，主要也是在教科書的選用上，可以擁有較高的自主性。只是教科書的編寫由於仍是遵循國家或州政府所訂定的課程標準，因此，學校表面上在教科書的決定上擁有主導權，但是否真正具有課程的主導權力，事實上，仍值得存疑。

表 9-1　各國課程領導的背景比較

項目 國家	教育制度的特色	課程政策的現況	課程權力的分配
美國	傳統地方分權制，教育權在州及地方；因此並無全國一致性的教育目標與課程。但現在則有許多州與區域試圖推行具可行性的全國性課程，目前的主要作法為一些全國性的專業組織發展各自學科領域的全國性標準。如數學、英語與歷史。	·各州開始制定學習內容標準與學習表現標準，朝標準本位的教育與課程政策發展。 ·各州或市開始制定標準化課程、教科書及測驗，朝市場化的導向與標準化課程方向發展。	州政府在經歷不同年代課程決定權的收放，但現在州政府仍透過經費補助及頒布全州性的課程架構或目標及教科書選用政策，達到控制課程的目的，地方及學校相對課程控制權縮小。
英國	傳統中央與地方維持均權，一九八八年國定課程之前 LEA 享有極大管理權，一九八八年以後，擴充了中央與學校的權責，大幅削減 LEA 的權力，但學校則必須面對更多績效責任與標準的考驗。	·建立國定課程與國定測驗與考試，增加政府對學校課程的控制。 ·重市場化機制，增加課程政策的多樣性與選擇，再採定期視導增加課程實施的績效與責任。	一九八八年教育法案之後，主要課程權力集中在中央，LEA 的課程權力幾乎全被削減，而學校雖然亦擁有課程自主權，但相較於國定課程實施前，課程大致由學校與教師作成決定相較，仍是相當有限的。

表 9-1　各國課程領導的背景比較（續）

項目 國家	教育制度的特色	課程政策的現況	課程權力的分配
澳洲	教育主導權在州政府，由州教育廳決定教育政策與實踐，並將課程、學生評量、教師任用、專業發展等授權給個別學校。聯邦政府無直接影響力。	・聯邦政府發展全國性的教育目標、課程綱要與學習領域，但仍無法控制學校課程。 ・州政府仍居於課程決定的主導地位，各州大多發展自己的課程標準與架構。	・聯邦政府所發展的全國性課程綱要缺乏法律上的強制性。 ・州政府擁有主要的課程控制權。 ・學校課程的自主權仍受限於州課程標準，故自主範圍仍在人事與經費方面。
加拿大	雙語主義、多元文化主義、強烈地方主義，由各省訂定教育法律，無聯邦教育部門，只有各省教育廳長聯席會議作為各省教育事務合作與溝通協調的機制。公平、均等與文化多元可說是加拿大教育的理想與特色。	・強調標準與績效責任的課程改革，重資訊科技與家長參與。 ・各省皆各自訂定課程標準或架構。現在也開始致力為全國性的大規模統整課程方案，還有一些區域性的課程統整方案。	・課程的權力主要還是在各省的教育廳。省教育廳負責課程發展與設計、課程的核准，並發展省級的評量。 ・學校則擁有較大的選擇教科書與其他學習教育的權力，並有彈性調整省訂課程的空間。

貳、各國課程領導實施現況的比較

　　就各國在課程領導實施現況之比較，如表 9-2 所示。根據表 9-2 所列舉的主要課程領導者、校長在課程領導中的角色與任務、課程領導模式等三個主要項目，茲將其重要的發現分述如後：

一、就主要的課程領導者而言

就主要的課程領導而言，各國在不同層級都會有不同的課程領導者，以美國為例，現在基於實際的功用與成效、研究的發現、經費的短缺，加上校長是學校中的主要領導者，造成校長在課程領導方面的角色與責任日漸受到重視。因此，校長在各國仍被視為是主要的課程領導者，尤其是在學校的層級。只是由於大多數的校長因為時間不足，或課程專業知能不足，或是採取的領導觀與授權的方式之不同，造成其在課程領導中的角色受到質疑。因此，美國和英國事實上都設有課程協調者或學科領導者，負責學校或不同層級間課程事務的協調與發展的工作。因此，課程協調者也被視為是主要的課程領導者之一。但由於課程協調者或學科領導者多由教師擔任，特別是資深優良的教師。因此，教師也成為主要的課程領導者之一。澳洲近年來更是倡導教師在課程領導方面的重要性，或者是學校中校長之下的中階領導者，如副校長或各處室主任也常被視為是主要且合適的課程領導者，這也是各國的共同現象。只是對於誰應擔負起課程領導的主要任務，不同對象的觀點也有著不同的感受與思考角色。

綜合上述可知，課程領導是一複雜而整體的工作，並非一人可以獨立完成，因此各國在課程領導者方面似乎愈來愈傾向不同層級領導者間的分工合作，因此，校長、副校長、處室主任、學年主任、班級教師，事實上分別分擔不同的課程領導的角色與任務。而校長在面對國定課程或州定課程的指引規範與績效責任的要求，必須擔負起承上啟下的角色，擔負起有效實施課程，提升學生學習結果的主要責任，因此，校長在課程領導中或許不是各學科課程的主要領導者與推動者，但對於整體學校的課程事務，包括課程目標的設定、課程的計畫、設計發展、實施與評鑑，則必須有效授權給不同人員，負起整體學校課程領導的責任，只是不同校長有著不同的領導理念與風格，造成授權多寡也有所差異。然而校長必須綜理整個學校的課程事務，並整合領導不同行政人員與專業教師間的合作，提升學校教育的成效，則校長作為學校中主要的課程領導者仍是各國一致的現象。

二、就校長在課程領導中的角色與任務而言

　　首先就課程領導角色而言，各國校長在課程領導中的角色可說是相當多樣的，美國的校長在課程領導的角色從傳統監督管理，轉變為合作解決問題，並扮演首席教師的角色，教學為先，行政居次；英國的校長則必須有效執行學校管理委員會的課程政策，監督課程評鑑成效，並合理分配人力、時間和資源；澳洲校長則必須執行學校審議會的課程政策；加拿大的校長則必須從傳統之監督、評鑑管理與指導的角色，轉變為改革的帶動者、回應者與倡導者，支持教師資源的行動者、有效的時間管理者。由此可知，各國校長在課程領導方面的角色似乎從傳統的監督、管理與考核評鑑的角色，逐漸轉變成為與成員合作共同解決課程問題，並能針對學校的課程事務進行必要的支持與協調溝通，爭取整合資源來提升課程品質及其實施成效。因此，各國校長的課程領導角色已從被動的監督管理與評鑑者的角色，逐漸轉變成為主動解決與回應課程問題的問題解決者與回應者，並能主動倡導課程改進的倡導者與激勵者，更是與教師共同合作的伙伴與合作者。不過，校長在這樣的課程領導角色上似乎仍有衝突之處，即校長還是得面對來自校外家長或政府機構的績效責任考核，所以，在其課程領導角色的扮演上，如何採取較主動積極創新的角色，又能達到績效責任的要求，則是各國校長必須共同努力的方向。

　　就校長在課程領導中的任務而論，各國的校長依據其在課程領導中的角色，事實上都必須評估學校學生、教師與家長的期望與需求，建立學校課程願景與目標，發展設計學校課程活動與方案，選擇並組織教材，連結不同年級或層級的課程，促進成員的專業成長與發展，有效爭取整合並分配人力、時間與資源，評鑑學校課程實施的成效，持續改進學校課程。上述這些課程領導任務是各國校長在實施課程領導上主要的任務。

三、就課程領導的模式而言

　　事實上各國都發展了各種課程領導的模式或架構，作為校長實施課程

領導的參考。其中，美國的 CLI 模式即是一套按部就班的課程領導模式，提供課程領導者進行課程領導的具體且明確的步驟，其中包括了學業方案的管理、課程協調委員會的任務與作法，各學科領域委員會在課程與教學方面的具體方法與步驟，都能提供明確的作法；英國雖沒有較具體明確的課程領導模式，但在校長培育中則重視這方面的議題，因此，還特別制定了「校長的國家標準」、「校長的國家專業認證」、「領導發展架構」，在這些認證中雖然不是針對課程領導而訂定的，但其主要內涵中實際上則包含了課程發展與領導的重要面向。此外，英國的師資培訓局也發展了學科領導者的全國性標準，作為學校學科領導者實施課程領導的指引與參考；澳洲則在學校領導者的培育課程中，重視領導者在課程領導方面知能的培育。同時也建構了「促進有效教與學的課程領導模式」，試圖為課程領導立論（theorizing），並強調課程領導中必須考量學校課程架構、社會脈絡、組織結構等學校課程環境，教師之心理與人際關係等中介因素，進而達成課程領導方面的具體成果。雖然在此模式中是以教師為主要的課程領導者，但實際上卻仍重視校長在與教師合作，共同考量學校脈絡因素，加強教師之心理與人際關係，進而達成良好的課程領導成果；加拿大則在薩克其萬省發展了 DIME 模式，從課程的發展、實施、維護到評鑑，強調校長在課程領導中可遵循此一模式，發展撰寫並試驗學校課程；提供有效實施課程的條件，包括師資訓練、設備與教材的提供，以順利將課程傳遞給學生，並能不斷維持課程的更新；最後能評鑑課程確認課程目標達成的程度。

　　綜合上述所言，各國都致力發展課程領導的模式或標準，以供校長、教師或課程領導者在進行課程領導時之參考。

表 9-2　各國課程領導實施現況比較

項目 國家	主要的課程領導者	校長在課程領導中的 角色與任務	課程領導模式
美國	學區中不同層級有不同的人員負責課程領導的工作，教育局中負責課程與教學的副局長、課程協調者、學校校長、學年主任（teacher leaders）等都是主要的課程領導者，但校長作為課程領導者似乎愈來愈受到重視。	• 角色方面：校長必須從傳統提供課程監督與管理的角色，轉變為面對課程問題，並加以解決，透過合作、反省與實踐，促進成員發展，扮演首席教師的角色。 • 課程領導任務包括：發展學校課程願景、規劃活動、發展方案、選擇教材、連結課程、實施課程、促進成員發展、課程評鑑與修訂。	• CLI 模式。 • 提供學業方案管理、課程協調委員會的任務與作法、學科領域委員會在課程與教學方面的作法等明確的步驟。
英國	• 傳統校長被視為是主要的課程領導者。 • 副校長也是重要的課程領導者。 • 由老師所擔任的課程協調者與學科領導者亦是主要的課程領導者之一。	• 角色方面：執行學校管理委員會的課程政策，監督課程實施，評鑑實施成效，並對用人、資源、時間等方面的分配進行協調溝通。 • 任務方面：包括管理課程的實施與運作、調整國定課程適應個別學生需求、確認國定課程的實施成效、與學科領導者間發展專業與良好的互動關係。	• 校長培育中的校長的國家標準、校長的國家專業認證、「國立學校領導學院」所發展的「領導發展架構」。 • 「師資培訓局」所發展的「學科領導者的全國性標準」。
澳洲	校長與副校長、處室主任、教師都被視為是主要的課程領導者。其中尤以處室主任或資深教	• 角色方面：校長由州政府政策的監督者與管理者，轉變為學校審議委員會執行者的角色。	• 促進有效教與學的課程領導模式。

表 9-2　各國課程領導實施現況比較（續）

項目＼國家	主要的課程領導者	校長在課程領導中的角色與任務	課程領導模式
澳洲	師為主要的領導者。只是誰是主要的課程領導者，不同對象的觀點與感受並不相同。	・任務方面：界定課程、組織課程、良好的課程領導結果、促進並領導課程改進。	・重視學校課程脈絡、人際與心理之中介因素，促成良好的課程領導結果。
加拿大	校長仍是主要的課程領導者，特定學科的教師（特別是學有專長的優良老師）、處室主任、課程顧問也是可能的課程領導者。	・角色方面：由傳統監督者、管理者、評鑑者與指導者的角色轉變為改革的帶動者、回應者與倡導者，並作為支持教師資源的行動者與有效的時間管理者。 ・任務方面：創造良好氣氛、建立目的與目標、提供課程專家的意見與資源、支持教學、促進專業發展、促進不同人員合作、採取行動、充實專業知能、評鑑。	・薩克其萬省的DIME 模式。 ・重視課程發展、實施、維護到評鑑的各個課程領導的程序與作為。

第二節

主要國家課程領導的發展趨勢

　　J. W. Meyer、D. K. Kamens 和 A. Benavot 試圖找出世界性的課程發展模式，他們發現二十世紀主要國家國小課程大綱有相當程度的同一性，而一些特殊國家所宣稱的課程變遷趨勢竟也有相同的地方，都一致的採取了世界性的課程類型（引自楊深坑，民 88，頁 13），事實上這段對世界上各國

課程發展趨勢的論述亦非常能代表各國課程領導發展的趨勢。以下將綜合前述各國課程領導現況之描述與比較，進一步歸納出各國課程領導發展的共同趨勢。茲分別論述如下：

壹、課程政策朝集權化方向發展，並強調績效責任

　　國家為了做好課程控制，教育當局都會制定課程標準或課程綱要來要求學校必須依照規定實施之（黃政傑，民80，民88a），只是各國對課程控制的程度不一，控制的幅度並不相同（黃政傑，民82）。即使像美國這種地方分權的國家，政府依然會利用各種不同的策略與手段對學校的課程進行管理或控制，尤其是在學校的正式課程方面。英國一九八八年所制定的國定課程，就產生了更明確更具體的課程讓教師跟隨。該課程不僅詳細規範了學科的內容，同時也提供指引與和教學方法有關的建議，並界定每一階段預期的學生學習結果（蔡清田，民88；Dimmock & Lee, 2000）。澳洲、加拿大也都試圖發展全國性的課程架構或課程合作協定。而除了課程標準或課程綱要的制定以外，各國都會在不同階段實施標準化的全國性或全地區性的標準化測驗，以考驗學生的學習成就，作為比較學校辦學績效優劣的重要參考依據。這就是Whitty、Power和Halpin（1998）所描述的，許多政府在國家層級，從教學內容及評量方法的觀點，都緊握其對課程的控制權。對課程的重要規範不只在符合標準化表現規準的要求，以促進專業績效責任並符合教育市場顧客選擇的需求，同時也建立國家認同的形式，學校雖然被賦予經費、人事、行政的自主性，但卻喪失了課程方面的控制權。

　　面對上述各國在課程政策集權化的趨勢，課程領導者必須認清學校領導者無可避免地必須面對來自國家的課程管理與控制，必須了解政府對課程控制的主要內涵，並認清其與課程領導間的關係，有效實施國家所頒訂的正式課程。同時也必須了解學校在課程制定的課程規範之外，有哪些彈性自主的空間可資運用，以兼顧發展適合學校需求的非正式課程和潛在課

程，將是未來學校課程領導者必須重視的。是故，校長在進行課程領導時面對這種課程政策權力集中在中央或地方政府的趨勢，必須有所回應，面對不同的課程管理，集權或分權的課程政策，校長的課程領導作為也應有所不同，如何發展學校本位課程，有效連結地方與國家的課程，增進學校實施課程成效，將是校長課程領導中不得不面對的趨勢之一。

貳、課程領導普受重視，但主要課程領導者仍有些許不同

由於對學校課程與教學的改革是一九八〇年代以來世界各國教育改革的主要重心。因此，學校課程領導的推展與實施普遍受到重視。而各國在主要的課程領導者方面或許有所差異，其中校長、副校長、教師、行政人員、教育行政人員、課程協調者等都是主要的課程領導者。多數國家都肯定校長是主要的課程領導者，不過，亦有論者主張，校長由於必須受到法令、外部標準達成的要求、上級單位較多的要求，如何將重心轉換到課程與教學事務上，有待探討。因而不認為校長應成為主要的課程領導者（Ervay & Roach, 2001）。對於校長是否應成為主要的課程領導者，仍有存疑。同時有些國家因為發現校長或副校長直接參與課程領導與管理的程度並不高（Dimmock & Lee, 2000），或者是校長沒有足夠的時間進行課程領導，因而逐漸加重教師在課程領導中的重要性，尤其是優良教師、或由教師擔任的學科領導者、課程協調者或處室主任，其中以英國和澳洲為代表。不過即便是由教師來擔負起各學科的領導職責，其想要發揮良好的學科領導，還是必須與校長發展良好的互動關係，針對學校整體課程的發展、實施、評鑑與管理進行溝通協調。

是故，校長即使不是直接參與課程發展的主要課程領導者，也必須擔負規劃、監督、協調整合、支持等部分的課程領導責任，有效整合行政與專業人員。事實上，大部分國家的校長還是必須負起主要的課程領導的責任。只是，英美大多有所謂的「課程協調者」這樣的人員與編制，以進行

課程事務的管理與協調的工作，英國更在一九八八年的教改法案之後，更加強調比課程協調者更主動、積極角色的學科領導者，由各學科教師代表來擔任學科管理與領導的工作。我國雖然沒有這樣的編制，但為了分擔校長在課程領導方面的責任，則可朝現有的人員中如教務主任、學科領域召集人、學年主任、學有專長的各科教師等人員來執行課程領導與協調的功能。不過，可以肯定的是只有學科領導者或課程協調者不足以充分發揮學校課程領導的功能，校長居於學校主要領導者的職位，作為學校的主要課程領導者還是各國課程領導現況的主要趨勢之一。

參、校長培育過程中，重視課程領導知能的充實

由於校長在課程領導中的重要地位，校長在課程與課程領導方面的專業知能，有必要加以加強與充實。由於以往校長的培育課程中大都只重視行政與管理方面的課程，而較忽略課程與教學方面的課程。因此，各國現在校長的培育課程中都加入課程領導的課程，如英國的「校長的國家標準」、「校長的國家專業認證」等都強調校長在課程與教學方面的職責與專業知能；澳洲新南威爾斯教育與訓練廳所訂定的「學校領導和管理認證」中也規劃了課程領導方面的訓練方案與計畫，以加強校長在課程領導方面的專業知能。由此可看出加強校長在課程發展與課程領導方面的專業知能是各國課程領導方面的重要趨勢之一，也是校長專業認證中重要的面向之一。

此外，各國也漸漸發展課程領導的模式和作法，如美國的 CLI 模式、澳洲的促進教與學的課程領導模式、加拿大的薩克其萬省的 DIME 模式。這些模式都可作為校長或課程領導者在進行課程領導時之參考與指引。因此，除了課程領導專業知能的培養，提供課程領導模式以作為校長課程領導實際運作之參考，亦是各國課程領導的重要趨勢。

肆、社區與家長參與課程事務的擴大

　　各國在教育改革中都愈來愈重視社區與家長的參與。如美國立法設定的公元二〇〇〇年的全國性教育目標，即強調增加家長的參與，學校中的課程協調委員會，也多能增加家長與社區人士的代表，尊重並採納社區與家長參與學校課程的意見，並確保其參與學校課程事務決定的權利，尤其是一九九〇年代以後，更加重視家長社區參與共同發現並解決學校的課程問題；英國也重視家長與社區的參與，並重視校長向家長與社區人事報告學校辦學的效率與效能，並充分整合利用資源；澳洲在面對教學與課程的改革中，也增加家長與社區人士的參與，共同為學校課程的發展與改進投注心力；加拿大在中小學的教育趨向上也增加家長與社區參與課程決定，就學校課程目標、設備使用、預算優先順序提供建議給校長。

　　綜合上述各國這種擴大社區與家長參與的趨勢可知，在市場導向，消費者主義的潮流之下，學校中的各種事務由家長與社區人士代表參與共同決定是一項必然的趨勢。由於家長與社區人士參與課程事務，常引發不當干預教學專業的疑慮，因此，面對這種趨勢，校長在進行課程領導時必須審慎加以考量，如何有效納入家長與社區的力量，化解並協調其與教學專業間的衝突，充分加以整合，進而成為學校課程發展與實施的助力，將是校長實施課程領導時，所必須面對的另一主要趨勢之一。

伍、強調轉型、合作與創新，促進成員專業發展

　　面對強調市場機制與消費者主義的新自由主義與強調標準、控制與績效責任的新保守主義，學校所面對的挑戰愈來愈大。而為了面對這種績效責任的要求，各國都致力於學校教育的改革與創新，因此，在課程領導方面也就特別強調不同層級人員的合作，校內成員與校外家長的夥伴關係，學校內部人員的團隊合作，以增進學校的改進與創新。

為了促進學校的轉型、創新與合作，必須要加強的是學校成員的專業
發展與專業能力的提升，加強成員研究與發展的能力、團隊合作的能力、
問題解決的能力、分享課程與教學專業知識的能力。除了教師的專業成長
以外，校長本身的課程專業知能的提升亦非常重要。所以，各國為了提升
課程領導的成效，都非常重視教師與校長本身的專業發展，期望藉由成員
的專業成長達到改進學校課程與教學的品質，進而提升學校的教育成效。
因此，擬定教師專業發展方案，強調轉型、合作與創新，亦成為各國課程
領導的重要趨勢之一（Ervay & Roach, 2001）。

陸、專業文化的塑造，帶動改革風潮

各國在課程方面的權力逐漸由州或地方所掌控，學校的課程自主權相
對縮小。尤其像英國實施國定課程之後，學校與教師的課程自主權更低。
如此會造成學校教師愈來愈處於一種順從（compliance）的制度或文化，
遵守規定和政策，服從上級的指示。當教師習慣在這種強調順從、遵守
（adherence）和服從（acquiescence）的文化中工作，想要有所改變，是很
困難的。因此，要改變上述的情況必須重塑做決定的文化，以倡導（advo-
cacy）、創制（initiative）、協同（collaboration）、團隊合作（team-
work）來取代原有的順從、遵守、服從。此意味著必須形成一種文化，以
探討不同的點子，廣為分享各種作法，並在同僚積極進取的氣氛中，定期
提出各種計畫（Ervay & Roach, 2001）。

不過，相對地，即使在美國這種地方分權的國家，常感受到當課程設
計與實施是屬於地方分權時，通常意味著在運作上的混亂與失序。因為個
別教師被賦予這麼多課業上的自主性，以至於所產生出的課程，有的零
散，有的重複，也有的充滿歧異。因為課程與教學的缺乏組織，老師們只
好深受教科書編者與測驗編製者的支配（Ervay & Roach, 2001）。

綜合上述所言可知，各國在課程政策有集權化的趨勢，造成教師面對
績效責任的要求，只會養成順從、遵守與服從的習慣與文化。即使在美國

的地方分權傳統中，給予教師極大的課程自主權，也常只造成混亂與課程品質低落，造成教師過度依賴教科書與測驗，形成另一種形式的服從與遵守。因此，各國為了改進上述的這種情況，在校長的領導中都強調必須塑造學校專業與決定的文化，帶動改革風潮，以倡導、創制、協同、團隊合作的文化，取代原有的順從、遵守與服從的文化，這亦是在課程改革、發展與課程領導中的一項重要趨勢。

本章小結

　　本章旨在針對透過對美、英、澳、加等四國的課程領導實施現況的比較分析，進一步歸納出課程領導的發展趨勢。全章共分兩節，第一節為主要國家課程領導的現況比較，就課程領導的發展背景與課程領導實施的現況進行比較分析；第二節為主要國家課程領導的發展趨勢，就比較分析的結果歸納整理主要國家課程領導的發展趨勢。

　　首先，就主要國家課程領導的現況比較而言，先就各國課程領導背景進行比較，分別就各國教育制度、課程政策的現況、課程權力的分配等方面進行比較分析，結果發現各國在教育制度的特色均屬地方分權的傳統，但中央政府或多或少，或明或暗地想增加一些教育主導權。在課程政策方面，則是各國現在的課程政策都朝向中央或地方集權的方向發展。在課程權力的分配方面，除了英國的中央聯邦因為實施國定課程擁有較大的課程權力外，主要仍集中在州或省等地方教育層級。其次，就各國課程領導的實施現況進行比較，結果發現在主要的課程領導者方面，各國有傾向不同層級領導者間的分工合作。校長在課程領導中的角色與任務多樣而複雜。課程領導模式方面則是各國大都致力發展課程領導模式或標準，供校長等課程領導者參考。

　　其次，就主要國家課程領導發展趨勢而言，則可發現以下幾項趨勢：課程政策朝集權化方向發展，並強調績效責任；課程領導普受重視，但主要課程領導者仍有些許不同；校長培育過程中，重視課程領導知能的充實；社區與家長參與課程事務的擴大；強調轉型、合作與創新，促進成員專業發展；專業文化的塑造，帶動改革風潮。

第十章
校長課程領導模式之建構

　　為了能更有效落實校長的課程領導，實有必要建構課程領導模式以作為校長課程領導實務之指引與參考。經由課程領導概念與內涵之釐清、課程領導之相關學理基礎的探討，以及主要國家之課程領導現況與發展趨勢的比較分析，筆者採實證研究的方式進行「校長課程領導模式」之建構。在建構「校長課程領導模式」的過程中，除了探討相關文獻外，亦採用訪談法和德懷術（Delphi Technique）等方法，蒐集學者專家與教育實務工作者之意見，藉以建構並考驗適合國內學校情境的校長課程領導模式。因此，本章將就校長課程領導模式建構的方法、過程及內涵作一析述。全章共分三節，第一節為校長課程領導模式建構方法，主要在說明考驗校長課程領導模式的主要研究方法──文獻分析法、訪談法及德懷術之設計與實施；第二節為校長課程領導模式之建構，主要在說明「校長課程領導模式」建構之演進及過程；第三節為校長課程領導模式之特點及應用，主要在說明整個「校長課程領導模式」經過德懷術考驗後所獲致之要素、主要內涵及其特點。

第一節

校長課程領導模式建構方法

　　本節旨在說明建構「校長課程領導模式」之主要研究方法的設計與實施。主要包括文獻分析法、訪談法及德懷術，茲分別說明如下：

壹、文獻分析法

　　文獻分析法在建構「校長課程領導模式」時，主要應用於以下幾方面：

一、蒐集課程領導的意義、性質、要素、重要性、相關理念、重要內涵、模式、理論及測量等方面的文獻資料，加以分析與歸納，以作為課程領導模式之理論基礎，並作為建構課程領導模式與設計德懷術調查問卷之依據。

二、蒐集歐美先進國家校長課程領導實施現況的相關研究與文獻資料，加以分析比較，以作為國內建構校長課程領導模式之參考。

三、就文獻分析之結果，初步歸納出「校長課程領導模式」主要包含「脈絡因素」、「角色因素」、「過程因素」、「結果因素」、「評鑑因素」等五項，根據此一模式，校長必須先評估學校的脈絡，再決定扮演適切的課程領導角色，進而領導學校課程計畫與決定之過程，最後產生良好的課程領導效能。且在脈絡、角色、過程、結果四個因素間必須進行形成性與總結性評鑑，作為考驗與修正整個課程領導過程各要素之參考。有關「校長課程領導模式」的建構過程與詳細內涵，待本章第二節及第三節再加以詳述。

貳、訪談法

為了驗證根據文獻分析所初步建構之「校長課程領導模式」，接著採用訪談法進行訪談，以作為修正課程領導模式之參考，同時蒐集學者專家與教育實務工作者對於校長課程領導及課程領導模式之看法。因此，訪談法主要在蒐集國內外學者專家及教育人員對校長實施課程領導的主要角色、任務、有利條件、可能遭遇的困境、影響因素、可採行的因應措施，以及筆者所初步建構之「校長課程領導模式」等方面的意見與看法。訪談的進行，主要係依據文獻分析與探討的結果編製訪談題綱，並以立意取樣選取學者專家及校長作為訪談對象，訪談的方式主要可分為以下幾種方式：

一、個別式面對面訪談

針對國內的專家學者與教育人員，主要採個別式的面對面訪談方式進行。為了預留時間讓受訪者仔細思考題綱，所以進行訪談前，均先以 E-mail、傳真或郵寄的方式將訪談題綱送至受訪者手中，再與受訪者聯繫訪談方式、時間及場地並徵得受訪者同意，邊錄音邊做札記，最後再整理受訪者意見，將訪談結果加以彙整。

二、E-mail 書面訪談

此一訪談方式主要係針對美國「課程領導中心」的創辦人 Stuart B. Ervay 博士所進行的訪談。由於美國「課程領導中心」所研發的 CLI 模式，自一九八二年建構以來，在全美各地推展，不斷修正，實際上已累積相當豐碩的成果。筆者在研究期間與 Ervary 博士經常有書信往來，並在書信往來過程中討論相當多有關課程領導的議題，但因受限於空間，無法親自面對面訪談，因而在 Ervay 博士的首肯之下，改採 E-mail 的方式將訪談大綱先寄送給 Ervay 博士，在其詳細檢閱後，提出其對訪談問題之看法，並將

結果再以電子郵件的方式回寄。

三、小團體訪談

由於訪談對象中有四位高雄市的校長，為了顧及訪談過程中的便利性與互動性，因而在徵詢此四位校長的同意後，此四位校長的意見諮詢，採取小團體座談的方式在同一時間於高雄市進行，並將其所陳述的意見記錄在同一份紀錄中。

參、德懷術

經由文獻探討初步建構之「校長課程領導模式」，在經過與專家學者及教育實務工作者進行訪談之後，進行適度修正，接著即採德懷術考驗「校長課程領導模式」整體之適切性，由於德懷術是考驗「校長課程領導模式」整體適切性的主要方法，同時也是「校長課程領導模式」最終定案的主要研究方法。因此，以下針對德懷術的設計與實施加以說明之，主要的內容包括：德懷術的基本原理；研究樣本的選取；研究工具的設計；實施的程序；資料的處理與分析。

一、德懷術的基本原理

(一)德懷術的意義與基本原理

德懷術係指研究者針對某一主題，請多位專家進行匿名、書面方式表達意見，並透過多次的意見交流，匯集整合專家專業知識、經驗，而逐步達成一致性具體共識，並獲得最後結論的一種研究方法（吳清山、林天祐，民90；吳雅玲、謝臥龍、方德隆，民90；游家政，民85；黃政傑，民76）。

德懷術是美國蘭德公司（Rand Corporation）的研究人員於一九六〇年代所發展出來的研究方法（吳清山、林天祐，民90；Lunenburg & Ornstein,

2000）。是一種兼具會議與傳統問卷調查法優點的方法，它使用問卷調查，但卻與傳統的問卷調查有所不同，傳統的問卷調查只要製發一次問卷就完成調查工作，而德懷術則需製發一連串的問卷才能完成調查研究，因此可以提供多次的回饋意見。同時，德懷術也具有會議溝通的功能，但卻不像會議一樣採面對面的方式且必須共聚一堂，而擔心受到權威的影響，不願反抗權威而不敢表示真實意見；或擔心情緒化的爭論，造成堅持己見；或擔心時間及人員無法配合，而造成會議結果貧乏。德懷術採取郵遞信件的方式，各自表示其意見，所以，較不受時間地點的限制，也可避免權威人士的影響，限制了不同意見的表達（吳清山、林天祐，民90；游家政，民85；黃政傑，民76）。

綜合言之，德懷術的方法是建立在「結構化資訊流通」、「匿名化的群體決定」和「專家判斷」的原理上。其中結構化的資訊流通，其運作方式是利用連續的「結構化」問卷進行「反覆的」調查；而在匿名化的群體決定方面，德懷術係採匿名式的書面溝通，利用各次問卷的群體統計結果和意見，提供填答者參考，並重新考慮問題答案。填答者可以維持原來的觀點，或做成新的判斷。如果填答者的判斷與群體的集中量數不一致且又堅持己見，則必須提出不願改變判斷的理由；在專家判斷方面，為了使獲得的結果能代表研究領域的思想形式，德懷術需要足夠的具代表性專家，這些專家必須對探究的主題，具有專業的經驗、出版品和在同僚中的地位，並能在反覆問卷中提供思考周密判斷。所以，以專家作為德懷術樣本，主要在依賴專家小組的觀點和洞見來發展共識（游家政，民83；黃政傑，民76）。

㈡德懷術的實施程序

德懷術主要利用一連串的問卷調查，讓學者專家針對某一主題，採匿名、非面對面的方式，藉由多次書信的交流，逐步得到共識的方法。其實施程序一般都採取以下的步驟（王雅玄，民87；吳清山、林天祐，民90；游家政，民83；黃政傑，民76；Lunenburg & Ornstein, 2000）：

1.確立研究主題，然後據以編製問卷，採結構式問卷較佳。

2.確認專家小組（panel of experts），通常小組成員必須是研究主題的專家或實務工作者，並具有研究主題方面的專業經驗或著作，且能進行思考周密的判斷並提供意見，同時必須能在調查期間配合問卷的填答。

3.發展第一回合德懷術調查問卷。

4.郵寄第一回合德懷術調查問卷給專家小組，讓每位專家小組成員都收到相同的問題，並且以個別的、匿名的方式表示意見，並提供建議或解決之道。

5.整理第一回合收回的問卷，進行綜合歸納與整理分析，計算每一項目評定的平均數、中數或眾數，彙整專家所提供之意見與建議，據以修改或編擬下一回合之調查問卷，併同第一回合整體結果（包含專家原先的評定及全體的平均意見與反應）分送給原選定專家，請其參酌整體結果，再次表示意見。重複此一步驟，直到反應結果已達預期的或所需的穩定度為止。

㈢德懷術之優點與限制

德懷術在應用上有其優點，同時亦有其限制，茲就其優點和限制分述如下：

1.德懷術的優點

綜合言之，德懷術的優點有以下幾點（吳清山、林天祐，民 90；游家政，民 83；Lunenburg & Ornstein, 2000）：

⑴簡單易行，不需要大量的樣本。

⑵採匿名方式，可避免受到順從壓力的影響，降低人際互動的問題或權威的拘束。

⑶能夠得到專家的協助，獲取較高品質、較具有說服力的意見。

⑷允許專家有足夠的時間對問題作反應。

⑸可以減少面對面會議的從眾行為反應。

(6)具有相互激盪性與啟發性，可以提供多樣而量化的資料。

(7)有助於對未來事件作精確的預測。

2.德懷術的限制

德懷術並非萬靈丹，可以適用於所有作決定的情境並解決所有爭議性的議題，因此，應用德懷術時也會有一些限制，茲將其限制說明如下（吳清山、林天祐，民 90；游家政，民 83；黃政傑，民 76）：

(1)在意見調查的過程中需要耗費大量的時間，且常需要進行多次的意見諮詢，導致研究者必須承受相當大的心理壓力，同時也易引起參與者的厭煩，因此，德懷術調查的實施深受受試者的合作與否之影響。

(2)缺乏面對面的團體互動與腦力激盪，不易激發有創意的思想。

(3)雖然德懷術的調查研究容易算出幾次填答的一致性，求出信度，但填答者的填答是否認真，所得到的共識是否有效，仍受到相當程度的質疑。

二、研究樣本的選取

德懷術以學者、專家作為調查對象，因此研究必須考量研究主題的特質。「校長課程領導模式」之建構，即須先考量校長課程領導的特質，首先先界定研究的母群與樣本選取原則，然後再進行取樣與確認程序，最後將同意參與研究的樣本組成「德懷術小組」。就母群的範圍而言，「校長課程領導模式」與建構，母群包括學校教育人員、課程與教育行政領導學者。取樣原則把握了兼顧課程或領導或課程領導的理論與實務，具備溝通與研究的能力，具有參與的熱誠等原則。依據這些取樣原則，即從母群的範圍，進行樣本的選取，並商討確認最後德懷術小組成員，組成「德懷術小組」。

三、研究工具的設計

進行德懷術調查研究必須編擬調查問卷，以蒐集德懷術小組成員的工

具。在「校長課程領導模式」建構過程中即編擬「校長課程領導模式建構調查問卷」作為德懷術主要的調查工具。第一回合的問卷內容，必須根據德懷術小組成員的意見回饋加以修正，發展成為第二回合的問卷。以此類推，若進行第三回合的德懷術，則第三回合的問卷係根據第二回合問卷的結果與意見回饋修訂而成。

各次的調查問卷內容，都應包含「研究說明函」（若說明函內容過多，則建議以說明附件方式呈現）、「問卷填答說明」、「校長課程模式各因素項目的評定」與「綜合評論」等四部分，在第二回合之後的問卷則附帶有前一回合問卷的回饋資料。

四、實施的程序

「校長課程領導模式」之建構，德懷術問卷原本預計實施三回合。但就第二回合問卷之統計結果發現，小組成員在第一回合與第二回合間的填答情形變動不大，且第二回合的離散情形較第一回合縮小，因此，發現填答漸趨穩定，且已達預期的標準。因此決定改採兩回合的德懷術調查。

五、資料的處理與分析

本研究德懷術問卷的資料統計與分析方法依其性質，分為質的分析與量的分析：

㈠質的分析

本研究採內容分析法分析德懷術第一回合與第二回合問卷各題項的「意見說明」、各因素最後之「綜合意見」與問卷最後的「綜合評論」，分析其內涵，但盡可能維持原意。將相同或相似的意見與看法予以歸併，並統計其次數，以呈現其強度。對於不同的意見與看法，亦予以整理歸納，並分析其內涵。

㈡量的分析

對於德懷術問卷各題項「同意程度」的評定，本研究使用 SPSS 8.0 for

Windows 之統計套裝軟體進行資料的統計分析。所採用的統計方法如下所述：

1. 各回合問卷提供填答者的回饋性資料，以次數分配（f）、百分比（％）來顯示小組成員對各題項反應的分布情形，標準差（SD）顯示各題項的離散情形，並以整體眾數（Mo）、平均數（M）顯示各題項的集中情形。

2. 問卷實施完成後的整體分析，先以眾數（Mo）與四分差（Q）呈現整體的集中與分散情形。再以第一和第三之四分位數（Q1、Q3）計算各題項的整體評定結果，界定各題項的重要性等級。

第二節

校長課程領導模式之建構

本節旨在析述校長課程領導模式建構之過程，全節共分為三大部分，一則為校長課程領導模式之初步建構，主要在說明實施德懷術考驗之前所初步建構出的「校長課程領導模式」之演進歷程；一則為以德懷術考驗「校長課程領導模式」，主要在說明經由德懷術分析所獲致的模式定案結果；最後，則是綜合討論與模式確立，主要就「校長課程領導模式」各部分德懷術考驗的結果，對照相關文獻與訪談結果，進行綜合分析，進而確立「校長課程領導模式」。

壹、「校長課程領導模式」初步建構

為了建構校長課程領導模式，筆者根據文獻探討的結果，初步建構出「校長課程領導模式」（初案一），接著就初案一的模式進行專家學者與實務工作者之訪談，根據訪談的結果，進一步修正初案一成為「校長課程領導模式」（初案二），在經過學者專家之意見諮詢後，再依據諮詢委員

之意見，將「校長課程領導模式」修正為初案三，而初案三的課程領導模式即為設計第一回合德懷術調查問卷主要架構與參考依據。為了清楚描述「校長課程領導模式」的建構過程，茲將第一回合德懷術調查實施前，課程領導模式建構的過程與模式的演變分述如下：

一、「校長課程領導模式」初案一

　　根據第一、二章課程領導基本概念及校長課程領導之重要課題，以及第三、四章課程領導的學理分析，初步建構「校長課程領導模式」初案一，如圖 10-1 所示。由圖 10-1 可知，初案一中的課程領導模式主要包含了「脈絡因素」、「角色因素」、「過程因素」、「結果因素」、「評鑑因素」等五項因素。校長必須先評估學校的脈絡，再決定扮演適當的課程領導角色，進而領導學校課程計畫與決定的過程，最後產生良好的課程領導效能。在脈絡、角色、過程、結果四個因素間必須進行形成性與總結性的評鑑，以作為考驗與修正整個課程領導過程中各要素的參考。以下茲就「校長課程領導模式」初案一之各要素及其主要的內涵，分述如下：

(一)脈絡因素

　　「脈絡因素」係指校長在進行課程領導前，所必須考量的校內外環境趨勢、制度結構、學科性質、學校成員與文化等脈絡因素。這些脈絡因素主要包括四大項，現就四大項之下的小項分別敘述之（林明地，民 89；高新建，民 90；黃政傑，民 88a；蔡清田，民 89；Brooker et al., 1999; Dimmock & Lee, 2000; Elliott et al., 1997; Fidler, 1997; Gross, 1998; Macpherson et al., 1996; Macpherson et al., 1999; Marsh, 1992; Stark et al., 2000）。

　　1.**環境趨勢**：主要包括：(1)學科知識的轉變；(2)教學信念的轉變；(3)學生需求和要求的轉變；(4)家長與社會要求的轉變；(5)利益團體的轉變；(6)資源的轉變。

　　2.**制度結構**：主要包括：(1)國家、地方課程政策；(2)學校任務與願景；(3)學校規模；(4)學校控制程度；(5)教學、行政、研究的平衡；

(6)課程協調與評鑑結構；(7)課程的自主性與彈性；(8)諮詢服務管道；(9)經費來源等。

3. **學科性質**：主要包括：(1)課程取向：人文或數理（應用／純科學）、硬性／軟性學科；(2)課程的定義（正式、非正式、潛在課程）；(3)教材設備；(4)教法；(5)師資；(6)年級；(7)成員自主性等。

4. **學校文化**：主要包括：(1)成員互助合作的風氣；(2)成員對話討論的風氣；(3)成員反思批判的能力；(4)成員的榮譽感；(5)成員的專業成長；(6)成員的創新性；(7)成員的自發性；(8)社區參與程度；(9)溝通管道是否暢通。

(二)課程領導角色

根據脈絡因素，校長必須扮演適切的課程領導角色，而根據課程領導角色的相關文獻（王月美，民 90；高新建，民 90；單文經，民 90；黃政傑，民 88a；Bailey, 1990; Doll, 1996; Glatthorn, 2000; Henderson & Hawthorne, 2000; Ornstein & Hunkins, 1998; Owen, 1988; Romberger, 1988; Stark et al., 2000; Stark, 2002），本研究進一步歸納出的九大校長課程領導角色，分別為：「課程任務與目標制定者」（mission setter）、「課程問題的協調者」（coordinator）、「課程發展的管理者」（developer）、「課程改革的促發者」（facilitator）、「課程評鑑的執行者」（evaluator）、「趨勢與新興議題的感知者」（sensor）、「成員進修的教導者」（initiator）、「課程專業文化的倡導者」（advocate）、「各種勢力的整合者」（integrator）。根據上述九種課程領導角色，又區分為兩類人員，主要包含校長與成員兩個層面（代表領導者與被領導者），對這些課程領導角色的知覺，在此兩個層面之下，分別又包含各種角色被接受的程度，所產生的領導行為，及所應具備的課程專門知識等三個面向。

(三)課程領導過程

根據校長課程領導任務的相關文獻（林明地，民89；高新建，民90；黃政傑，民88a；歐用生，民89b；蔡清田，民89；Bailey, 1990; Bradley,

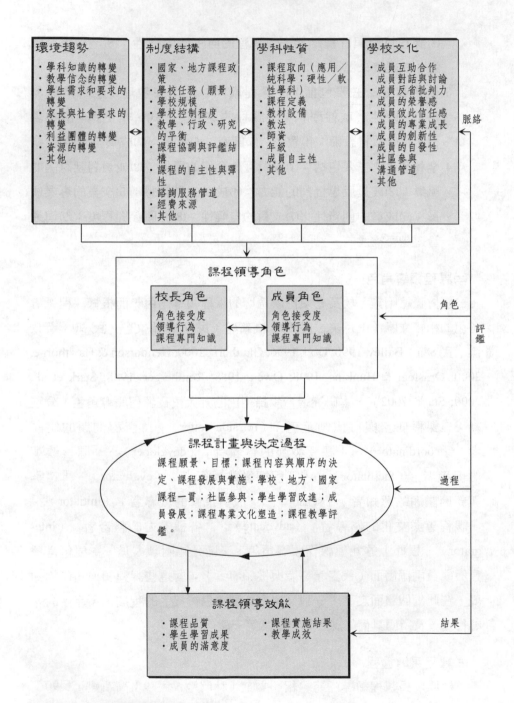

圖 10-1　校長課程領導模式（初案一）

1985; DfEE, 2000; Doll, 1996; Fidler, 1997; Garner & Bradley, 1991; Glatthorn, 1987; Glatthorn, 2000; Gross, 1998; Henderson & Hawthorne, 2000; Krug, 1992; Ornstein & Hunkins, 1998; Schubert, 1986; Wiles & Bondi, 1993），本研究將校長課程領導的過程集中在課程計畫與決定的過程，此為一不斷循環改進的的過程，並歸納校長在課程領導過程中的主要作為包括：1.課程願景與目標的設定；2.課程內容與順序的決定；3.課程發展與實施；4.學校、地方、國家課程的一貫；5.社區的參與；6.學生學習的改進；7.成員的專業發展；8.課程專業文化的塑造；9.課程與教學的評鑑。

㈣課程領導結果

係指校長的課程領導效能，主要係指校長在課程領導的過程因素中，各向度中的表現及實施結果，並由課程的品質、課程實施的結果、學生的學習成果、教學成效、成員的滿意度等面向來了解校長課程領導的效能。

㈤評鑑

任何方案或模式都必須包含評鑑，以作為評估成效、回饋與改進的參考，因此，在「國小校長課程領導模式」中，從脈絡、角色、過程、結果等四個因素間必須不斷進行「評鑑」，包含形成性與總結性的評鑑，以作為改進、修訂與成果評估之參考。

二、「校長課程領導模式」初案二

根據上述文獻探討所建構的「校長課程領導模式」初案一，再依據初案一所建構的課程領導模式內容與主要內涵，編擬訪談大綱，分別針對國內外專家學者、教育人員進行訪談，針對課程領導相關主題及對初步所建構之「校長課程領導模式」提供寶貴的意見。根據訪談的結果，受訪對象對初步建構之「校長課程領導模式」（初案一）提出一些具體的修正意見與建議。主要有以下幾方面，茲分別說明如下：

㈠模式的脈絡變項太過龐雜，應再加以整併。建議必須將脈絡變項的部分作一適度切割，加以明確化，環境趨勢、制度結構、學科性質、學

校文化所指為何？有哪些項目屬環境趨勢？哪些屬於制度結構？哪些屬於學科性質？哪些屬於學校文化？必須再加以明確說明。例如「環境趨勢」中的「學科知識的轉變」與「學科性質」此一項要素沒有切割清楚，所以，應再加以區分。此外，模式應愈精簡愈好，所以，應把握模式的三大指標，即有代表性，能符合現況；符合經濟原則；符合實用功能。因此在模式的「脈絡變項」的部分，分類宜再加以明確化，作適度的歸類與整併。

㈡課程領導角色，應先探討校長該扮演哪些角色。建議先針對校長之課程領導角色進行探討，成員與校長對課程領導的角色知覺則日後再進行。角色與任務間應銜接好，各種角色稍做排序，亦即課程領導過程的任務應與角色相配合，並修正相關的名詞翻譯，如成員進修的教導者（initiator）應改為成員進修的創始者或開創者，且應以學校層級校長課程領導中的主要角色作為主要的考量，先將地方或國家層級的部分省略。此外，先以課程取向和領導取向當作基礎，兩者結合再決定校長應扮演什麼樣的課程領導角色，進而決定採取什麼樣的方法與作為。

㈢課程計畫與決定過程，「過程」應是課程領導的過程而非課程計畫決定的過程，宜改為課程領導過程內涵，且內涵的每項寫法應力求一致，舉例而言，都加入動詞，所以，「課程願景、目標」改為「課程願景與目標的建立」；「學校、地方、國家課程的連結」，將「課程的發展與實施」改為「課程發展與管理」，並加入資源爭取與支持。領導作為應有兩個主軸，一是屬於課程的規劃、設計、實施、評鑑的部分；另一則是領導的行為、技術和方法。不過，課程領導過程應特別強調屬於學校層級「校長」課程領導有關的部分才納入，屬於地方或國家層次的則不用納入，因此課程領導過程不一定要列細項，也可列一些大原則即可。

㈣在課程領導結果方面，判斷成效評估可依據下列項目：如能依照時程選定教科書、選出的教科書能合時且教師使用的評價不錯，這些很清

楚都是屬評鑑課程領導的指標，此外，課程領導效能應改採校長較直接的課程領導效能，例如，成員滿意度可以考慮，被領導者（如老師和社區人士）的滿意度為何？這屬於較直接的項目，其他可能必須再做考量。此外，效能部分中的「成員滿意度」應改為「服務對象的滿意度」，同時也必須檢核「學校是否提供學生多元化的學習機會」，此項是很重要的指標，所以，結果的課程領導效能應納入「多元學習的機會」這項指標。

㈤在評鑑部分，主要係針對正式的課程評鑑與課程領導的評鑑，但可再加入反省改進的部分，反省改進在此一架構中沒有充分觸及到整個模式的各個部分。或者是加入後設評鑑的部分，作為校長個人反省改進的參考。總之，自我反省與評鑑必須加入整個模式中。

根據上述這些訪談所得的具體修正意見與建議，進一步針對「課程領導模式」（初案一）中的脈絡、角色、過程、結果和評鑑等部分進行修正，修正後的結果形成「校長課程領導模式」初案二，詳如圖 10-2 所示，由圖 10-2 可知，整個模式的大架構並沒有重大改變，而是在各因素（包括脈絡、角色、過程、結果、評鑑）下之細項作修正，並加入自我反省的回饋與改進機制。在課程領導模式的這些變項中，以「脈絡」因素修正幅度最大，實際上作了一些整併與歸類，不過脈絡因素還是維持「環境趨勢」、「制度結構」、「學科性質」、「學校文化」等四個項目。以下先就此四個脈絡因素修正後的狀況分述如下：

㈠環境趨勢

加以分類過後，主要包括了：

1. 校內環境：主要包含：(1)學生需求和能力的轉變；(2)教師教學信念的轉變；(3)領導趨勢的轉變。

2. 校外環境：主要包含：(1)家長與社會要求的轉變；(2)利益團體的轉變；(3)社會資源的轉變。

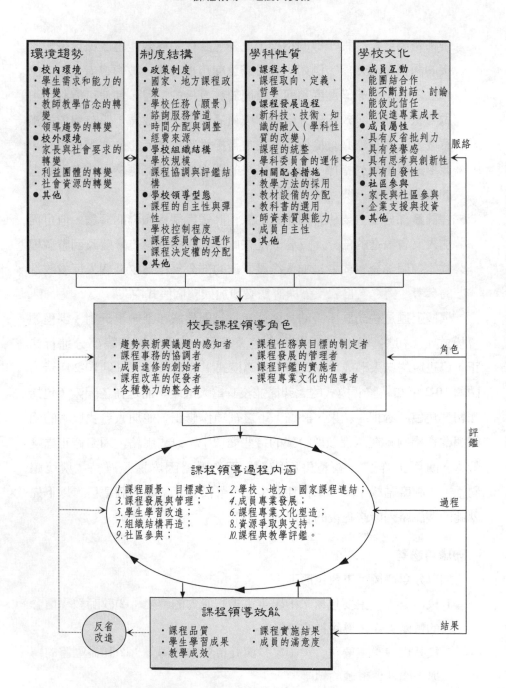

圖 10-2　校長課程領導模式（初案二）

㈡制度結構

加以重新分類後主要包括了：

1. 政策制度：主要包含：⑴國家、地方課程政策；⑵學校任務與願景；⑶諮詢服務管道；⑷時間分配與調整；⑸經費來源。

2. 學校組織結構：主要包含：⑴學校規模；⑵課程協調與評鑑結構。

3. 學校領導型態：主要包含：⑴課程的自主性與彈性；⑵學校控制程度；⑶課程委員會的運作；⑷課程決定權的分配。

㈢學科性質

加以重新分類後，主要包括了：

1. 課程本身：如課程取向、定義與哲學。

2. 課程發展過程：主要包含：⑴新科技、技術、知識的融入（學科性質的轉變）；⑵課程的統整。

3. 相關配套措施：主要包含：⑴教學方法的採用；⑵教材設備的分配；⑶教科書的選用；⑷師資素質與能力；⑸成員自主性。

㈣學校文化

在重新歸類與整併之後主要包括：

1. 成員互動：主要包含：⑴能團結合作；⑵能不斷對話與討論；⑶能彼此信任；⑷能促進專業成長。

2. 成員屬性：主要包含：⑴具有反省批判力；⑵具有榮譽感；⑶具有思考與創新性；⑷具有自發性。

3. 社區參與：主要包含：⑴家長與社區參與；⑵企業支援與投資。

其次，課程領導「角色」因素方面則是作了文字的調整，並將不同角色的性質重新作了排序，其中將「課程問題的協調者」修改為「課程事務的協調者」，「成員進修的教導者」修改為「成員進修的創始者」，「課程評鑑的執行者」修改為「課程評鑑的實施者」。

再者，課程領導「過程」因素方面，則將「課程計畫與決定過程」修改為課程領導過程內涵，同時在課程領導過程中各課程領導作為，經過評

估後，修正成為較為一致的句型方式，除原先所擬定的項目外，再增加一項「資源爭取與支持」。

第四，在「結果」因素方面，課程領導效能的評鑑項目上在考量後仍維持在課程（包含課程品質、課程實施成果）、教學（教學實施成效）、學習（學生的學習成果）與成員滿意度等四個主要面向來評估校長課程領導成效。

最後，在「評鑑」因素方面，除了保留原有的形成性與總結性的評鑑等正式的評鑑工作，另外再加入反省改進的機制與作法，以作為評鑑工作以外，校長個人針對課程領導的脈絡、角色、過程、成果進行個人反省，以改進課程領導的作為。

三、「校長課程領導模式」初案三

根據上述專家學者與學校教育人員在訪談中所提供的修正意見與建議，將校長課程領導模式修正為「校長課程領導模式」初案二後，再舉辦諮詢座談，並依據與會人員對「校長課程領導模式」初案二所提供的意見與建議，進行商討並進一步修正課程領導模式，修正後的結果即為「校長課程領導模式」初案三，詳如圖 10-3 所示。接著並以「校長課程領導模式」初案三作為德懷術第一回合調查問卷設計的主要架構與參考依據。由圖 10-3 可知，對模式初案二所做的修正重點主要集中在「脈絡」與「結果」因素。

首先，就「脈絡」因素的修正而言，為了符合模式的經濟、精簡原則，因此，建議脈絡因素中的四個要項宜再力求精簡，所以，環境趨勢、制度結構、學科性質、學校文化等四要項中，各部分要項之下的細項不在模式圖中呈現，改採文中說明的方式，陳述其意涵。

其次，在結果因素的修正方面，課程領導效能的評估，為了能更與課程領導有密切關聯，因此，將教學成效與課程實施結果去除，而改採「課程品質」、「學生學習成果」、「成員的滿意度」等三項指標作為評估課程領導效能的主要依據。

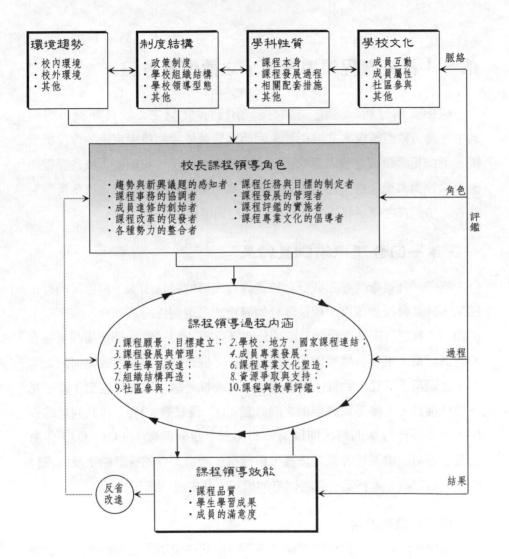

圖 10-3　校長課程領導模式（初案三）

　　除了上述「脈絡」與「結果」因素的修正，其餘的部分則維持「校長課程領導模式」初案二的內容。綜觀「校長課程領導模式」初案三的主要內容可知，整個模式的架構仍包含了脈絡因素、角色因素、過程因素、結果因素、評鑑與反省改進等五大部分。依據此一模式的架構，再進一步設計德懷術第一回合調查問卷，並開始進行德懷術的調查與實施。

貳、「校長課程領導模式」之德懷術考驗

經由文獻分析、訪談、諮詢座談所初步建構之「校長課程領導模式」，為考驗整體模式之適切性，因而緊接著依據德懷術實施的程序與步驟，選擇相關領域之學者專家組成「德懷術小組」，並編擬「校長課程領導模式建構調查問卷」作為意見調查工具，接著實施兩回合之德懷術問卷調查，依調查之結果修正並確認校長課程領導模式的適切性。

一、第一回合德懷術調查結果

第一回合調查問卷主要分為校長課程領導的脈絡因素、角色、過程、結果、評鑑與反省改進、校長課程領導模式之適切性等六部分，共有四十個題項。有關各部分之說明及題項分布詳見表 10-1。整份德懷術調查問卷的統計結果，主要依據德懷術小組成員在「校長課程領導模式建構調查問卷」各題項「意見一致性」及各題項「重要性等級」來加以判定。就意見一致性而言，主要是以各題項之四分差（Q）及眾數（Mo）作為判斷的依據；就重要性等級而言，則以第一和第三「四分位數」（Q1、Q3）作為判斷各題項之重要性等級之依據。根據第一回合問卷的統計結果及所獲得的意見與回饋，進行第一回合問卷的修正，其主要的修正包括：

㈠修正或調整題項

主要是修正校長課程領導模式各部分中某些題項的說明敘述或針對模式某些部分或題項本身的名稱進行修正與調整。主要的修正與調整包括：

1.脈絡因素

⑴「制度結構」中的「學校領導型態」修改為「學校課程決定型態」；⑵「學科性質」中的「相關配套措施」修改為「課程實施的相關配套措施」，且對該題項的說明亦進行修正，其修正的情形係在原有的教法的採用、教學設備的分配、教科書選用、師資素質能力、成員自主性等幾

項相關配套措施外，再增列一項「校長本身的課程素養」。

2.課程領導角色因素

針對四項課程領導角色進行修正或調整，分別為將「成員進修的**創始者**」修改為「**成員進修帶動者**」；「**課程評鑑的實施者**」修改為「**課程實施的評鑑者**」；將「課程改革的促發者」修改為「課程改革的**激勵者**」；「各種勢力的整合者」修改為「各種資源的整合者」。

3.課程領導過程因素

針對二處進行修正或調整，首先是針對課程領導「過程」，將「**過程**」修正為「**內涵**」。因此，課程領導模式中的「**過程**」部分，修改為課程領導模式的「**內涵**」部分。將「**社區參與**」修正為「**社區參與的鼓勵**」。

4.課程領導結果因素

將「**成員的滿意度**」修正為「**學校成員的滿意度**」。

㈡新增的題項

參酌德懷術小組學者專家的意見與建議，從整體校長課程領導模式的角度加以思考與考量之後，決定增列二項新的題項，一項是在課程領導角色中增列「課程問題的解決者」一項；在課程領導結果中，增列「社區評價」一項。

綜合第一回合課程領導模式問卷的修正與增列情形，原本第一回合問卷的四十個題項，在經過上述的修正與增列之後，經過修正或調整的項目共有九項，增列的部分有二項。所以，總題項擴增至四十二項，並進一步加以編製成第二回合問卷。在整體問卷的架構上仍維持第一回合問卷的形式，只是在課程領導的「過程」部分，修改為「內涵」，其餘則與第一回合相同。所以，第二回合問卷內容包括了課程領導的脈絡、角色、內涵、結果、評鑑與反省改進、整體模式的適切性等六大部分，其中第二回合問卷中所提供之「校長課程領導模式」修正如圖10-4所示。在每一題項之後仍列有意見說明欄供專家學者就第二回合問卷各題項作意見說明，或者是陳述其改變或不改變題項評定等級的原因或理由。此外在每一部分之後仍

列有「綜合意見」欄，提供專家學者針對每一部分說明其綜合的意見，最後，並於第二回合問卷最後列有「綜合評論」欄供專家學者就「校長課程領導模式」提供整體的評論。

表 10-1　第一回合德懷術調查問卷題項

一、校長課程領導脈絡因素

　　校長課程領導的脈絡因素主要由四個分項所組成，係指校長在實施課程領導時所應考量的背景脈絡因素。主要題項包括：

(一)「**環境趨勢**」

1. **校內環境**，例如：學生需求和能力、教師教學信念、領導趨勢等方面的轉變。

2. **校外環境**，例如：家長與社會要求、利益團體、社會資源等方面的轉變。

(二)「**制度結構**」

1. **政策制度**，例如：國家和地方的課程策略、學校任務與願景、諮詢服務管道、時間分配與調整、經費來源。

2. **學校組織結構**，例如：學校規模、課程協調與評鑑結構。

3. **學校領導型態**，例如：課程的自主性與彈性、學校控制程度、課程委員會的運作、課程決定權。

(三)「**學科性質**」

1. **課程本身**，例如：課程取向、定義和哲學。

2. **課程發展過程**，例如：新知識的融入造成學科性質的改變。

3. **相關配套措施**，例如：教法的採用、教學設備的分配、教科書選用、師資素質能力、成員自主性。

(四)「**學校文化**」

1. **成員互動性**，例如：成員能團隊合作、對話、信任、專業成長。

2. **成員屬性**：具反省批判力、榮譽感、思考與創新。

3. **社區參與**：家長與社區參與、企業支援與投資。

二、校長課程領導角色

　　校長課程領導角色（curriculum leadership role）主要係指校長在課程領導中所應扮演的各種角色及其角色知覺，校長主要的課程領導角色包括：

(一)「**趨勢與新興議題的感知者**（sensor）」：能掌握學校所處的環境脈絡因素，有效意識到課程發展的趨勢及新興議題的出現，以幫助學校課程做適

表 10-1　第一回合德懷術調查問卷題項（續）

度的調整。

(二)「**課程任務與目標制定者**（mission setter）」：針對國家、地方政府的課程標準與要求，配合學校的需求與條件，制定適合學校的課程任務與目標。

(三)「**課程事務的協調者**（coordinator）」：針對課程的定義、範圍、內容、順序進行溝通協調，並能對課程問題進行偵測及補救（如時數、師資、設備、教材等），讓課程的實施與運作可以順暢，以達成課程目標。

(四)「**課程發展的管理者**（developer）」：針對學校課程發展工作進行引導與經營，包含對課程轉化方案的擬定、課程教材的研發、行動研究的進行、課程內容的改進等。

(五)「**成員進修的創始者**（initiator）」：能提出學校課程改革的計畫、理念或草案，供成員討論及參考，以提升成員進修的動能，增進成員的專業知能，並能適度打破僵局。

(六)「**課程評鑑的實施者**（evaluator）」：對課程品質進行演示與監控，並能遵守相關法令規定，訂定學生評量與課程評析或評價的規準，領導教師評鑑學生的表現，評估學生的進步情形，並能隨時針對課程與教學進行評鑑。

(七)「**課程改革的促發者**（facilitator）」：能以身作則，帶頭示範，進行課程改革，適度調整學校組織結構，建立自由開放的對話環境，導引具有建設性的討論，進而讓成員發展出課程改革計畫，且能爭取必要的資源，支持持續性的課程改革。

(八)「**課程專業文化的倡導者**（advocate）」：能有效獲得資源，以支持學校個別成員或整體學校課程決定的一切改進作為，促進成員間的團隊合作，營造積極正向的組織氣氛與文化，引發成員持續地反省批判，激發成員投入課程發展的熱誠，進而促使學校課程專業文化的提升。

(九)「**各種勢力的整合者**（integrator）」：能有效整合校內與校外的各項勢力，促進社區參與協助學校發展課程，建立各種溝通管道，建立必要的公共關係，以利學校課程的發展。

三、校長課程領導過程

　　係指校長在課程領導過程中所採取的課程領導作為與內涵，此為一不斷循環改進的過程，主要題項包括：

(一)課程願景與目標的設定

(二)學校、地方、國家課程的連結

表 10-1　第一回合德懷術調查問卷題項（續）

㈢**課程的發展與管理**

㈣**成員的專業發展**

㈤**學生學習的改進**

㈥**課程專業文化的塑造**

㈦**組織結構再造**

㈧**資源的爭取與支持**

㈨**社區的參與**

㈩**課程與教學的評鑑**

四、校長課程領導結果

　　係指校長的課程領導效能，主要係指校長在課程領導的過程因素中，各向度中的表現及實施結果，主要題項包括：

㈠**課程的品質**

㈡**學生的學習成果**

㈢**成員的滿意度**

五、校長課程領導評鑑與反省改進

　　主要係指在課程領導背景脈絡、角色、過程與結果四個因素間不斷進行「評鑑」，並在課程領導角色、課程領導過程及課程領導結果三因素間不斷地反省改進，以作為改進、修訂與成果評估之參考。主要題項包括：

㈠**課程領導評鑑**

㈡**反省改進**

六、校長課程領導模式適切性

　　主要係指對「校長課程領導模式」（圖 10-3）整體之適切性所進行的判斷。其主要題項為：**模式適切性**。

註：題項係指表列中標示楷體與底線的項目

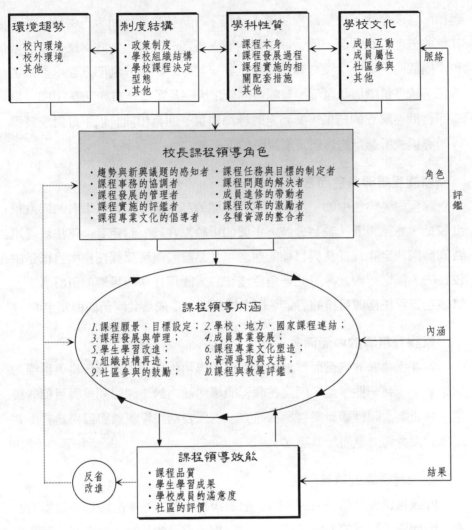

圖 10-4　校長課程領導模式（第二回合問卷）

二、第二回合德懷術調查結果

　　第二回合調查問卷主要是根據第一回合問卷的結果統計與專家學者的意見與回饋修正而成。問卷內容主要分為校長課程領導的脈絡因素、角色、內涵、結果、評鑑與反省改進、模式適切性等六個部分，共四十二項

題項。各部分除了校長課程領導「過程」改為校長課程領導「內涵」外，其餘的五部分維持第一回合原本的內容。各部分除了「評鑑與反省改進」和「模式的適切性」沒有調整或修正外，其餘的四部分之部分題項都做了修正，或者是增添新題項。有關各部分之說明及題項分布詳見表 10-2。第二回合問卷調查的結果，其判定的標準與第一回合相同，以下針對校長課程領導模式所進行的修正情形說明如下：

㈠就課程領導角色而言

課程領導角色中的「課程任務與目標的制定者」，專家學者的同意程度較低，意見與看法較為分歧。主要的爭論點在於「制定者」無法表達出共同參與決定課程任務與目標的理念，且易讓人誤解課程任務與目標是由校長一人制定。因此，將此一角色修正為「課程任務與目標的研訂者」，以表示課程任務與目標的訂定是經由校長與其他成員共同研商與制定的。

㈡就課程領導的內涵而言

就課程領導的內涵而言，由於課程領導角色中的「課程任務與目標的制定者」受到一些爭論，因而在課程領導內涵中的「課程願景與目標的設定」修正為「課程願景與目標的建立」，以表示課程願景與目標是經由共同商討與共同決定而加以建立。

㈢就課程領導的結果而言

就課程領導的結果而言，為了配合課程領導內涵中的課程與教學的評鑑，因此將「課程的品質」修正為「課程與教學的品質」。同時，就課程願景與目標達成的程度來判斷校長課程領導的結果與效能而言，由於可以配合課程領導的評鑑，因此新增「課程目標的達成」之項目。

㈣就課程領導的反省改進而言

由於課程領導評鑑是從脈絡、角色、內涵、結果所進行的形成性與總結性的評鑑。但依據專家學者的建議自我的反省改進也應涵蓋脈絡、角色、內涵、結果等部分，而不應只是在角色、內涵與結果等階段進行反省

改進。因此,將本研究所建構之校長課程領導模式中「反省改進的部分」擴展至脈絡因素,因而反省改進亦包含脈絡、角色、過程與結果等部分的反省改進。

表 10-2　第二回合德懷術調查問卷題項

一、校長課程領導脈絡因素

　　校長課程領導的脈絡因素主要由四個分項所組成,係指校長在實施課程領導時所應考量的背景脈絡因素。主要題項包括:

(一)「**環境趨勢**」

　1.**校內環境**,例如:學生需求和能力、教師教學信念、領導趨勢等方面的轉變。

　2.**校外環境**,例如:家長與社會要求、利益團體、社會資源等方面的轉變。

(二)「**制度結構**」

　1.**政策制度**,例如:國家和地方的課程策略、學校任務與願景、諮詢服務管道、時間分配與調整、經費來源。

　2.**學校組織結構**,例如:學校規模、課程協調與評鑑結構。

　3.**學校課程決定型態**,例如:課程的自主性與彈性、學校控制程度、課程委員會的運作、課程決定權。

(三)「**學科性質**」

　1.**課程本身**,例如:課程取向、定義和哲學。

　2.**課程發展過程**,例如:新知識的融入造成學科性質的改變。

　3.**課程實施的相關配套措施**,例如:教法的採用、教學設備的分配、教科書選用、師資素質能力、成員自主性、校長本身的課程素養。

(四)「**學校文化**」

　1.**成員互動性**,例如:成員能團隊合作、對話、信任、專業成長。

　2.**成員屬性**:具反省批判力、榮譽感、思考與創新。

　3.**社區參與**:家長與社區參與、企業支援與投資。

二、校長課程領導角色

　　校長課程領導角色(curriculum leadership role)主要係指校長在課程領導中所應扮演的各種角色及其角色知覺,校長主要的課程領導角色包括:

(一)「**趨勢與新興議題的感知者(sensor)**」:能掌握學校所處的環境脈絡因素,有效意識到課程發展的趨勢及新興議題的出現,以幫助學校課程做適

表 10-2　第二回合德懷術調查問卷題項（續）

度的調整。

(二)「**課程任務與目標制定者（mission setter）**」：針對國家、地方政府的課程標準與要求，配合學校的需求與條件，制定適合學校的課程任務與目標。

(三)「**課程事務的協調者（coordinator）**」：針對課程的定義、範圍、內容、順序進行溝通協調，讓課程的實施與運作可以順暢，以達成課程目標。

(四)「**課程問題的解決者（troubleshooter）**」：並能對課程問題（如時數、師資、設備、教材等）進行偵測，並參與課程問題的解決。

(五)「**課程發展的管理者（developer）**」：針對學校課程發展工作進行引導與經營，包含對課程轉化方案的擬定、課程教材的研發、行動研究的進行、課程內容的改進等。

(六)「**成員進修的帶動者（initiator）**」：能提出學校課程改革的計畫、理念或草案，供成員討論及參考，以提升成員進修的動能，增進成員的專業知能，並能適度打破僵局。

(七)「**課程實施的評鑑者（evaluator）**」：對課程品質進行演示與監控，並能遵守相關法令規定，訂定學生評量與課程評析或評價的規準，領導教師評鑑學生的表現，評估學生的進步情形，並能隨時針對課程與教學進行評鑑。

(八)「**課程改革的激勵者（facilitator）**」：能以身作則，帶頭示範，進行課程改革，適度調整學校組織結構，建立自由開放的對話環境，導引具有建設性的討論，進而讓成員發展出課程改革計畫，且能爭取必要的資源，支持持續性的課程改革。

(九)「**課程專業文化的倡導者（advocate）**」：能有效獲得資源，以支持學校個別成員或整體學校課程決定的一切改進作為，促進成員間的團隊合作，營造積極正向的組織氣氛與文化，引發成員持續地反省批判，激發成員投入課程發展的熱誠，進而促使學校課程專業文化的提升。

(十)「**各種資源的整合者（integrator）**」：能有效整合校內與校外的各項勢力，促進社區參與協助學校發展課程，建立各種溝通管道，建立必要的公共關係，以利學校課程的發展。

三、校長課程領導內涵

　　係指校長在課程領導過程中所採取的課程領導作為與內涵，此為一不斷循環改進的過程，主要題項包括：

(一)課程願景與目標的設定

(二)學校、地方、國家課程的連結

(三)課程的發展與管理

表 10-2　第二回合德懷術調查問卷題項（續）

㈣成員的專業發展

㈤學生學習的改進

㈥課程專業文化的塑造

㈦組織結構再造

㈧資源的爭取與支持

㈨社區參與的鼓勵

㈩課程與教學的評鑑

四、校長課程領導結果

　　係指校長的課程領導效能，主要係指校長在課程領導的過程因素中，各向度中的表現及實施結果，主要題項包括：

㈠課程品質

㈡學生學習成果

㈢學校成員的滿意度

㈣社區的評價

五、校長課程領導評鑑與反省改進

　　主要係指在課程領導背景脈絡、角色、過程與結果四個因素間不斷進行「評鑑」，並在課程領導角色、課程領導過程及課程領導結果三因素間不斷地反省改進，以作為改進、修訂與成果評估之參考。主要題項包括：

㈠課程領導評鑑

㈡反省改進

六、校長課程領導模式適切性

　　主要係指對「校長課程領導模式」（圖 10-4）整體之適切性所進行的判斷。其主要題項為：**模式適切性**。

註：題項係指表列中標示楷體與底線的項目

參、模式確立

「校長課程領導模式」之建構採用德懷術的方法進行考驗，原本預定實施三回合的問卷調查，由於依據第二回合問卷調查的結果，發現專家學者的意見集中趨勢較第一回合更加一致，而在離散的情形方面也大致降低，共識似乎已經產生。不過，事實上兩回合問卷專家學者的意見變動並不大。故決定將德懷術問卷調查縮減為二回合。就德懷術第二回合各部分調查的結果，參酌二回合問卷評定結果的比較，並對照相關文獻與訪談結果，分別就課程領導模式中的脈絡、角色、內涵、結果、評鑑與反省改進、整體模式適切性等面向加以綜合分析，進而修正並確立校長課程領導模式，如圖 10-5（見下頁）所示。由圖 10-5 可知，此一模式即為「校長課程領導模式」最終的研究結果，模式中包含脈絡、角色、內涵、結果，以及針對此四部分所進行的課程領導評鑑與反省改進。

第三節
校長課程領導模式之特點及應用

經由文獻分析、訪談所初步建構而成的「校長課程領導模式」，在經過德懷術的考驗，逐漸形成共識。最後，透過將德懷術統計結果及專家學者之意見回饋，並與相關文獻和訪談結果交互驗證，最後確立「校長課程領導模式」之主要內涵。本節將進一步說明此一模式之主要特點及其如何實際應用於校長課程領導。

壹、校長課程領導模式之特點

整體而言，「校長課程領導模式」，主要的特點在於校長必須先評估

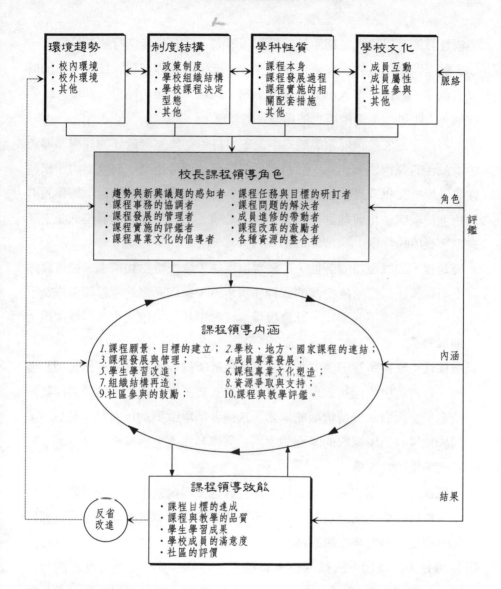

圖 10-5　校長課程領導模式（定案）

環境趨勢、制度結構、學科性質、學校文化等不同的學校情境脈絡因素，
再根據不同的情境脈絡，決定該扮演何種或強化何種課程領導角色，進而
採取適切的課程領導作為，在課程領導作為形成不斷改進的小循環，最後
獲致良好的課程領導結果。此外，在脈絡、角色、內涵等過程中必須進行

形成性評鑑，以提供定期回饋給課程領導者，並在最後進行總結性評鑑，以了解課程領導成效。接著根據這些評鑑結果與實施經驗，校長必須加以反省改進，之後再進入下一循環的脈絡、角色、內涵、結果、評鑑、反省改進，如此是一不斷循環，持續改進的歷程。

　　因此，「校長課程領導模式」最主要特色在於並無最好的課程領導角色或最佳的課程領導作為，而是必須考慮評估環境趨勢、制度結構、學科性質、學校文化等幾項脈絡因素交錯後，再思考決定該扮演何種課程領導角色，採取或強化何種課程領導作為。是故，「校長課程領導模式」主要有以下幾項的特點：

一、**變通性**：依據脈絡的評估，了解環境趨勢、學校特點和需求，校長實際上可以彈性選擇所應扮演的課程領導角色，採取必要的課程領導作為，因此，必須隨不同學校、社會環境潮流、學科、學校文化，彈性運用，加以變通。

二、**多樣性**：校長所應扮演的課程領導角色及所採取的課程領導作為相當多樣，有些角色與作為較重要，有些則較次要，但課程領導角色與作為的決定仍必須取決於情境脈絡因素，或適著情境改變加以調整。是故，不同學校情境，所採取的課程領導角色與作為事實上應是變化多樣的，校長有多樣性的選擇。

三、**適應性**：校長能依據情境脈絡，並在課程領導模式中的不同階段進行評鑑，根據評鑑的回饋資料，校長可以依實際需要調整或調適適宜的課程領導作為，因而強調適應性。

四、**持續性**：在整個「校長課程領導模式」中，必須不斷進行評鑑課程領導。且在課程領導內涵中也是一不斷循環的小循環，配合從脈絡、角色、內涵、結果、評鑑與反省改進再回到脈絡、角色、內涵、結果、評鑑與反省改進這樣的大循環。因此，整個校長課程領導模式是一持續循環的歷程，必須不斷加以改進。

五、**反省性**：在「校長課程領導模式」中，除了從脈絡、角色、內涵、結果、評鑑所進行的形成性與總結性評鑑外，同時也重視校長個人的反省

改進。因而透過外部或正式的課程領導評鑑，加上個人的反省，將更有助於校長改進課程領導的理論與實踐。

六續效性：在「校長課程領導模式」中，最後仍必須評鑑校長的課程領導成效與結果。因此，根據結果要素所列出的指標，校長必須重視其課程領導的績效與成果。

　　綜合上述「校長課程領導模式」的特點可知，從脈絡評估，課程領導角色決定、課程領導作為採取、課程領導結果評鑑等都有其哲學、心理學、行政學、政治學和社會學的學理基礎。在這些脈絡、角色、內涵、結果、評鑑與反省改進等課程領模式要項中，就課程理論的基礎而言，實際兼顧了課程目標取向、歷程與詮釋理解取向，以及批判反省取向；就領導理論而言，則兼及技術－目標、象徵符號、建構與批判等取向。

　　由此可知，「校長課程領導模式」對於我國推展校長的課程領導，其主要的價值與貢獻有以下幾項：首先，「校長課程領導模式」是我國本土所建構的第　套課程領導模式，具體指出了校長課程領導該評估哪些脈絡、該重視何種課程領導角色、該採取何種課程領導作為、該加強哪些課程領導訓練，並能不斷反省改進與評鑑。因此，有助於校長跳脫以往憑藉著摸索、經驗累積等方式來實施課程領導，或者甚至於就不過問課程領導的事務。課程領導模式規劃了課程領導可供遵循的要項及相關程序或流程，因而具有指引校長實施課程領導的功用；其次，透過課程領導的內涵分析與學理分析，奠定課程領導模式的理論基礎與學理依據，參酌先進國家課程領導的具體作法，以符合課程領導的發展趨向，並透過國內外學者專家與實務工作者的訪談，修正課程領導模式使其適合本土特質，並以德懷術問卷調查考驗此一課程領導模式的適切性。因而在理論與學理、實務觀點、實證分析等考驗之下，「校長課程領導模式」實則可以幫助校長了解課程領導脈絡評估的重要性，同時喚醒校長課程領導角色知覺，並且重視課程領導過程中的民主、對話、反省、合作創制，同時也強調結果的績效評估。再者，根據「校長課程領導模式」，其中四項脈絡因素的評估、十種課程領導角色的選擇與扮演、十項主要的課程領導內涵、五項課程領

導結果、評鑑與反省改進，都可以繼續再加以延伸與細究，並據以發展出各因素各細項的具體步驟與作法，使整個「校長課程領導模式」更加具體可行；最後，由於「校長課程領導模式」兼顧起始情境的評估，角色的扮演，過程領導作為，以及結果績效的評鑑，再加上自我反省與改進的機制，持續不斷循環。因此，是一以模式來引導課程領導實踐，同時也透過課程領導實踐，不斷在實施過程中驗證模式，因此模式兼顧理論與實務，兼重過程互動與結果績效。

貳、校長課程領導模式之應用

為了能使「校長課程領導模式」落實至校長課程領導的實踐中，有必要針對模式之應用加以說明。以下即就評估起始脈絡、扮演合宜角色、採取適切作為、評鑑績效成果、反省改進過程等面向，加以說明「校長課程領導模式」之應用。

一、評估起始脈絡

校長實際在應用「校長課程領導模式」時，首先即必須針對「校長課程領導模式」所建構的四項主要的情境脈絡及其細項進行脈絡評估，以掌握整個課程領導的情境脈絡。校長必須先評估「環境趨勢」、「制度結構」、「學科性質」、「學校文化」等四項主要的脈絡因素，考量四個脈絡因素及其細項之主要影響，同時亦考量四個因素間的交互關聯。舉例而言，資訊科技融入課程與教學是相當受到關注的課題，校長在決定如何實施課程領導前，有必要先針對此四項脈絡因素加以考慮，茲分別說明如下：

(一)環境趨勢

在校內環境方面，宜就學生在資訊方面的需求與能力為何？有什麼樣的轉變？資訊科技融入課程教學是否會轉變老師的教學信念等等問題進行

了解，同時校長也必須顧及校外環境方面，家長與社會對於學生資訊科技應用能力的要求轉變為何？學校現在及將來有哪些社會資源可以來支援學校資訊教育之推動？資源的取得是否方便？等問題進行考量。

(二)制度結構

在政策制度方面的考量，宜考量國家、地方政府在資訊教育方面的政策為何？學校將來在資訊教育方面的課程願景與目標是什麼？有無相關的經費來源支持資訊教育的推動？等問題；在學校組織結構方面的考量，則必須考慮學校規模的大小，是否有利於資訊教育的推動？在資訊教育課程的協調與評鑑機制是否完整？在學校課程決定型態方面，則必須考量在資訊教育課程的決定權在資訊教師或是在課程發展委員會？資訊教師享有多大的課程自主性與彈性？學校對於資訊課程控制的程度高不高？等問題都必須加以考量。

(三)學科性質

在課程本身方面，資訊課程的定義為何？有哪些課程取向？在課程發展過程方面，則必須考量科技的進步與發展所產生的新知識如何造成資訊課程性質的改變？在課程實施的相關配套措施方面，則宜考量教師的資訊能力與素養為何？校長本身的資訊課程定義為何？等問題必須要加以考量。

(四)學校文化

在成員互動性方面，宜考量成員在資訊教材研發時是否能團結合作？能否促進專業對話與成長；在成員屬性上，則宜考慮成員的創新、反省批判能力為何？最後，則考量社區與家長能否參與推動資訊教育？可否帶來一些支援與投資？

根據上述此四大項校長課程領導的脈絡因素，在推展資訊教育課程時，應能詳加考量四大脈絡因素及其細項之主要效果，以及四項因素間的交互關聯。即使校長在同一所學校，但在不同時間或時段，這些課程領導

的背景脈絡因素仍會有所改變，因此，都有必要不斷進行課程領導的脈絡
因素之評估。

二、扮演合宜課程領導角色

在完成評估課程領導的情境脈絡因素後，校長必須進一步決定該扮演
何種課程領導角色才屬合宜。在「校長課程領導模式」所提出的十種課程
領導角色，並非要校長將十種角色通通扮演好，而是必須根據課程領導的
實施情境，決定主要的課程領導角色與次要課程領導角色。茲舉例加以說
明之：在一所學生普遍能力素質較低落，教師教學信念較為保守陳舊，家
長社區要求較少的小型偏遠學校中，雖然學校的課程願景與目標明確，教
師的課程自主性也很高，不過仍過度依賴教科書，甚至就將教科書視為課
程，認為有效教導教科書的內容即是達成課程的目標。學校雖然地處偏
遠，但獲得上級的額外補助，教學設備算是充裕，只是教師能力不足所以
使用率不高。雖然教師彼此間的信任與團隊合作性強，但心態較為保守且
進修意願不強，家長與社區人士的參與較少。面對這樣的脈絡，校長的課
程領導角色首應著重在「成員進修的帶動者」，帶動成員專業發展與進
修，培養發展課程或使用教學設備所需的知識與技能。其次，也應扮演
「課程改革的激勵者」與「課程實施的評鑑者」，鼓勵教師思考與創新，
透過評鑑及教師的自評互評了解課程實施成效，並激發課程改革與改進的
動機。再者，扮演「趨勢與新興議題的感知者」，幫助教師了解新知識的
發展與新興議題；同時也應扮演「各種資源的整合者」，爭取、提供、整
合並充分利用各項資源與設備。

三、採取適切的課程領導作為

根據上述的脈絡評估、合宜的課程領導角色知覺與扮演，校長必須根
據脈絡、角色等因素，進一步決定採取何種課程領導作為。同樣地，校長
可依據學校課程事務推動的輕重緩急程度，決定選擇最需要採取哪些課程
領導作為。以上述課程領導角色決定的例子而言，在課程領導的作為上，

校長應以「學校課程的發展與管理」、「促進成員的專業發展」、「社區參與的鼓勵」、「課程與教學的評鑑」等內涵作為實施課程領導最需要加強的部分，並配合其他較不急迫的作為，使學校的課程發展更加周延而有效。但必須加以說明的是在這十項的課程領導內涵與作為中，事實上都是在課程領導時必須採行的，只是根據情境與角色的不同而必須有不同的著重點。

四、評鑑課程領導績效成果

校長在應用「校長課程領導模式」時，除了在脈絡、角色、內涵與作為等面向進行形成性的評鑑，評鑑在評估與決定這些向度時的正確性與適切性，同時也應就課程目標達成的程度、課程與教學的品質、學生的學習成果、學校成員的滿意度、社區的評價等向度進行總結性的評鑑，以了解校長課程領導的效能與績效，並將結果作為改進的參考。以資訊教育為例，校長必須有效評鑑資訊課程目標的達成程度是否如預期？在資訊教育教材的設計發展、資訊課本的選用、教學方法的實施是不是能維持高品質？學生在資訊能力與素養的提升是否如預期？有哪些具體的資訊作品與成果？學校成員中教師、學生、職員對於學生的資訊能力與表現、資訊教育的推展是否感到滿意？社區對於學生的學習成果評價為何？是很滿意呢？還是有改進的空間與必要性？上述這些問題，都必須透過不斷地評鑑加以了解。

五、反省改進過程

針對「校長課程領導模式」各要素必須不斷進行形成性與總結性的評鑑，但根據評鑑的結果，校長可作為反省改進的參考依據。根據「評鑑」與「反省改進」不斷修正課程領導模式，形成一持續改進的動態模式。

本章小結

　　本章主要係針對校長課程領導模式建構的方法、過程及內涵進行說明分析。全章共分三節，第一節為校長課程領導模式建構方法；第二節為校長課程領導模式之建構；第三節為校長課程領導模式之特點及應用。

　　首先，就考驗「校長課程領導模式」的主要研究方法，包括文獻分析法、訪談法及德懷術之設計與實施作一扼要說明。

　　其次，就「校長課程領導模式」的建構及演進過程作一完整的說明，除了模式的初步建構外，主要在說明整個「校長課程領導模式」經過德懷術考驗後所獲致之要素、主要內涵。再經由討論分析後，確立校長課程領導模式的主要架構與內涵。

　　最後，剖析整個「校長課程領導模式」實則包括了變通性、多樣性、適應性、持續性、反省性與績效性等六項特點。並進而就評估起始脈絡、扮演合宜角色、採取適切作為、評鑑績效成果、反省改進過程等面向，舉例說明「校長課程領導模式」之實際應用。

第十一章
校長課程領導的趨勢與策略

　　課程已成為近年來各國教育改革的重點工作之一，各國針對學校的課程，都或多或少進行了部分或大幅度的修正。然而即使設計再完善的課程，若缺乏有效的實施策略與配套措施，則很難按其原本設計的初衷落實到學校之中，造成改革成效不如預期且經常衍生許多問題。為了有效落實課程改革的目標，校長的課程領導都是不可或缺的重要手段之一。先進國家中，如美國，在課程領導理論模式與實踐方面已有二十年的歷史，並已累積了相當豐碩的經驗與成果。雖然我國在課程領導方面的研究尚處於起步階段，但近年來隨著九年一貫新課程的實施，對於校長課程領導的研究與探討，也有愈來愈蓬勃發展的趨勢。展望未來，在校長課程領導理論與實務方面，仍有努力與發展的空間，有必要掌握課程領導發展的趨勢，並發展落實校長課程領導的策略與作法。因此，本章將就兩方面進行探討：一是校長課程領導的發展趨勢，旨在說明校長課程領導發展的重要趨勢；一是校長課程領導的策略，旨在提出校長實施課程領導時的重要策略。

校長課程領導的發展趨勢

有關校長課程領導的研究在國內尚屬起步階段，但從相關的文獻分析、學者專家意見及實證研究可以歸納出以下幾項發展趨勢：

壹、課程領導理論必須融合課程與領導兩大理論基礎，發展出獨特的學術造型

課程領導的確是有理論存在，且其理論內涵主要包含課程理論與行政領導理論，只有課程理論不足以做好課程領導的工作，相對地，只有領導理論也無法有效領導課程的發展與實施，兩者間必須密切融合，進行課程領域與領導領域的科際整合（interdisciplinary）以展現出課程領導獨特的學術造型，發展出課程領導本身的理論基礎。是故，將來若要使校長的課程領導更加落實，必須投入更多的研究，了解如何有效進行科際整合，才能充分融合課程與領導理論，以期達成上述展現獨特學術造型，發展自身理論基礎之目標。

綜合言之，就目前的發展現況而言，課程領導理論在兩大理論基礎融合交錯之後，主要可看出兩種不同課程領導的理論取向與型態：

一、傳統取向

重視課程的目標、課程的計畫、線性的思維、可預測的結構化的任務與環境、單一的解決之道、易於測量的結果、明確的運作程序與行動結果、明確的權威系統，所採取的是由上而下、計畫控制的方式。

二、轉型建構取向

重視共同意義的建構、動態而活生生且豐富的生活經驗、非線性的思維、多元的目標、非結構性的任務、團隊合作的問題解決方式、批判反省的思考、民主式的對話與參與、無法預測的結果、不明確的權威系統，所採取的是重視共同意義的建構、行政人員對教師的尊重、教師間彼此的尊重與關懷，不斷地對課程實踐意涵進行反省批判。

在不同的課程領導理論與取向的指引下，產生了各種不同的課程領導作法，有的採目標與結果導向，重視目標的訂定與達成，有的採過程導向，重視情境因素與動態的建構、溝通協調的過程。將來這方面的研究，除了考量兼顧不同的課程領導理論與取向外，也必須思考不同課程領導理論與取向，有無整合的可能性？如何加以整合以展現課程領導的學術造型？抑或兩種理論取向各有其適用的情境與對象？等等問題，將來都有必要透過對課程領導理論的建構而獲得釐清。

貳、校長必須成爲學校中主要的課程領導者，扮演著多樣的課程領導角色，擔負起多元的課程領導責任

雖然校長是否應成為，或者是否能成為學校中主要的課程領導者仍受到一些質疑，加上不同層級學校的校長在課程領導方面的角色與責任並不相同。因而造成實際作法與部分相關研究結果出現由教務主任、副校長、課程協調者、學科領域召集人、教師等人員擔負主要課程領導者的角色。儘管如此，基於校長仍是學校中主要的領導者，加上如副校長、課程協調者等職位在國內並無相關編制，因此，校長儘管工作繁忙、即使並非各個學科領域的專家、即使並非實際的教學者，但仍應引導不同學科領域的專業成員及教師，有效規劃課程計畫、實施和評鑑，提供必要的支援與資源。以國內實施九年一貫新課程為例，校長能積極投入並關注課程的發展與實施的學校，其實施成效相對是較令人滿意的。所以，未來校長還是必

須成為學校中主要的課程領導者，再進行適當的分工與授權，領導學校成員進行課程的設計、發展、實施與評鑑。

只是校長在課程領導方面的角色是相當多樣的。校長必須扮演的課程領導角色，依據文獻探討、專家學者意見、實證研究結果，主要可包括：趨勢與新興議題的感知者、課程任務與目標的研訂者、課程事務的協調者、課程問題的解決者、課程發展的管理者、成員進修的帶動者、課程實施的評鑑者、課程改革的激勵者、課程專業文化的倡導者、各種資源的整合者等十種。在這麼多樣的課程領導角色中，校長如何正確評估，扮演適切的角色，是將來有效實施課程領導的必須考量的要素之一。

同時，配合課程領導角色，將來校長也必須擔負多元的課程領導責任，主要可包括：課程願景、目標的建立；學校、地方、國家課程的連結；課程發展與管理；成員專業發展；學生學習改進；課程專業文化塑造；組織結構再造；資源爭取與支持；社區參與的鼓勵；課程與教學的評鑑。在這些課程領導的職責中，如何教導校長根據環境趨勢、制度結構、學科性質、學校文化的不同，區隔共同普遍與個別特殊的，主要與次要的課程領導職責，並依序有效加以實行，亦是未來校長在實施課程領導必須掌握的另一重要趨勢。

參、世界主要國家普遍重視課程領導，並逐漸發展出課程領導模式和作法供校長或課程領導者參考

綜合言之，就課程領導發展趨勢而言，世界各國課程領導的重要發展趨勢主要包括以下幾項：首先，世界各國的課程政策似乎都朝集權化方向發展，並強調績效責任，因應這樣的趨勢，學校校長的課程領導與學校的課程發展，都採取不同的作為加以因應；其次，主要的課程領導者不論是否為校長，校長都必須了解參與並溝通協調學校整體的發展、實施、評鑑與管理；第三，校長培育與在職訓練重視課程領導知能的充實與提升；第四，重視家長與社區參與學校課程事務，但又能不干涉教師的專業；第

五，強調轉型、合作與創新，增進成員的專業發展與成長；第六，學校專
業文化的塑造，強調團隊合作、協同、改進的風氣。

　　因應上述的趨勢，世界主要國家課程領導的實施現況，在學校層級方
面，校長必須綜理整個學校的課程事務，並整合領導不同行政人員和專業
教師間的合作，所以，校長作為學校中主要的課程領導者是各國一致的現
象。且世界主要國家的校長在課程領導中逐漸由被動的管理者與監督者，
轉變成更主動積極參與的角色，主動與教師合作，激勵教師，參與課程問
題的解決等，校長所必須扮演的課程領導角色，所需擔負的課程領導任務
愈來愈多樣與複雜。因此，各先進國家除了在校長培育的過程中相當重視
校長課程與課程領導知能的培養與訓練。同時大都發展了各種課程領導的
模式或架構作為校長或課程領導者實施課程領導之參考。只是各國所發展
的課程領導模式所針對的對象並不完全一致。其中，美國的 CLI 模式是以
教師為主體的課程領導模式，但也視校長為專業的課程領導者；英國則是
在校長培育或專業認證中提供了標準、架構或認證以作為校長充實課程領
導知能之參考和指引；澳洲則是在學校領導者的培育課程中重視校長在課
程領導知能方面的充實，並設計以教師為主的課程領導模式；加拿大則從
課程的發展、實施、維護和評鑑的過程中發展了一套模式供校長實施課程
領導之參考。

肆、能活用校長課程領導模式，持續改進課程領導理論與實務

　　我國基於課程領導發展的趨勢與潮流，亦建構了本土第一套「校長課
程領導模式」，如何仿效各先進國家的作法，將校長課程領導模式落實至
學校校長課程領導的實務中，將是未來校長課程領導必須再努力的另一重
要趨勢。

　　由此可知，經由文獻分析、訪談與德懷術的調查所建構出的「校長課
程領導模式」（詳見圖 10-5），希望校長透過此一模式在實施課程領導時

必須重視脈絡評估，以扮演適切的課程領導角色，並採取合宜的課程領導作為，藉由評鑑與反省改進的機制，進而提升課程領導效能，其中課程領導評鑑與反省改進必須針對脈絡、角色、內涵、結果進行評鑑與反省改進。上述這五大部分構成了周延而完整的「校長課程領導模式」，具有變通性、多樣性、適應性、持續性、反省性與績效性等特點，但將來如何加以推廣實施，並教導校長如何活用「校長課程領導模式」，協助引導校長實施課程領導，並且透過實際的實踐持續修正模式，形成持續改進的動態模式，不斷提升課程領導理論與實踐之品質。將是未來「校長課程領導模式」推廣與實施必須努力的方向之一。

伍、持續發展課程領導模式實踐策略，結合不同人員合作推展課程領導

由於目前國內有關課程領導的研究尚在起步階段，尤其是課程領導理論或模式建構的研究更是前所未有。由於「校長課程領導模式」，在模式的建構上主要以校長為主要對象，且模式的重點主要在探討課程領導模式的構成要素，亦即其各要素間的關聯性。因此，僅就課程領導的脈絡、角色、內涵、結果、評鑑與反省改進等要素下的細項進行分析歸納與整理，並驗證其合適性。但各要素及其下的細項之具體作法與實踐策略，則必須藉由後續研究進一步加以繼續探究。此外，由於課程領導非由某一個人所能獨立完成，必須靠主任、組長、學年主任、學科領域召集人通力合作才能畢其功。因此，將來可針對學校內的人員，分別以教師、教務主任、學年主任為主要研究對象，建構合乎他們的課程領導模式。或者是以校外的人員，如督學，教育局行政人員為主要對象所建構的課程領導模式。結合不同人員通力合作以有效推展課程領導，亦是未來課程領導發展的重要趨勢之一。

校長課程領導的策略

　　為了使校長課程領導模式得以落實至至校長課程領導的實踐中，同時配合校長課程領導的發展趨勢，以下分別就學校本身與教育行政機關提出校長課程領導的策略及建議，以供校長利用課程領導模式，實施課程領導之參考。

壹、學校推展校長課程領導的策略

一、強化校長正確評估情境的能力，了解學校課程領導現況與需求

　　在「校長課程領導模式」中，校長進行課程領導的首要步驟即在評估脈絡因素，以決定扮演何種課程領導角色，進而採取合適的課程領導作為。由此可知，校長正確而有效的評估課程領導情境脈絡，是決定後續的課程領導角色與作為的主要依據。因此，校長具備正確評估情境的能力，充分掌握學校在所面對的校內外環境趨勢、政策制度結構、學科與課程的性質、學校文化等客觀因素，並能正確評估校長實施課程領導的有利條件與優勢，諸如：課程改革的風潮、課程計畫自主性與彈性的加大、學校本位課程理念的興盛、九年一貫新課程的實施等；同時也必須了解可能遭遇的困境，諸如：課程領導能力不足或意願不高、經費資源短缺、時間不夠、相關人員合作的不足等。上述這些都是校長能否有效正確地實施課程領導的關鍵要素。是故，校長有必要加強正確評估情境的能力。

二、喚醒校長課程領導角色知覺，分配時間實施課程領導

校長有必要了解自己必須擔負起課程領導的責任，而非只是將課程領導的責任交給教務主任、學年主任等學校人員。因此，校長有必要建立課程領導的觀念與能力，在態度上能勇於接受挑戰，將課程領導視為是自己份內的工作，覺知課程領導的角色，確認自己在課程領導中的角色與主要工作面向。而除了角色知覺與態度認知方面的加強外，在時間分配方面，校長有必要從以往分配較多時間於人事管理、經費爭取與分配、空間管理、設備維護等行政事務上，逐漸分配更多時間在課程領導上，投注更多的心力在課程的設計、發展、實施與評鑑上，領導成員提升課程品質，教學成效與學習成果。

三、加強校長在職進修，充實課程領導專業知能

由於以往校長的職前培育與在職進修中並不重視課程領導知能的培養，造成校長在課程領導專業知能的欠缺，連帶影響校長實施課程領導的動機與成效。有鑑於本研究的研究結果顯示，校長課程領導的實施在國內外都是不可阻抑的潮流與趨勢，因此，校長必須透過日益多樣的在職進修管道，加強並充實自己在課程及領導方面的理論與實務，以身作則帶頭閱讀相關文獻資料與研究成果，進修有關課程理論、課程設計、課程評鑑、課程社會學等傳統校長培育中較忽略的課程專業知能。

此外，校長除了加強自己的課程領導專業知能外，同時也應重視教師的專業成長，提供教師研習、研究、諮詢服務的管道與資源，讓教師有能力也有意願參與課程決定，並提振教師專業的自信，有信心自己設計發展課程，而非只是依賴教科書或接受既定的課程。

總之，校長本身無法也不可能成為所有學科的專家。然而校長卻是居於課程發展中統觀的定位，擔任學校課程發展委員會的總召集人，對學校整體的課程計畫與發展提供領導，因此，校長不論是職前的培育或在職的訓練都必須重視課程領導專業知能的充實。除了校長自身的專業成長外，

由於課程領導不只是校長一人的責任，教務主任、教學組長、學科領域召集人、級任老師都有部分的課程領導責任，因而成員在課程領導知能的成長亦同樣重要。

四、鼓勵校長採取課程領導作為，營造學校課程發展有利條件

根據「校長課程領導模式」，配合課程領導的脈絡與角色，校長必須採取必要的課程領導作為才能發揮課程領導的功能，營造學校課程發展的有利情境與條件。具體言之，這些必要的課程領導作為除了上述的透過情境評估與溝通協調，形成願景進而規劃有共識的課程願景，並將課程願景與目標作適當的連結，以及重視有效的時間管理和促進成員的專業成長以外，更重要的是必須建立創新的專業組織文化；爭取資源，提供必要的經費、時間、空間、設備，有效加以整合；組織學習團隊，增進成員間的合作與學習；在法令許可的範圍內進行組織結構的彈性調整，以利成員間的對話、討論、互動與批判反省；最後，透過課程發展與設計成果的展示，增進成員的交流、觀摩與學習。由此可知，在民主開放的社會中，校長必須突破傳統過度強調管理的課程及學校作為，而更重視領導的作為，配合上述的課程領導作為，進而營造有利學校課程發展的情境與條件，不斷提升學校課程的品質。

五、促進校長透過課程領導評鑑與反省改進，評估課程領導效能

在「校長課程領導模式」中，針對課程領導脈絡、角色、內涵和結果都必須加以評鑑與反省改進。因此，校長在實施課程領導時必須適時針對課程領導的脈絡、角色、內涵和結果進行形成性的評鑑，透過評鑑一方面了解課程計畫、設計、實施等方面的問題所在，有效加以解決，另一方面則可以了解並評估課程領導的效能。而除了較為正式的課程領導評鑑外，校長也同時必須兼顧自我的反省改進，透過內外部的正式課程領導評鑑，

加上隨時自我的反省改進，以達到改進學校課程發展，提升校長課程領導效能的目的。

六、教導校長依實際需要，靈活運用課程領導模式

由於課程領導模式旨在提供校長實施課程領導一些必要的指引與協助，而非在透過模式而一套放諸四海皆準的課程領導作法。所以，模式的利用必須能切合實際。是故，校長在使用「校長課程領導模式」時，在脈絡評估之後，必須依據實際學校所處的環境趨勢、制度結構、學科性質、學校文化，決定自己該扮演何種課程領導角色，進而採取適切的課程領導作為。本研究共提出十種校長課程領導角色與十項課程領導內涵，但不代表校長必須同時扮演這十種課程領導角色，或者是必須同時採取十項課程領導的內涵與作為。因此，在模式的利用上可以教導校長根據實際的情境脈絡、狀況與需求，靈活而彈性調整模式的內涵。只是調整的方式不應悖離模式的原意過遠，而應視實際需要將課程領導角色區分為主要角色與次要角色，或者是扮演其中幾項最有助於學校課程發展與學校成員改進的角色。同時，在課程領導的內涵與作為上也可依據情境脈絡列出輕重緩急的任務與作為，或是選擇其中幾項學校最迫切需要或者是需要強化的部分，採取必要的課程領導作為。總而言之，校長必須依據實際的狀況與需要，彈性靈活運用「校長課程領導模式」。

七、對照校長實際課程領導經驗，反映課程發展現況

模式建構應是一持續不斷的過程，因此，「校長課程領導模式」應作經驗上的檢核，對模式進行實證資料、經驗與現象的對照，以使模式更能反映現況。因此，「校長課程領導模式」必須與課程領導的實際產生互動，如此才能使所建構的模式更具有實際應用的價值。是故，校長在實施「校長課程領導模式」時，應對照實際的經驗，一方面驗證模式能否反映現況，一方面則是將模式與實際間互動所產生的結果與經驗，提供給研究人員，以進一步作為修正課程領導模式的依據與參考。

貳、教育行政機關配合推展課程領導的策略

一、支持學校推動課程領導,提振校長課程領導的意願

校長實施課程領導有其重要性與必要性,因此,主管教育行政機關對於學校推動課程領導模式或推動課程領導應加以支持,提供必要的資源,辦理研討會與工作坊,鼓勵相關課程領導的研究,設計獎勵制度,給予必要的誘因。讓校長除了覺得本身有實施課程領導的必要性之外,也感受到上級充分的支持與獎勵,因而願意投注更多的時間和精神在學校的課程領導事務上,如此將有助於提振校長課程領導的意願與能力。

此外,教育行政機關除了給予校長課程領導充分的支持外,在評鑑校長的領導效能方面,也應有所修正,從只重視行政領導效能的評鑑,應轉變成為重視以課程和教學領導效能為主的評鑑,並將評鑑的結果提供校長參考。

二、加強校長培育與在職訓練課程,落實校長課程領導理論與實務的整合

為了能有效實施課程領導,因此,校長在課程領導的理論與實務上則必須再作加強。因此,在校長培育與在職訓練的課程中,應加強校長在課程理論、領導理論、課程領導理論等方面的專業知能。

由於課程領導,特別是課程領導理論或模式在國內的研究尚屬起步階段,因而中文的課程領導書籍與文獻不夠豐富。但世界先進國家則在課程領導方面累積了相當豐碩的成果,並且在課程領導模式的建構上也都投注心力,以作為實施課程領導的參考。由此可知,教育行政當局應鼓勵學者進行課程領導方面的研究,並將研究成果提供給學校校長參考,或者是由教育行政當局充實相關的文獻資料,並建議校長閱讀課程領導相關文獻或書籍,以充實校長課程領導的專業知能。

三、建立校長課程領導專業證照制度，確保校長課程領導品質

根據研究結果發現，校長課程領導非常重要，因此為了提升校長課程領導的專業水準，並促進校長對課程領導的重視，教育行政機關有必要規劃建立校長課程領導的專業證照制度，在校長的培育制度中，針對校長在課程領導方面所必須具備的專門知能、技巧和態度規劃專業的標準，並進行專業的認證。一則可增加校長對於課程領導的重視，一則可確保校長課程領導品質。

四、適度鬆綁法令，賦予學校組織結構較多彈性空間

根據研究結果發現，校長實施課程領導的重要內涵之一即是組織結構的再造。尤其是轉型課程領導、民主化的課程領導，其基本理念與特質即重視對話、討論、互動、分享、批判反省的理念，因而需要更具有彈性的組織結構與課程時數和節數的安排，以利成員進行討論、合作與分享。不過，事實上，現在的課程政策與法令除了不夠穩定外，給予學校的彈性空間也不是太多。加上有關學校組織結構的法令的規定，所呈現的亦是教育行政機關對學校授權的不足，造成學校各處室的組織職掌無法調整，因此，今後宜修正組織結構的法令，作適度的法令鬆綁，讓學校的組織結構可以依實際需求作彈性調整，如此或許在法令允許的範圍內學校可以設置課程發展的專責單位，負責學校課程的研發與設計。同時，在課程時數與節數方面的彈性，有助安排成員共同對話的時間與空間。因此，學校組織結構法令的適度鬆綁，將有助於課程領導的推動與實施。

本章小結

　　本章主要在探討校長課程領導的發展趨勢及可行策略。全章共分兩節，第一節為校長課程領導的發展趨勢，旨在說明校長課程領導發展的重要趨勢；第二節為校長課程領導的策略，旨在提出校長實施課程領導時的重要策略。

　　首先，就校長課程領導的發展趨勢而言，主要包括：課程領導理論必須融合課程與領導兩大理論基礎，發展出獨特的學術造型；校長必須成為學校中主要的課程領導者，扮演著多樣的課程領導角色，擔負起多元的課程領導責任；必須活用校長課程領導模式，持續改進課程領導理論與實務；持續發展課程領導模式實踐策略，結合不同人員合作推展課程領導。

　　其次，就校長課程領導的策略而言，在學校推展校長課程領導時可採取的策略包括：一、強化校長正確評估情境的能力，了解學校課程領導現況與需求；二、喚醒校長課程領導角色知覺，分配時間實施課程領導；三、加強校長在職進修，充實課程領導專業知能；四、鼓勵校長採取課程領導作為，營造學校課程發展有利條件；五、促進校長透過課程領導評鑑與反省改進，評估課程領導效能；六、教導校長依實際需要，靈活運用課程領導模式；七、對照校長實際課程領導經驗，反映課程發展現況。教育行政機關在課程領導的推展上，可採取的策略包括：一、支持學校推動課程領導，提振校長課程領導的意願；二、加強校長培育與在職訓練課程，落實校長課程領導理論與實務的整合；三、建立校長課程領導專業證照制度，確保校長課程領導品質；四、適度鬆綁法令，賦予學校組織結構較多彈性空間。

◆中文部分

王月美（民90）。國小校長課程領導之個案研究——以九年一貫課程試辦學校爲例。國立台北師範學院課程與教學研究所碩士論文，未出版，台北。

王如哲（民87）。教育行政學。台北：五南。

王如哲（民88）。比較教育。台北：五南。

王雅玄（民87）。德懷術（Delphi）在課程評鑑上之應用。教育資訊與研究，52，43-46。

王霄燕（民90）。國小校長課程領導實際之研究——以一位九年一貫課程試辦學校校長爲例。國立中正大學教育研究所碩士論文，未出版，嘉義。

方德隆（民90，12月）。學校本位的課程領導。課程領導理論與實務國際學術研討會論文集，台北市立師範學院國際會議廳。

李子建、黃顯華（民85）。課程：範式、取向和設計。台北：五南。

李慧君（1999）。我國課程管理的主要問題及改革建議。載於陳時見（主編），課程與教學理論和課程與教學改革（頁195-203）。桂林：廣西師範大學出版社。

吳清山（民87）。學校效能研究（二版）。台北：五南。

吳清山（民88）。推行「國民教育階段九年一貫課程」學校行政配合之探討。教育研究資訊，7（1），14-21。

吳清山（民89）。學校行政（五版）。台北：心理出版社。

吳清山、林天祐（民90）。課程領導。教育資料與研究，38，47。

吳清山、林天祐（民 90）。德懷術。**教育研究月刊**，*92*，127。

吳清山、黃旭鈞（民 89）。學校推動知識管理策略初探。**教育研究月刊**，*77*，18-32。

吳清基（民 78）。**教育與行政**。台北：師大書苑。

吳清基（民 79）。**精緻教育的理念**。台北：師大書苑。

吳雅玲、謝臥龍、方德隆（民 90）。中等教育學程中兩性平等教育課程內涵之德懷術研究。**課程與教學季刊**，*4*（4），39-58。

吳靜吉（民 90）。多元智慧教學相長。**學生輔導**，*77*，10-17。

林天祐（無日期）。**美國標準本位政策下的課程與教學**。民 90 年 1 月 1 日，取自：http://www.tmtc.edu.tw/rimary/paper/Teacher/tyl/tylP01

林明地（民 89）。校長課程領導與學校本位課程發展。載於財團法人國立台南師院校務發展文教基金會（主編），**九年一貫課程：從理論、政策到執行**（頁 155-184）。高雄：復文。

林明地譯（民 87），T. E. Deal & K. D. Peterson 著。**學校領導：平衡邏輯與藝術**。台北：五南。

周淑卿（民 90）。課程決定的賦權迷思——集中化與離中化的探討。**教育研究集刊**，*47*，91-106。

施良方（1999）。**課程理論**。高雄：麗文文化公司。

洪明洲（民 90，5 月）。**知識管理與教育革新發展之學理分析**。知識管理與教育革新發展研討會，國立中正大學教育學院。

徐超聖（民 88）。發揮校長的課程領導落實九年一貫課程的實施。收錄於國立台北師範學院主編，**自由與卓越——九年一貫課程的變革與展望**（頁 27-56）。台北：國立台北師院。

高新建（民 88a）。課程管理的分析架構。**教育研究集刊**，*42*，131-154。

高新建（民 88b）。外國推展學校本位課程發展的緣由。**教師天地**，*103*，13-20。

高新建（民 89）。**課程管理**。台北：師大書苑。

高新建（民 90，8 月）。課程領導者的任務與角色探析。北區九年一貫課程

試辦學校校長課程領導理念與實務工作坊，台北縣秀朗國小。

高強華（民89）。學校重建與學校革新。台北：國立台灣師範大學。

張文軍譯（1999），B. Holmes & M. Mclean 著。各國課程比較研究。台北：揚智。

張嘉育（民88）。學校本位課程發展。台北：師大書苑。

教育部（民87）。國民教育階段九年一貫課程總綱綱要。台北：編者。

陳伯璋（民74）。潛在課程研究。台北：五南。

陳伯璋（民77）。意識型態與教育。台北：師大書苑。

陳伯璋（民88）。九年一貫課程的理念與理論分析。載於教育部國民教育司主編，國民教育九年一貫課程理念與實務（頁16-26）。台北：教育部國民教育司。

陳奎憙（民90）。教育社會學導論。台北：師大書苑。

游家政（民83）。國民小學後設評鑑標準之研究。國立台灣師範大學教育研究所博士論文，未出版，台北。

游家政（民85）。得懷術及其在課程研究上的應用。花蓮師院學報，6，1-24。

湯梅英（民88）。課程改革——限制與可能。國教新知，46（1），10-19。

單文經（民90，5月）。初探革新課程領導者的特色。課程改革的反省與前瞻學術研討會，國立台北師範學院至善樓國際會議廳。

黃光雄、楊龍立（民89）。課程設計：理念與實作。台北：師大書苑。

黃光雄、蔡清田（民88）。課程設計——理論與實務。台北：五南。

黃旭鈞（民90）。中小學校長實施課程領導的重要課題與策略。初等教育學刊，10，107-128。

黃政傑（民76）。課程評鑑。台北：師大書苑。

黃政傑（民80）。課程設計。台北：東華。

黃政傑（民82）。課程教學之變革。台北：師大書苑。

黃政傑（民88a）。課程改革（三版增訂）。台北：漢文。

黃政傑（民88b）。永續課程改革的經營。民89年7月27日，取自：

http://www.nknu.edu.tw/du/item/item4-article.file/item4-article28.htm

黃政傑、張嘉育（民88）。落實學校本位課程發展。教師天地，*103*，6-12。

黃嘉雄（民 88）。落實學校本位課程發展的行政領導策略。國民教育，*40*（1），29-34。

黃嘉雄（民 90a）。課程領導研究領域內涵芻議。載於國立嘉義大學教育學院（主編），*2001年海峽兩岸小學教育學術研討會論文集*（頁1-28）。高雄：復文。

黃嘉雄（民 90b）。*學校本位管理制度比較研究*。台北：五南。

葉淑儀譯（民 88），L. Lambert et al. 著。*教育領導：建構論的觀點*。台北：桂冠。

楊深坑（民88）。*知識形式與比較教育*。台北：揚智。

甄曉蘭（民88）。啟發多元智能的課程設計。載於簡茂發（主編），*啓發多元智能論文集*（頁19-56）。台北：國立台灣師範大學。

甄曉蘭（民 90）。推動學校本位課程發展的困難與策略。*教育研究月刊*，*85*，42-53。

歐用生（民88）。*新世紀的學校*。台北：台灣書店。

歐用生（民89a）。*課程改革*。台北：師大書苑。

歐用生（民89b）。轉型的課程領導及其啟示。國民教育，*41*（1），2-9。

潘慧貞（民90）。*國民小學校長課程領導角色與任務之研究——以盛世國小為例*。國立台北師範學院課程與教學研究所碩士論文，未出版，台北。

蔡清田（民 87）。由「教師即研究者」論教師的課程決定。*課程與教學季刊*，*1*（4），57-72。

蔡清田（民88）。從歷史學科課程評析英國國定課程改革之理論與實際。*教育研究集刊*，*42*，51-77。

蔡清田（民89）。學校整體課程之設計。載於中華民國課程與教學學會（主編），*課程統整與教學*（頁287-313）。台北：揚智。

蔡清田（民90）。實踐「學校本位課程發展」理念的專業行動。*教育研究月刊*，*88*，24-34。

謝文全（民 84）。*比較教育行政*。台北：五南。

謝文全（民 86）。*學校行政*。台北：五南。

簡茂發（民 88）。多元評量之理念與方法。載於簡茂發（主編），*啟發多元
智能論文集*（頁 1-18）。台北：國立台灣師範大學。

◆西文部分

Apple, M. W. (1995). Is there a curriculum voice to reclaim? In A. C. Ornstein &
L. S. Behar (Eds.), *Contemporary issues in curriculum* (pp.34-40). Boston:
Allyn and Bacon.

Apple, M. W. (2000). Standards, markets, and curriculum. In B. M. Franklin (Ed.),
Curriculum and consequence: Herbert M. Kliebard and promise of schooling.
(pp.55-74). New York: Teachers College Press.

Apple, M. W., & Beane, J. A. (1999). *Democratic schools: lessons from the chalk
face.* Buckingham: Open University Press.

Aspland, T., Macpherson, I., Brooker, R., & Elliott, B. (1998). *Establishing and
sustaining a critical and reconstructive network of engagement in and about
curriculum leadership through the use of narrative and conversation.* (ERIC
Document Reproduction Service No. ED 420 643)

Australian College of Education, ACE (2001). *Excellence in school leadership—
Background paper.* Retrieved October 15, 2001, from http: //www.austcolled.
com.au/leadership/background.html

Bailey, G. D. (1990). *How to improve curriculum leadership—Twelve tenets. Tips
for principals from NASSP.* (ERIC Document Reproduction Service No. ED
315 905)

Bascia, N., & Hargreaves, A. (2000). Teaching and leading on the sharp edge of
change. In N. Bascia & A. Hargreaves (Eds.), *The sharp edge of educational
change: Teaching, leading and the realities of reform* (pp.3-26). New York:

RoutledgeFalmer.

Bell, D., & Ritchie, R. (1999). *Towards effective subject leadership in the primary school.* Philadelphia, PA: Open University Press.

Bezzina, M. (1991). *Being free and feeling free: Primary teachers' perceptions of participation in curriculum development.* (ERIC Document Reproduction Service No. ED 368 693)

Bradley, L. H. (1985). *Curriculum leadership and development handbook.* Englewood Cliffs, NJ: Prentice-Hall, INC.

Brooker, R., Macpherson, I., & Aspland, T. (1999). *Moving from the local to the global in theorizing curriculum leadership within an action research approach.* Retrieved May 31, 2000, from http: //www.aare.edu.au/99pap/mac99332.htm

Brubaker, D. L. (1994). *Creative curriculum leadership.* Thousand Oaks, CA: Corwin Press.

Burton, T. M., III (1995). *Curriculum leadership: Perceptions of the performance of the central office director of curriculum and instruction in Georgia.* Unpublished doctoral dissertation, University of Georgia, Georgia.

Clifford, P., Ditchburn, S., Evans, R., Partridge, L., Klinck, P., & Washburn, W. (1992). *Curriculum leadership and the principalship.* (ERIC Document Reproduction Service No. ED 364 953)

Council of Ministers of Education (1997a). *Pan-Canadian protocol for collaboration on school curriculum.* Retrieved November 11, 2001, from http://www. cmec.ca/protocol-eng.htm

Council of Ministers of Education (1997b). *Pan-Canadian science project.* Retrieved November 11, 2001, from http://www.cmec.ca/science/v0201en.htm

Council of Ministers of Education (1998). *Education initiatives in Canada, 1998: A report from the provinces and territories.* Retrieved November 11, 2001, from http://www.cmec.ca/nafored/english/initiatives.en.pdf

Davies, J. (1995a). *Developing a leadership role within the key stage 1 curriculum:*

A handbook for students and newly qualified teachers. Bristol, PA: The Falmer Press.

Davies, J. (1995b). *Developing a leadership role within the key stage 2 curriculum: A handbook for students and newly qualified teachers.* Bristol, PA: The Falmer Press.

DfEE (2000). *Performance management.* Retrieved September 9, 2001, from http://www.dfes.gov.uk/a-z/performance%management.html

Dimmock, C., & Lee, J. C. (1999). Curriculum leadership and management in secondary schools: A Hong Kong case study. *School Leadership and Management, 19* (4), 455-481.

Dimmock, C., & Lee, J. C. (2000). Redesigning school-based curriculum leadership: A cross-cultural perspective. *Journal of Curriculum and Supervision, 15* (4), 332-358.

Dinham, S., Brennan, K., Collier, J., Deece, A., & Mulford, D. (2000). The secondary head of department: Key link in the quality teaching and learning chain. Retrieved January 22, 2002, from http://www.austcolled.com.au/publications/2.DinhamFinal.pdf

Doll, R. C. (1996). *Curriculum improvement: Decision making and process* (9th ed.). Boston: Allyn and Bacon.

Doll, W. E. (1993a). Curriculum possibilities in a "post"-future. *Journal of curriculum and supervision, 8* (4), 277-292.

Doll, W. E. (1993b). *A post-modern perspective on curriculum.* New York: Teachers college press.

Drake, T. L., & Roe, W. H. (1999). *The principalship* (5th ed.). Upper Saddle River, NJ.: Prentice-Hall, Inc.

Eisner, E. W (1994). The educational imagination: On the design and evaluation of school programs (3rd ed.). New York: Macmillan.

Eisner, E. W. (1995). Educational reform and the ecology of schooling. In A. C.

Ornstein & L. S. Behar (Eds.), *Contemporary issues in curriculum* (pp. 390-402). Boston: Allyn and Bacon.

Eisner, E. W. (2000). Those who ignore the past ...: 12 'easy' lessons for the next millennium. *Journal of Curriculum Studies, 32* (2), 343-357.

Elliott, B., Brooker, R., Macpherson, I., McInman, A., & Thurlow, G. (1997). *Curriculum leadership as mediated action.* (ERIC Document Reproduction Service No. ED 315 905)

Elliott, J. (1998). *The curriculum experiment: Meeting the challenge of social change.* Bristol, PA: Open University Press.

Elmore, R., & Sykes, G. (1992). Curriculum policy. In P. W. Jackson (ed.), *Handbook of research on curriculum.* (pp.185-215). New York: Macmillan.

Elmore, R. F., & Fuhrman, S. H. (1994). Governing curriculum: Changing patterns in policy politics, and practice. In R. F. Elmore, & S. H. Fuhrman (Eds.), *The governance of curriculum: 1994 yearbook of the Association for Supervision and Curriculum Development.* (pp.1-10). Alexandria, VA: ASCD.

Ervay, S. B. & Roach, C. S. (1996). *The curriculum leader: A comprehensive guide for the curriculum decision maker.* Emporia, KS: The curriculum leadership Institute.

Ervay, S. B. & Roach, C. (2000). *The CLI Model: Pathways to school improvement.* Emporia, KS: The Curriculum Leadership Institute.

Ervay, S. B. & Roach, C. (2001, December). *Curriculum leadership in an era of decentralized control of what student should know and be able to do.* Paper presented at international symposium on curriculum leadership: Theories and practices, Taipei.

Fidler, B. (1997). School leadership: Some key ideas. *School Leadership & Management, 17* (1), 23-38.

Fielding, G. (1990). *Curriculum leader's handbook.* (ERIC Document Reproduction Service No. ED 329 009)

Field, K., Holden, P., & Lawlor, H. (2000). *Effective subject leadership.* New York: Routledge.

Franklin, B. M. (2000). Herbert M. Kliebard's intellectual legacy. In B. M. Franklin (Ed.), *Curriculum and consequence: Herbert M. Kliebard and promise of schooling.* (pp.1-12). New York: Teachers College Press.

Fullan, M. G. (1992). *Successful school improvement: The implementation perspective and beyond.* Bristol, PA: Open University Press.

Fullan, M. (1994). Coordinating top-down and bottom-up strategies for educational reform. In R. F. Elmore, & S. H. Fuhrman (Eds.), *The governance of curriculum: 1994 yearbook of the Association for Supervision and Curriculum Development.* (pp.186-202). Alexandria, VA: ASCD.

Fullan, M. (2002, March 18-19). *The role of leadership in the promotion of knowledge management in schools.* Retrieved March 19, 2002, from http://www.oecd.org/pdf/M00027000/M00027358.pdf

Gadsby, P., & Harrison, M. (1999). *The primary coordinator and OFSTED re-inspection.* Philadelphia, PA: Falmer Press, Taylor & Francis Inc.

Garner, A., & Bradley, M. J. (1991). *The principal as a leader in curricular innovation. The Clearing House, 64* (6), 419-421.

Giroux, H. A. (1995). Teachers, public life, and curriculum reform. In A. C. Ornstein & L. S. Behar, (Eds.), *Contemporary issues in curriculum* (pp.41-49). Boston: Allyn and Bacon.

Glatthorn, A. A. (1987). *Curriculum leadership.* Glenview, Illinois: Scott, Foresman and Company.

Glatthorn, A. A. (1997). *The principal as curriculum leader: Shaping what is taught and tested.* Thousand Oaks, CA: Corwin press.

Glatthorn, A. A. (2000). *The principal as curriculum leader: Shaping what is taught and tested (2 nd ed.).* Thousand Oaks, CA: Corwin press.

Gough, N. (1999). Understanding curriculum systems. In J. G. Henderson & K. R.

Kesson (Eds.), *Understanding democratic curriculum leadership.* (pp. 47-69). New York: Teachers college press.

Gross, S. J. (1998). *Staying centered: Curriculum leadership in a turbulent era.* Alexandria, VA: ASCD.

Hallinger, P. (1992). The evolving role of American principals: From managerial to instructional to transformational leaders. *Journal of Educational Administration, 30* (3), 35-48.

Hall, J. M. (1996). *Curriculum leadership as perceived by North Dakota elementary school principals and teachers.* Unpublished doctoral dissertation, University of North Dakota, Dakota.

Hannay, L. M. & Seller, W. (1991). The curriculum role in facilitating curriculum deliberation. *Journal of Curriculum and Supervision, 6* (4), 340-358.

Hargreaves, A. (1997). From reform to renewal: A new deal for a new age. In A. Hargreaves, & R. Evans (Eds.), *Beyond educational reform: Bring teachers back in.* (pp.105-125). Bristol, PA: Open University Press.

Hargreaves, A., & Fullan, M. (1998). *What's worth fighting for out there.* New York: Teachers College Press.

Hargreaves, D. (2000, March 13-14). *Knowledge management in the learning society.* Paper presented at the forum of OECD Education Ministers developing new tools for education policy-making, Copenhagen, Denmark.

Harrison, M. (1995a). Developing skills to become an effective key stage 1 subject coordinator. In J. Davies (Ed.), *Developing a leadership role within the key stage 2 curriculum: A handbook for students and newly qualified teachers* (pp. 1-12). Bristol, PA: The Falmer Press.

Harrison, M. (1995b). Developing a key stage 1 policy for your subject area. In J. Davies (Ed.), *Developing a leadership role within the key stage 2 curriculum: A handbook for students and newly qualified teachers* (pp.13-18). Bristol, PA: The Falmer Press.

Hartley, D. (1997). *Re-schooling society.* Bristol, PA: The Falmer Press.

Hatfield, R. C. (1989). Designing faculty curriculum leader roles. (ERIC Document Reproduction Service No. ED 319 677)

Hawthorne, R. D., & McConnell, J. R. (1995). The principal and curriculum leadership. *People and Education, 3* (1), 111-122.

Henderson, J. G., & Hawthorne, E. D. (1995). *Transformative curriculum leadership.* Upper Saddle River , NJ: Prentice-Hall.

Henderson, J. G. (1999). The journey of democratic curriculum leadership: An overview. In J. G. Henderson & K. R. Kesson (Eds.), *Understanding democratic curriculum leadership.* (pp.1-22). New York: Teachers College Press.

Henderson, J. G., & Hawthorne, E. D. (2000). *Transformative curriculum leadership (2 nd ed.) .* Upper Saddle River, NJ: Prentice-Hall.

Hilty, E. B. (2000). Learning. In D. A. Gabbard (Ed.), *Knowledge and power in the global economy* (pp.77-85). Mahwah, NJ.: Lawrence Erlbaum Associates.

Hoerr, T. R. (1998). Using multiple intelligences for students and faculty success. In R. Bernhardt, C. N. Hedley, G. Cattaro, & V. Svolopoulos (Eds.), *Curriculum leadership: Rethinking schools for the 21st century* (pp.245-260). Cresskill, NJ: Hampton Press.

Jackson, B. T. (1994). Foreword. In R. F. Elmore, & S. H. Fuhrman (Eds.), *The governance of curriculum: 1994 yearbook of the Association for Supervision and Curriculum Development.* (pp.v-vi). Alexandria, VA: ASCD.

Joyce, B., Calhoun, E., & Hopkins, D. (1999). *The new structure of school improvement: Inquiring schools and achieving students.* Philadelphia, PA: Open University Press.

Kanpol, B., & Weisz, E. (1990). The effective principal and curriculum—A focus on leadership. *NASSP Bulletin, 74* (525), 15-18.

Keefe, J. W., & Jenkins, J. M. (1984). *Instructional leadership handbook.* Reston, VA: NASSP.

Kincheloe, J. L. (1998). Pinar's currere and identity in hyperreality: Grounding the post-formal notion of intrapersonal intelligence. In W. F. Pinar (Ed.). *Curriculum: toward new identities* (pp.129-142). New York: Garland Publishing, Inc.

Krug, S. E. (1992). Instructional leadership: A constructive perspective. *Educational Administration Quarterly, 28* (3), 430-443.

Lashway, L. (1995). *Can instructional leaders be facilitative leaders?* (ERIC Document Reproduction Service No. ED 381 893)

Lunenburg, F. C. & Ornstein, A. C. (2000). *Educational administration: Concepts and practices(3ʳᵈ ed.).* Belmont, CA: Wadsworth.

Macmillan, R. B. (2000). Leadership succession, cultures of teaching and educational change. In N. Bascia & A. Hargreaves (Eds.). *The sharp edge of educational change: Teaching, leading and the realities of reform* (pp.52-71). New York: RoutledgeFalmer.

Macpherson, I. (1998). *Creating space for the voices of significant stakeholders in curriculum leadership.* (ERIC Document Reproduction Service No. ED 420 643)

Macpherson, I., Aspland, T., Elliott, B., Proudford, C., Shaw, L., & Thurlow, G. (1996). Theorising curriculum leadership for effective learning and teaching. *Curriculum and Teaching, 11* (6), 23-33.

Macpherson, I., Brooker, R., & Aspland, T. (1999). *Investigating the inclusion of teachers, parents and students in curriculum leadership: Some emerging issues.* Retrieved May 31, 2000, from http: //www.aare.edu.au/99pap/ mac99331.htm

Macpherson, I., & Brooker, R. (2000). Positioning stakeholders in curriculum leadership: How can teacher educators work with teachers to discover and create their place? *Asia-Pacific Journal of Teacher Education, 28* (1), 69-85.

Marsh, C. J. (1992). *Key concepts for understanding curriculum.* London: The Falmer Press.

Martin, D. S., Glatthorn, A., Winters, M., & Saif, P. (1989). *Curriculum leadership: Case studies for program practitioners.* Alexandria, VA: ASCD.

Marsh, C. J. (1997). *Perspectives: Key concepts for understanding curriculum.* Bristol, PA: The Falmer Press.

McCulloch, G., Helsby, G., & Knight, P. (2000). *The politics of professionalism: Teachers and the curriculum.* New York: Continuum.

McCutcheon, G. (1999). Deliberation to develop school curricula. In J. G. Henderson & K. R. Kesson (Eds.) , *Understanding democratic curriculum leadership.* (pp.33-46). New York: Teachers college press.

McLaren, P. (1994). *Life in schools: An introduction to critical pedagogy in the foundations of education.* New York: Longman.

McNeil, J. D. (1999). *Curriculum: The teacher's initiative (2nd ed.).* Needham Heights, MA: Allyn and Bacon.

Morrison, K. (1995). The deputy headteacher as the leader of the curriculum in primary schools. *School Organization, 15* (1), 65-77.

Murphy, J. (1990). Instructional leadership: Focus on curriculum responsibilities. *NASSP Bulletin, 74* (525), 1-4.

National College for School Leadership, NCSL (2002a). *National standard for headteachers.* Retrieved January 9, 2002, from http://www.ncsl.org.uk/mediastore/htstandards.pdf

National College for School Leadership, NCSL (2002b). *Introduction to NPQH.* Retrieved January 9, 2002, from http://www.ncsl.org.uk/index.cfm? pageid-18_NPQHAboutAll

National College for School Leadership, NCSL (2002c). *National professional qualification for Headship (NPQH).* Retrieved January 9, 2002, from http://www.ncsl.org.uk/mediastore/InfoHeadteachersps.pdf

National College for School Leadership, NCSL (2002d). *Leadership development framework.* Retrieved January 9, 2002, from http://www.ncsl.org.uk/index.

課程領導：理論與實務

cfm? pageid=ldf

Newlove, K. (1999). *Principals' understanding of their role as leaders of curriculum and instruction.* Retrieved July, 27, 2001, from http://www.ssta.sk.ca/research/leadership/99-05.htm#toc

Noronha, X. A. (1985). *The elementary school principalship in Ontario: A case study of the curricular and managerial roles.* Unpublished doctoral dissertation, State University of New York at Buffalo, New York.

NSW Department of Education and Training (1999a). *Training and development program search.* Retrieved July, 17, 2001, from http://www.tdd.nsw.edu.au/programs/index.htm

NSW Department of Education and Training (1999b). *Curriculum leadership.* Retrieved July, 17, 2001, from http://www.tdd.nsw.edu.au/leadership/programs/leader/curriculum_leadership.pdf

Oliva, P. F. (1997). *Developing the curriculum (4th ed.).* New York: Longman.

Ornstein, A. C. (1993). Leaders and losers: How principals succeed. *The Education Digest, 59* (4), 27-30.

Ornstein, A. C. (1995). Curriculum, instruction, and supervision: Their relationship and the role of the principal. In A. C. Ornstein & L. S. Behar, (Eds.), *Contemporary issues in curriculum* (pp.281-287). Boston: Allyn and Bacon.

Ornstein, A. C., & Hunkins, F. P. (1998). *Curriculum: Foundations, Principles, and Issues (3 rd ed.).* Boston, MA: Allyn and Bacon.

Owen, J. D. (1988). *An investigation of the curricular and instructional leadership roles of elementary principals.* Unpublished doctoral dissertation, University of North Carolina, Greensboro.

Owens, R. G. (1998). *Organizational behavior in education (6th ed.).* Boston: Allyn and Bacon.

Pajak, E., & McAfee, L. (1992). The principal as school leader, curriculum leader. *NASSP Bulletin, 76* (547), 21-30.

Pekarsky, D. (2000). Guiding visions and educational planning. In B. M. Frankling (Ed.), *Curriculum and consequence: Herbert M. Kliebard and the promise of schooling.* (pp.15-29). New York: Teachers College Express.

Peterson, K. D. (1999). *"Bifocal leadership" and school reform.* Reform Talk, 4, 1-3. Retrieved July, 31, 2001, from http://www.wcer.wisc.edu/ccvi/pubs/ publication/archive/ReformTalk/Year_1999/Mar_1999_Reform_Talk_4.html

Pickering, D. A. (1979). *Developing curriculum leadership within our schools.* (ERIC Document Reproduction Service No. ED 171 674)

Pillow, W. (2000). Leadership. In D. A. Gabbard (Ed.), *Knowledge and power in the global economy* (pp.43-51). Mahwah, NJ.: Lawrence Erlbaum Associates.

Popkewitz, T. S. (2000). Curriculum as a problem of knowledge, governing, and the social administration of the soul. In B. M. Franklin (Ed.), *Curriculum and consequence: Herbert M. Kliebard and promise of schooling.* (pp.75-99). New York: Teachers College Press.

Posner, G. J. (1992). *Analyzing the curriculum.* New York: McGraw-Hill, Inc.

Quicke, J. (1999). *A curriculum for life: School for a democratic learning society.* Philadephia, PA: Open University Press.

Reavis, C. A. (1990). Utilizing curriculum, classroom practice, culture, and climate. *NASSP Bulletin, 74* (529), 39-43.

Reid, W. A. (1999). *Curriculum as institution and practice.* Mahwah, NJ: Lawrence Erlbaum Associates.

Renihan, P. (1999). *The Saskatchewan principalship study report two: The principal in action.* Retrieved September 12, 2001, from http://www.ssta.sk.ca/ research/leadership/124.htm

Renihan, P., & Leonard, P. (2000). Is the principal for you? *A primer on in-school leadership.* Retrieved September 12, 2001, from http://www.ssta.sk.ca/ research/leadership/00-05.htm

Robbins, P., & Alvy, H. B. (1995). *The principal's companion: Strategies and hints to make the job easier.* Thousand Oaka, CA: Corwin Press.

Romberger, J. L. (1988). *Curriculum development leadership for elementary principals*. Unpublished doctoral dissertation, University of Massachusetts, Massachusetts.

Ross, J. A. (1981). *Strategies for curriculum leadership.* (ERIC Document Reproduction Service No. ED 213 142)

Schnuit, W. E., JR. (1992). *The role of the principal as viewed by North Carolina's Assistant superintendents for curriculum and instruction.* Unpublished doctoral dissertation, University of North Carolina, Carolina.

Schubert, W. H. (1986). *Curriculum: Perspective, paradigm, and possibility.* N.Y.: Macmillam.

Sergiovanni, T. J. (1995a). *The principalship: A reflective practice perspective(3rd ed.).* Boston, MA: Allyn and Bacon.

Sergiovanni, T. J. (1995b). Leadership and excellence in schooling. In A. C. Ornstein & L. S. Behar, (Eds.), *Contemporary issues in curriculum* (pp.335-346). Boston: Allyn and Bacon.

Slattery, P. (1995). *Curriculum development in the postmodern era.* New York: Garland Publishing, Inc.

Smith, W. F., & Andrews, R. L. (1989). *Instructional leadership: How principals make a difference.* Alexandria, VA: ASCD.

Solow, S. S. (1995). *The nature and scope of curricular roles and responsibilities of Elementary principals: A case study of principals with district-wide curriculum leadership function.* Unpublished doctoral dissertation, Lehigh University, Pennsylvania.

SSTA Research Center (1999). *What are the core learnings of our school program?* Retrieved September 12, 2001, from http://www.ssta.sk.ca/research/curriculum/99-10.htm

Stark, J., Briggs, C., & Rowland-Poplawski, J. (2000). *Curriculum leadership roles of chairs in "continuously planning" department.* (ERIC Document Reproduction Service No. ED 445 648)

Stark, J. S. (2002). Testing a model of program curriculum leadership. *Research in Higher Education, 43* (1), 59-82.

Tanner, D., & Tanner, L. (1995). *Curriculum development: Theory into practice* (3rd ed.). Englewood Cliffs, NJ.: Prentice-Hall, Inc.

Teacher Training Agency, TTA (1998). *National standards for subject leaders.* London: Author.

Young, M. (1998). *The curriculum of the future: From the 'new sociology of education' to a critical theory of learning.* London: Falmer Press.

Young, M. (1999). Knowledge, learning and the curriculum of the future. *British educational research journal, 25* (4), pp.463-478.

Whitty, G., Power, S., & Halpin, D. (1998). *Devolution and choice in education: The school, the state, and the market.* Bristol, PA: Open University Press.

Wiles, J., & Bondi, J. (1993). *Curriculum development: A guide to practice (4th ed.).* New York: Macmillan.

課程領導：理論與實務

Practices to comprehensively change department. (U.K. Document Reproduction Service No. ED 435 046).

Clark, J. S. (2001). Toward a model of principal-curriculum leadership. *Reston in Bulletin Education, 45*(1), 9-75.

Kaplan, D., & Tenoel. J. (1995). *Cultural development and Theory*. Pennsylvania (6): Anglogical Cliff: N.J. Prentice-Hall Inc.

Teacher Training Agency, TTA. (1998). *National standards for subject leadership*. London: author.

Young, M. (1998). *The curriculum of the future: From the new sociology of education to a critical theory of learning*. London: Falmer Press.

Young, M. (2000). Knowledge, learning and the curriculum of the future. *British educational research journal, 25* (4), pp. 463-478.

Whitty, G., Power, S., & Halpin, D. (1998). *Devolution and choice in education: The school the state and the market*. Bristol, PA: Open University Press.

Wiles, J., & Bondi, J. (1998). *Curriculum development: A guide to practice* (4th ed.). New York: Macmillan.

一般教育 53

課程領導：理論與實務

作　　者：黃旭鈞
校　　對：林嘉瑛
執行編輯：陳文玲
總　編　輯：林敬堯
發　行　人：邱維城
出　版　者：心理出版社股份有限公司
社　　址：台北市和平東路一段 180 號 7 樓
總　　機：(02) 23671490
傳　　真：(02) 23671457
郵　　撥：19293172　心理出版社股份有限公司
　E-mail　：psychoco@ms15.hinet.net
網　　址：www.psy.com.tw
駐美代表：Lisa Wu
　　Tel　：973 546-5845　　Fax：973 546-7651
登 記 證：局版北市業字第 1372 號
電腦排版：辰皓國際出版製作有限公司
印　刷　者：玖進印刷有限公司
初版一刷：2003 年 9 月
初版二刷：2004 年 3 月

定價：新台幣 400 元
ISBN 957-702-613-3

國家圖書館出版品預行編目資料

課程領導：理論與實務 / 黃旭鈞著. －初版. －

臺北市：心理, 2003 (民 92)

面；　　公分. --（一般教育；53）

參考書目：面

ISBN 957-702-613-3（平裝）

1. 課程

521. 7　　　　　　　　　　　　　92014213

讀者意見回函卡

No. _____ 　　　　　　　　　　填寫日期： 年 月 日

感謝您購買本公司出版品。為提升我們的服務品質，請惠填以下資料寄
回本社【或傳真(02)2367-1457】提供我們出書、修訂及辦活動之參考。
您將不定期收到本公司最新出版及活動訊息。謝謝您！

姓名：_____ 性別：1□男 2□女
職業：1□教師 2□學生 3□上班族 4□家庭主婦 5□自由業 6□其他____
學歷：1□博士 2□碩士 3□大學 4□專科 5□高中 6□國中 7□國中以下
服務單位：_____ 部門：_____ 職稱：_____
服務地址：_____ 電話：_____ 傳真：_____
住家地址：_____ 電話：_____ 傳真：_____
電子郵件地址：_____

書名：_____

一、您認為本書的優點：（可複選）
　　❶□內容 ❷□文筆 ❸□校對 ❹□編排 ❺□封面 ❻□其他____

二、您認為本書需再加強的地方：（可複選）
　　❶□內容 ❷□文筆 ❸□校對 ❹□編排 ❺□封面 ❻□其他____

三、您購買本書的消息來源：（請單選）
　　❶□本公司 ❷□逛書局⇨_____書局 ❸□老師或親友介紹
　　❹□書展⇨____書展 ❺□心理心雜誌 ❻□書評 ❼其他_____

四、您希望我們舉辦何種活動：（可複選）
　　❶□作者演講 ❷□研習會 ❸□研討會 ❹□書展 ❺□其他_____

五、您購買本書的原因：（可複選）
　　❶□對主題感興趣 ❷□上課教材⇨課程名稱_____
　　❸□舉辦活動 ❹□其他_____ （請翻頁繼續）

| 廣 告 回 信 |
| 台灣北區郵政管理局登記證 |
| 北 台 字 第 8133 號 |

（免貼郵票）

心理出版社 股份有限公司

台北市 106 和平東路一段 180 號 7 樓

TEL: (02) 2367-1490
FAX: (02) 2367-1457
EMAIL:psychoco@ms15.hinet.net

沿線對折訂好後寄回

六、您希望我們多出版何種類型的書籍

❶□心理 ❷□輔導 ❸□教育 ❹□社工 ❺□測驗 ❻□其他

七、如果您是老師，是否有撰寫教科書的計劃：□有□無

書名／課程：＿＿＿＿＿＿＿＿＿＿＿＿＿＿＿＿＿＿＿＿＿

八、您教授／修習的課程：

上學期：＿＿＿＿＿＿＿＿＿＿＿＿＿＿＿＿＿＿＿＿＿

下學期：＿＿＿＿＿＿＿＿＿＿＿＿＿＿＿＿＿＿＿＿＿

進修班：＿＿＿＿＿＿＿＿＿＿＿＿＿＿＿＿＿＿＿＿＿

暑　假：＿＿＿＿＿＿＿＿＿＿＿＿＿＿＿＿＿＿＿＿＿

寒　假：＿＿＿＿＿＿＿＿＿＿＿＿＿＿＿＿＿＿＿＿＿

學分班：＿＿＿＿＿＿＿＿＿＿＿＿＿＿＿＿＿＿＿＿＿

九、您的其他意見

謝謝您的指教！　　　　　　　　　　　　　41053